Les vérités cachées de la Libération

Dominique Lormier

Les vérités cachées de la Libération

éditions du
ROCHER

Éditions du Rocher
28 rue Comte-Félix-Gastaldi – BP 521 – 98015 Monaco

www.editionsdurocher.fr

ISBN : 978-2-268-11048-6
EAN Epub : 9782268110769

Introduction

Cet ouvrage passionnant, qui repose sur des documents souvent inédits ou méconnus, balaie de nombreux clichés sur la période cruciale de la Libération, et nous en fait découvrir de réelles vérités cachées.

Contrairement à la chanson populaire de Michel Sardou qui affirme que « si les Ricains n'étaient pas là, nous serions tous en Germanie », la libération de la France ne repose pas uniquement sur l'intervention militaire des États-Unis. Les Britanniques, les Canadiens, les Français eux-mêmes ont également joué un rôle important. De plus, l'apport de l'armée soviétique a été capital dans la défaite allemande.

L'étrange libérateur américain, oubliant les victoires militaires françaises en Afrique et en Italie et le rôle crucial de la Résistance, tente de placer la France sous administration anglo-américaine, en tant que pays vaincu : un comble ! Il faut toute l'audace du général de Gaulle pour empêcher cette injustice. Les bombes alliées frappent durement le territoire, pour des raisons stratégiques qui ne sont pas toujours évidentes... Les crimes et les viols commis par nos « bons libérateurs » sont nombreux, même si le soulagement lié au départ des Allemands est indéniable.

Contrairement à une légende tenace et une propagande mensongère, les résistances grecques, yougoslaves, albanaises et italiennes n'ont jamais fixé à elles seules 30 divisions allemandes dans la guérilla. Divisés par des luttes politiques internes, entre communistes et non-communistes, ces maquis ont surtout « brillé »... par le fait de s'entre-tuer ! De plus, les partisans communistes ont multiplié les crimes, notamment dans les Balkans. Sans oublier les rivalités allemandes et italiennes. Les massacres commis par les nazis dans les Balkans et en Italie rivalisent d'horreur.

Récemment, certains auteurs ont cherché à minimiser l'apport capital de la Résistance française au cours des combats de la Libération. Or, les pertes allemandes contre les maquis français ne se limitent pas à 2 % de l'ensemble des soldats allemands hors de combat durant cette période. Les vrais chiffres, qui viennent des archives allemandes elles-mêmes, démontrent qu'en plusieurs endroits certaines unités du Reich ont perdu 40 % à 50 % de leurs effectifs uniquement contre la Résistance. Sans oublier les nombreux sabotages, qui ont joué un rôle capital dans le retard des renforts allemands en Normandie et ailleurs. Enfin, 80 % des renseignements qui ont facilité la défaite allemande ont été le fait de la Résistance française. Contrairement aux résistances des Balkans et d'Italie, l'unification de la Résistance française a permis la grande efficacité de son action, comme le reconnaissent les chefs alliés et allemands. De nombreuses colonnes et garnisons allemandes se sont rendues aux maquis français, après de durs combats.

Les femmes sont les grandes oubliées de la Résistance. Elles y ont pourtant fortement contribué. Nous allons le découvrir à travers des figures admirables, comme Jeanne Bohec, Noor Inayat Khan, Paulette Jacquier, Madeleine Riffaud, Simone Segouin, Violette Szabo, Joséphine Baker et Odile de Vasselot.

Les crimes de la division allemande Brehmer demeurent méconnus du grand public, contrairement à ceux de la division Das Reich. Ils n'ont pourtant rien à leur envier dans le domaine de l'horreur et du massacre de masse de civils.

L'armée américaine, souvent glorifiée dans le cinéma *made in USA*, n'a pourtant pas toujours brillé sur le plan tactique ou stratégique, malgré l'incontestable courage de ses soldats.

On connaît en détail le débarquement en Normandie, mais le grand public semble ignorer ou méconnaître le second débarquement qui s'est déroulé en Provence, mobilisant 250 000 soldats français et 150 000 autres soldats alliés.

À Bordeaux, en août 1944, Heinz Stahlschmidt, sous-officier, artificier de la marine militaire allemande, sauve la vie de 3 500 civils, en refusant de détruire le port et ses environs. De même, à Tulle, Maurice Roche, cadre supérieur de l'administration, empêche, par son action héroïque, que la petite ville corrézienne connaisse le même sort qu'Oradour-sur-Glane, village entièrement détruit, avec la quasi-totalité de sa population massacrée. Ces deux héros méconnus, véritables « anges gardiens », méritent de figurer en bonne place dans cet ouvrage.

L'Américain Richard Bong et le Soviétique Ivan Kojedoub multiplient les victoires aériennes en plein ciel. La brigade belge Piron, unité alliée oubliée de la Libération, participe activement aux combats, avec un courage indiscutable.

Les Français oubliés de la Libération sont les parachutistes et les maquis français en Bretagne, les fusiliers marins commandos et résistants en Normandie, les preux de la 2e division blindée du général Leclerc.

L'affaire de la dernière fusillade de Souge, en août 1944, près de Bordeaux, où de nombreux Français tombent sous les balles allemandes, est longtemps restée une énigme. La découverte de documents inédits et les récits de divers témoins et acteurs permettent enfin de dévoiler les tenants et les aboutissants de ce drame.

Les massacres de Maillé, de Saint-Genis-Laval et de Bron mettent en lumière l'importance des crimes nazis, parfois méconnus, de la Libération. Les terribles combats des Vosges et de l'Alsace soulignent le courage admirable des soldats français, dont le fantassin Pierre Crokaert, blessé en première ligne, qui dévoile dans ce livre un témoignage émouvant.

À travers cet ouvrage captivant, on découvrira nombre de faits méconnus, de vérités cachées de la Libération, une période cruciale de notre histoire.

1

« Si les Ricains n'étaient pas là... » : une imposture historique

À en croire la célèbre chanson de Michel Sardou, « si les Ricains n'étaient pas là, nous serions tous en Germanie »! Rien n'est plus faux! Pourtant, cette chanson populaire laisse entendre que les soldats américains ont sauvé la France, laissant de côté l'apport pourtant essentiel des troupes britanniques, françaises, canadiennes et surtout soviétiques dans la défaite allemande, sans oublier celles d'autres pays alliés.

Il ne s'agit pas, bien entendu, de minorer le rôle important de l'armée américaine dans la libération de la France et d'une partie de l'Europe. Mais sans la présence des autres forces alliées précédemment citées, les États-Unis n'auraient jamais pu vaincre seules la puissante armée allemande.

La réalité des chiffres

Dès 1940, Hitler entame sur le long terme ses chances de gagner la guerre, malgré d'éclatantes victoires militaires sur le terrain. En mai-juin 1940, il laisse échapper 400 000 des 450 000 soldats britanniques présents en France, permettant à Churchill de sanctuariser la

Grande-Bretagne, en grande partie grâce à la résistance acharnée des troupes françaises, qui ont servi de bouclier aux divers rembarquements des troupes britanniques. De plus, entre le 10 mai et le 25 juin 1940, l'armée allemande déplore, principalement contre l'armée française, 1 104 de ses chars hors de combat (détruits ou endommagés) sur les 2700 engagés, et 1751 de ses avions également hors de combat (détruits ou endommagés) sur les 3500 engagés. Ainsi, contre une armée française prétendument défaillante dans tous les domaines, Hitler perd près de 40 % de ses chars et plus de la moitié de ses avions en seulement six semaines de combat, principalement contre l'armée française, qui représentait 80 à 90 % des effectifs militaires alliés en mai-juin 1940 ! Mais c'est un simple détail pour certains « historiens »...

La *Luftwaffe*, obligée d'affronter l'aviation britannique par la suite, n'a pas la supériorité numérique suffisante pour mettre Churchill à genoux. Le 10 août 1940, elle aligne seulement 1 223 chasseurs (934 Messerschmitt Bf 109 et 289 Bf 110), contre 1 095 chasseurs britanniques (721 Hurricane et 374 Spitfire). La chasse britannique résiste héroïquement à l'adversaire allemand tout au long de la bataille d'Angleterre d'août-octobre 1940, condamnant Hitler à mener la guerre sur deux fronts : contre les Alliés de l'Ouest et contre l'armée soviétique – ce qui lui sera fatal. Tout cela a été rendu en grande partie possible par le sacrifice de l'armée française en mai-juin 1940 – cette armée souvent méprisée ou ignorée –, et à la résistance admirable de l'aviation britannique par la suite, entre août et octobre 1940.

En Afrique du Nord, l'armée américaine n'intervient qu'en 1943, subissant d'abord plusieurs revers contre les troupes allemandes et italiennes en Tunisie. Il faut l'intervention des divisions britanniques et françaises pour enrayer les offensives ennemies sur ce théâtre de guerre. Sur les 300 000 soldats alliés engagés, on dénombre 209 000 soldats britanniques et français et 95 000 soldats américains. L'armée américaine n'est donc pas l'unique puissance victorieuse en Tunisie, mettant fin à la présence germano-italienne en Afrique du Nord, et ouvrant aux Alliés les portes de la Sicile et de la péninsule italienne.

Comme il n'a pas pu vaincre la Grande-Bretagne en 1940, Hitler est contraint de disperser ses forces. En mai 1944, à la veille du débarquement en Normandie, 61 divisions allemandes sont déployées en Italie et dans les Balkans, 79 autres en France, aux Pays-Bas, en Belgique, au Danemark et en Norvège, et enfin 211 contre l'armée soviétique. Ainsi, sur 351 divisions allemandes, 211 sont engagées contre les 385 divisions soviétiques, tandis que les 140 autres doivent affronter les Alliés non soviétiques à l'ouest et au sud de l'Europe. Le gros de l'armée allemande ne se trouve donc pas mobilisé contre l'armée américaine, mais fait face à l'armée soviétique.

D'autant que l'armée américaine engage pour la libération de la France et la campagne d'Allemagne en 1944-1945 un total de 1 430 000 soldats, auxquels il faut ajouter 1 425 000 soldats et résistants français, 1 399 500 soldats britanniques, canadiens et autres. Ainsi, sur les 4 254 000 soldats alliés de l'Ouest, 2 824 500 ne sont pas américains ! Il convient aussi d'ajouter les 4 000 000 de soldats soviétiques qui affrontent 60 % de l'armée allemande à l'Est. Sur les 8 254 000 soldats alliés engagés au combat en 1944-1945, 6 854 500 ne sont pas américains ! On comprend donc assez vite que la rengaine populaire relève de l'imposture historique la plus complète...

Le cinéma américain a également et surtout contribué à cette légende de principal ou unique sauveur en 1944-1945, sans oublier une historiographie partisane et réductrice. La réalité est plus vaste et plus complexe, sans vouloir minorer l'apport américain.

Le Débarquement et la bataille de Normandie de juin-août 1944 voient l'engagement de 1 527 000 soldats américains et de 1 925 000 soldats britanniques, canadiens et français. Les troupes américaines ne sont donc pas majoritaires. Également en Normandie, les troupes britanniques et canadiennes affrontent 75 % des divisions blindées allemandes. De plus, le débarquement et la bataille de Provence, sur lesquels nous reviendrons, mobilisent, d'août à septembre 1944, 250 000 soldats français et 150 000 soldats américains et britanniques. Les troupes françaises sont donc les plus nombreuses sur cette partie du front.

Le territoire français est libéré en 1944-1945 à 70 % par les troupes françaises (armée régulière et maquis), britanniques et alliées non américaines, et à 30 % par les divisions américaines. Le grand Sud-Ouest, un quart du territoire français, est uniquement libéré par les maquis, le grand Sud-Est à plus de 60 % par les troupes et les maquis français, le Nord à plus de 80 % par les troupes britanniques et canadiennes. Les forces américaines sont majoritairement présentes dans la libération de la Bretagne et dans l'Est, mais il ne faut pas oublier l'apport important des maquis locaux et des troupes françaises. Le centre du territoire doit en grande partie sa libération aux maquis et à des unités françaises de l'armée régulière.

Il est important de rappeler ces chiffres, ô combien révélateurs, pour se rendre compte de l'ampleur de la distorsion qui présente les

États-Unis comme l'unique ou le principal sauveur américain en 1944-1945…

L'apport capital de l'armée soviétique dans la défaite allemande

Mal informé par ses services de renseignements qui évaluent l'armée soviétique à 180 divisions en mai 1941, Hitler déclenche son offensive contre Staline en juin 1941, persuadé de vaincre l'Union soviétique avant l'arrivée de l'hiver.

Le 22 juin 1941, l'Armée rouge aligne 213 divisions contre l'adversaire allemand, puis 360 divisions le 11 août 1941 et 580 le 31 décembre de la même année. Pendant la même période, sur les 205 divisions allemandes disponibles, 133 sont destinées à l'invasion de l'Union soviétique et 20 autres maintenues en réserve pour le même front. Les divisions restantes sont réparties ainsi : 38 en France, en Belgique, aux Pays-Bas et au Danemark, 12 en Norvège et 2 en Afrique du Nord. La *Wehrmacht* peut également compter, contre l'armée soviétique, sur 16 divisions finlandaises, 14 divisions roumaines, 3 divisions italiennes, 2 divisions hongroises et 2 divisions slovaques : soit un total de 170 divisions de l'Axe contre une Armée rouge rapidement trois fois plus nombreuse…

L'armée soviétique fixe entre 60 et 75 % des forces terrestres allemandes de 1941 à 1945. De plus, sur les 5 500 000 soldats allemands tués au cours de la guerre, 4 000 000 tombent contre l'armée soviétique.

L'opération *Bagration*, menée par l'Union soviétique du 22 juin au 29 août 1944, sur un front de 600 km qui court de la Baltique à la Biélorussie, voit l'engagement de 1 258 300 soldats de l'Armée rouge, avec 3 955 chars, 30 000 canons et 4 000 avions. Face à eux, 849 000 soldats allemands, soutenus par 495 chars, 3 276 canons et 602 avions. La progression soviétique atteint 600 km, portant ses soldats aux portes de la Prusse orientale, de la Pologne et de la Hongrie, mettant hors de combat 400 200 soldats allemands (140 000 tués, 110 200 blessés et 150 000 prisonniers). La *Wehrmacht* y subit sa pire saignée de l'année 1944. Elle est supérieure aux pertes enregistrées pendant les batailles de Normandie et des Ardennes contre les Alliés de l'Ouest, où 300 000 soldats avaient été mis hors de combat.

2

L'étrange libérateur américain

Le président américain Franklin Roosevelt, profondément marqué par la défaite militaire française de mai-juin 1940, estime que ce pays ne fait plus partie des grandes puissances occidentales. Par tous les moyens, il tente donc de réduire la France à un rôle secondaire, sous la totale dépendance américaine. La présence du général Charles de Gaulle, défenseur de la grandeur et de la souveraineté françaises, lui est insupportable. Il préfère s'entendre avec le régime de Vichy, pourtant compromis dans la collaboration avec Hitler, plutôt que de reconnaître la place de la France libre dans la lutte contre l'Allemagne et l'Italie.

Le mépris de Roosevelt envers les « mangeurs de grenouilles »...

Lors du débarquement des troupes américaines au Maroc et en Algérie en novembre 1942, Roosevelt tente de placer ces deux territoires sous protectorat américain, au détriment des représentants français. Il voit dans l'amiral Darlan et le général Giraud, facilement manipulables par la puissance américaine, les meilleurs représentants de la France combattante. Le récent et remarquable ouvrage d'Éric Branca, *L'ami américain, Washington contre de Gaulle, 1940-1969*, fait la lumière sur les relations conflictuelles entre Français et Américains. On peut notamment y lire :

> « Pourquoi de Gaulle refusa-t-il, en 1964, de présider les commémorations du vingtième anniversaire du débarquement allié en Normandie ? Parce qu'il se souvenait que, sans sa volonté farouche de faire échec aux plans de Roosevelt, la France ruinée en 1944 n'aurait pas été traitée autrement que l'Allemagne vaincue, privée d'une fraction de son territoire et placée sous administration militaire américaine. Pis, c'est sur une partie des élites de Vichy que, durant tout le conflit, la Maison-Blanche avait misé pour barrer la route à l'homme du 18-Juin[1]. »

L'AMGOT (Allied Military Government of Occupied Territories) est une administration militaire conçue, dans un premier temps, pour occuper l'Italie fasciste, ainsi que pour être appliquée dans d'autres pays européens comme la Norvège, les Pays-Bas, le Luxembourg, ou encore la Belgique. Roosevelt envisage également de placer la France sous administration militaire anglo-américaine. Adversaire du général de Gaulle, il fait croire à son entourage militaire et politique qu'il faut s'attendre, lors de la libération de la France, à une administration disloquée, à l'absence d'un gouvernement légitime et à un climat de guerre civile, sans oublier la réalité d'une population en détresse, soit un climat général dangereux pour la sécurité des troupes anglo-américaines en opération. Il décide que les Alliés régleront eux-mêmes l'ordre en France, en y déployant des centaines d'officiers américains et britanniques des Affaires civiles.

> « Le programme de recrutement de ces personnels, écrit Stéphane Simonnet, est lancé en avril 1943 et concerne quelque 6000 volontaires anglo-saxons formés à l'administration des affaires civiles dans les écoles spécialisées, notamment à Charlottesville et à Yale. Ils ont pour mission de mettre en place cette nouvelle administration qui, dans un premier temps, doit reposer sur les rouages existants, c'est-à-dire les maires, les préfets et les sous-préfets, se préparant, toutefois, le cas échéant, à exercer eux-mêmes ces fonctions. L'administration ainsi reprise en main, les Français seraient passibles des tribunaux militaires alliés.

1. Éric Branca, *L'ami américain. Washington contre de Gaulle, 1940-1969*, éditions Perrin 2017.

> Les futurs administrateurs disposent également de manuels où surgissent une série de stéréotypes négatifs à l'encontre des Français, du Méridional nonchalant à la Bretonne "érotique par nature", sans oublier une hygiène générale déplorable. Favoriser le déplacement des troupes alliées, organiser l'emploi de la main-d'œuvre civile, réquisitionner les véhicules nécessaires, remplacer les fonctionnaires non désirables figure parmi les autres missions de ces officiers de l'AMGOT. À la fin de 1943, 1 552 personnes dont 400 officiers répartis en compagnies sont rassemblés dans le cadre de la future administration[2]. »

C'est donc une France placée sous administration anglo-américaine que « le bon libérateur », le président Roosevelt, compte mettre en place pour écraser la volonté d'indépendance nationale du général de Gaulle, qu'il traite de « dictateur en puissance ». Heureusement, les autorités de la France libre n'ont jamais cessé de préparer les cadres juridiques et législatifs de la Libération. Le gouvernement que le général de Gaulle désire établir a déjà préparé le renouveau constitutionnel. Le Comité français de libération nationale (CFLN), fondé à Alger le 3 juin 1943, en est la première étape. Le vote de l'Assemblée consultative provisoire, le 28 mars 1944, suivi par une ordonnance gouvernementale du 21 avril suivant, fixe de manière définitive la nouvelle organisation des pouvoirs publics, sous l'autorité du gouvernement national, avec des commissaires de la République à l'échelle des régions, des préfets secondés par des comités départementaux de libération, ainsi que des comités locaux de libération pour la gestion de la vie municipale. Le général de Gaulle contrecarre ainsi le plan hégémonique du « démocrate » Roosevelt.

Présent à Londres le 4 juin 1944, le général de Gaulle, président du nouveau Gouvernement provisoire de la République française (GRPF) malgré l'opposition de Roosevelt, détient dans ses cartons près de 400 décrets et ordonnances, qui lui permettent de restaurer la légalité républicaine en France. Le débarquement du général de Gaulle en Normandie, dès le 14 juin 1944, incarne la volonté française de ne rien laisser aux Américains concernant l'administration de la France. Ainsi place-t-il ces derniers devant le fait accompli, en installant

2. Stéphane SIMONNET in *Le dictionnaire de la France libre*, François BROCHE, Georges CAÏTUCOLI et Jean-François MURACCIOLE (dir.), Max GALLO, de l'Académie française, et Jean-Louis CRÉMIEUX-Brilhac (prés.), Jean-François SIRINELLI (post.), éditions Robert Laffont, 2010.

François Coulet, commissaire de la République pour les territoires libérés, à la sous-préfecture de Bayeux.

> « En quelques semaines, écrit Stéphane Simonnet, la réussite de “l’expérience normande” de l’administration française d’un territoire libéré, à la fois dans la gestion des populations libérées et l’administration des affaires urgentes, soutenue par un large consensus de la population, lève toutes les hypothèques placées par les Alliés sur le chef de la France combattante. Les officiers des affaires civiles, progressivement mis en retrait, se retrouvent privés de tout moyen d’action. Pragmatique, Eisenhower finit par s’y résigner. Ainsi, en France, l’AMGOT disparaît-il avant d’avoir vu le jour. De Gaulle doit pourtant encore attendre le 29 octobre 1944 pour voir son autorité et celle du GPRF pleinement reconnues par les Alliés. Quant aux 200 officiers anglo-saxons des affaires civiles encore sur le terrain, ils sont pris en charge par la Délégation aux relations interalliées créée le 12 eptembre 1944 et confiée à François Coulet[3]. »

L’honneur militaire pourtant retrouvé de la France

L’efficacité de la Résistance intérieure, les combats victorieux de la France libre et de l’armée française d’Afrique ont largement contribué à redorer le drapeau tricolore aux yeux des grands chefs militaires alliés. Cela a également joué un rôle déterminant dans l’échec de l’AMGOT sur le territoire national.

Dès 1942, lors de la bataille de Bir Hakeim, les forces de la France libre contribuent en grande partie à l’échec du plan du général Rommel d’envahir l’Égypte. Cette bataille, opposant une simple brigade de la France libre à des unités italiennes et allemandes dix fois supérieures en nombre, a été, des décennies durant, l’un des symboles de l’héroïsme de la guerre du désert en Libye. Récemment, certains auteurs ont remis en question l’importance de cette bataille dans le rétablissement des troupes britanniques en Égypte, à El Alamein. Il s’agirait, pour eux, d’un simple mythe gaulliste, glorifié d’une manière excessive pour des raisons politiques. Or, les chefs militaires alliés, allemands et italiens ont pourtant reconnu l’importance tactique et

3. Stéphane Simonnet, in *Le dictionnaire de la France libre, op. cit.*

stratégique de cette bataille dans la suite du déroulement de la guerre en Afrique du Nord.

Mai 1942, le général Rommel doit déclencher une vaste offensive dans le but de battre définitivement les troupes alliées en Libye et s'emparer de l'Égypte. Il cherche à attirer les unités blindées britanniques dans la région d'Acroma par l'esquisse d'une attaque frontale dirigée sur El Gazala, alors qu'il débordera la ligne fortifiée au sud de Bir Hakeim, pour ensuite détruire les forces alliées par une attaque à revers. L'essentiel du corps de bataille allié éliminé, il doit s'emparer au plus vite de Tobrouk, puis foncer sur l'Égypte jusqu'au canal de Suez.

Bir Hakeim couvre le flanc sud de la VIIIe armée britannique et doit servir de pivot de manœuvre aux éléments blindés agissant au sud. La mission principale de la 1re brigade française libre du général Pierre Koenig consiste à occuper, organiser et défendre la forteresse de Bir Hakeim, même après encerclement. Des patrouilles peuvent agir autour du camp retranché dans un rayon de 32 kilomètres le jour et de 8 kilomètres la nuit. Le génie a posé 120 000 mines autour du site, ainsi que 500 kilomètres de câbles.

La 1re brigade française libre dispose de nombreux moyens antichars et anti-aériens, mais manque d'artillerie lourde et de blindés. L'ensemble représente 3 700 hommes, équipés de 24 canons de 75 mm de campagne, de 2 obusiers britanniques de 86 mm, de 30 pièces antichars de 75 mm, de 14 pièces antichars de 47 mm, de 18 pièces antichars de 25 mm, de 46 fusils antichars de 12,7 mm, de 18 canons anti-aériens de 40 mm, de 4 mitrailleuses de DCA de 13,2 mm, de 96 fusils-mitrailleurs de DCA, de 20 mortiers de 81 mm, de 24 mortiers de 60 mm, de 210 fusils-mitrailleurs d'infanterie, de 72 mitrailleuses Hotchkiss de 8 mm, de 63 blindés Bren-Carrier d'infanterie et de 120 camions Chevrolet.

Pour réduire le camp retranché de Bir Hakeim, le général Rommel va devoir engager successivement, du 27 mai au 11 juin 1942, la majorité de ses meilleures unités italiennes et allemandes : la division blindée Ariete, la division motorisée Trieste, la 90e division motorisée, la 15e *Panzerdivision*, des éléments de la division d'infanterie Pavia, la colonne spéciale du colonel Ecker, de nombreuses batteries d'artillerie, d'autres unités éparses, soit un total de 37 000 hommes, appuyés par 350 blindés, 282 pièces d'artillerie de 75 à 210 mm, 120 canons antichars de 75, 47 et 50 mm, sans oublier la IIe armée aérienne, dont la concentration de bombardiers est plus forte qu'à Stalingrad. Les aviations allemandes et italiennes effectuent 1 500 sorties contre Bir

Hakeim en 16 jours : 1 030 avions ont été détournés du front de l'Est pour les combats en Libye, auxquels s'ajoutent, pour l'assaut final sur Bir Hakeim, 300 bombardiers basés en Crète, avec leurs protections de chasseurs.

Les 15 kilomètres carrés de la position française de Bir Hakeim vont encaisser 45 000 obus de 105, 149, 150, 170 et 210 mm en 16 jours, auxquels s'ajoutent les très nombreux obus tirés par les batteries de 75 à 100 mm.

Cette bataille va concentrer une grande partie des forces de l'Axe de Libye en mai-juin 1942. Ainsi, sur les 90 000 soldats italiens et allemands engagés pour lutter contre 110 000 soldats alliés, le général Rommel doit en détourner 37 000 pour réduire le camp retranché de Bir Hakeim, réduit à 3 700 soldats français. Sur les 560 chars italiens et allemands disponibles, 350 participent alternativement aux combats de Bir Hakeim.

Le général britannique Playfair écrit que

> « la défense prolongée de la garnison française a joué un rôle déterminant dans le rétablissement des troupes britanniques en Égypte. Les Français libres ont dès l'origine gravement perturbé l'offensive de Rommel. L'acheminement du ravitaillement de l'*Afrikakorps* en a été fortement troublé. La concentration de plus en plus importante des forces de l'Axe pour percer cet abcès, a sauvé la VIIIe armée britannique d'un désastre. Les retards qu'apporte la résistance résolue des Français augmentent les chances des Britanniques de se ressaisir et facilitent la préparation d'une contre-attaque. À plus long terme, le ralentissement de la manœuvre de Rommel permet aux forces britanniques d'échapper à l'anéantissement prévu par l'Axe. C'est par là que l'on peut dire, sans exagération, que Bir Hakeim a facilité le succès défensif d'El Alamein[4]. »

Winston Churchill tient le même raisonnement :

> « En retardant de quinze jours l'offensive de Rommel, les Français libres de Bir Hakeim ont largement contribué à sauvegarder le sort de l'Égypte et du canal de Suez[5]. »

4. Archives militaires britanniques, Londres.
5. *Ibid.*

Les places fortes de Tobrouk et de Mersa Matruh tombent très rapidement, en un ou deux jours seulement, et ne retardent que très faiblement la progression de Rommel, tandis que Bir Hakeim résiste durant plus de deux semaines, avec des effectifs nettement moins importants. Les forces de l'Axe capturent, à Tobrouk, 33 000 soldats alliés, et s'emparent de 2 000 véhicules en état de marche, de plus de 2 000 tonnes de carburant, ainsi que de 5 000 tonnes de vivres.

Churchill est consterné par l'échec de ses troupes :

> « Nos forces étaient supérieures à celles de l'Axe. Notre artillerie était plus forte dans une proportion de trois contre un, de même que pour les chars, et nous avions en ligne de nouveaux obusiers. Malgré cela, Tobrouk est tombé au bout d'une petite journée de combat. C'est un désastre. Nous nous sommes ensuite repliés jusqu'à Marsa Matruh, mettant 190 km de désert entre notre VIIIe armée et les forces ennemies. À peine cinq jours plus tard, les Italiens et les Allemands arrivaient devant notre nouvelle position, et il nous faut décrocher, pénétrer toujours plus en Égypte, reculer encore. El Alamein devra être tenu jusqu'à la mort[6]. »

Du 26 mai au 3 juillet 1942, les Italo-Allemands ont fait plus de 60 000 prisonniers alliés et détruit ou capturé 2 000 blindés divers. Rommel se trouve à moins de 160 km d'Alexandrie. Il lui reste à enfoncer les défenses d'El Alamein, dernier rempart avant la victoire finale. La résistance de plus de deux semaines de la 1re brigade française libre, à Bir Hakeim, permet à de nombreux renforts alliés d'être acheminés à temps pour résister à Rommel avec efficacité.

Dans un rapport du haut commandement anglais du 12 juin 1942, on peut lire :

> « En tenant compte des combats ininterrompus et sévères que la 1re brigade française libre dut alors mener pendant seize jours, les pertes françaises ont été légères. Les plans de Rommel ont été déjoués grâce à la splendide résistance opposée par la garnison française, qui a toujours repoussé l'ennemi en lui causant des pertes sévères[7]. »

---

6. *Ibid.*
7. *Ibid.*

Le général Koenig écrit de son côté :

> « Du 27 mai au 5 juin 1942, notre résistance inattendue et l'activité de nos patrouilles avaient bouleversé le plan ennemi. Du 6 au 11 juin, Rommel s'était retourné contre nous et avait perdu un temps précieux dont la VIIIe armée britannique avait profité pour entamer largement l'évacuation de ses services et de ses moyens[8]. »

Lorsque le jeune journaliste allemand Lutz Koch, de retour à Berlin, raconte en détail les très durs combats de Bir Hakeim à Hitler, la vieille haine de la France se rallume dans le cœur du chef du IIIe Reich :

> « Vous entendez, Messieurs, ce que raconte Koch, dit aussitôt le *Führer*. C'est bien une nouvelle preuve de la thèse que j'ai toujours soutenue, à savoir que les Français sont, après nous, les meilleurs soldats de toute l'Europe. La France sera toujours en situation, même avec son taux de natalité actuel, de mettre sur pied une centaine de divisions. Il nous faudra absolument, après cette guerre, nouer une coalition capable de contenir militairement un pays capable d'accomplir des prouesses sur le plan militaire qui étonnent le monde comme à Bir Hakeim[9]. »

Le maréchal Rommel, pourtant avare de compliments, ne cache pas son admiration devant l'héroïque résistance des troupes françaises à Bir Hakeim :

> « Les Français disposaient de positions remarquablement aménagées ; ils utilisaient des trous individuels, des *blockhaus*, des emplacements de mitrailleuses et de canons antichars ; tous étaient entourés d'une large ceinture de mines. Les retranchements de cette sorte protègent admirablement contre le bombardement par obus et les attaques aériennes : un coup au but risque tout au plus de détruire un trou individuel. Aussi, pour infliger des pertes notables à un adversaire disposant de pareilles positions, est-il indispensable de ne pas lésiner sur les munitions. La principale difficulté consistait à ouvrir des brèches dans les

8. Général Pierre Koenig, *Bir Hakeim*, éditions Robert Laffont, 1971.
9. Lutz Koch, *Rommel*, éditions Plon, 1950.

champs de mines, sous le feu des troupes françaises. Appuyés par les attaques continues de l'aviation, les groupes d'assaut, composés de troupes appartenant à diverses armes et prélevés sur différentes unités, engagèrent l'action au nord et au sud. Mais, chaque fois, l'assaut était stoppé dans les fortifications remarquablement établies par les Français.

« Nous n'avions plus à craindre de voir les Britanniques lancer d'importantes attaques de diversion contre nos forces qui investissaient Bir Hakeim et nous espérions poursuivre notre assaut contre la forteresse sans risquer d'être dérangés. Le 6 juin, à 11 heures, la 90e division motorisée partit de nouveau à l'assaut des troupes françaises commandées par le général Koenig. Les pointes avancées parvinrent à huit cents mètres du fort, puis l'offensive s'arrêta. Le terrain, caillouteux, n'offrait aucune possibilité de camouflage et le feu violent des Français ouvrait des brèches dans nos rangs. Dans la soirée, l'assaut fut interrompu pendant que l'encerclement se resserrait autour du point d'appui. De faibles attaques de dégagement, lancées par la 7e brigade motorisée britannique contre la 90e division motorisée, furent repoussées. Au cours de la nuit du 6 au 7 juin, dans le secteur occupé par cette dernière unité, nous réussîmes à ouvrir des couloirs dans les champs de mines et, à la faveur de l'obscurité, les groupes d'assaut parvinrent à distance d'attaque. L'ouvrage fut soumis à un sévère bombardement par l'artillerie et l'aviation et, le 7 juin au matin, l'infanterie repartit à l'assaut.

« Malgré son mordant, cet assaut fut stoppé par le feu de toutes les armes dont disposaient les encerclés. Ce n'est qu'au nord de Bir Hakeim que les groupes de combat réussirent quelques pénétrations dans le dispositif ennemi. C'était un admirable exploit de la part des défenseurs français qui, entre-temps, s'étaient trouvés totalement isolés. Le 8 juin, l'attaque se poursuivit. Pendant toute la nuit, nous n'avions cessé de lâcher des fusées et de battre les positions de défense avec nos mitrailleuses pour empêcher les Français de prendre du repos. Et pourtant, le lendemain, lorsque mes troupes repartirent, elles furent accueillies par un feu violent, dont l'intensité n'avait pas diminué depuis la veille. L'adversaire se terrait dans ses trous individuels, et restait invisible. Il me fallait Bir Hakeim, le sort de mon armée en dépendait.

> « Le 11 juin 1942, la garnison française devait recevoir le coup de grâce. Malheureusement pour nous, les Français n'attendirent pas. En dépit des mesures de sécurité que nous avions prises, ils réussirent à quitter la forteresse, commandés par leur chef, le général Koenig, et à sauver une partie importante de leurs effectifs. À la faveur de l'obscurité, ils s'échappèrent vers l'ouest et rejoignirent la 7e brigade anglaise. Plus tard, on constata qu'à l'endroit où s'était opérée cette sortie, l'encerclement n'avait pas été réalisé conformément aux ordres reçus. Une fois de plus, la preuve était faite qu'un chef français décidé à ne pas jeter le fusil après la mire à la première occasion peut réaliser des miracles, même si la situation est apparemment désespérée… Dans la matinée, je visitai la forteresse, théâtre de furieux combats ; nous avions attendu sa chute avec impatience. Les travaux de fortification autour de Bir Hakeim comprenaient, entre autres, mille deux cents emplacements de combat, tant pour l'infanterie que pour les armes lourdes[10]. »

Bir Hakeim a un retentissement mondial. Le journal britannique *Daily Mail* écrit que « les hommes de la France libre rendent le nom de Bir Hakeim immortel. La défense de Bir Hakeim est l'un des plus splendides exploits de la guerre[11] ». Le *Times*, autre journal anglais, s'étend longuement sur la bataille de Bir Hakeim :

> « La bataille, fantastique et sanglante, a atteint un nouveau sommet lorsque les forces axistes lancèrent une nouvelle avalanche de fer contre les Français de Bir Hakeim. On pense que l'ennemi est en train de regrouper de nouvelles forces importantes avant une attaque plus formidable encore. Les Français gardent un bon moral et repoussent héroïquement tous les assauts de l'ennemi. Les forces axistes à Bir Hakeim s'attaquent à plus qu'une forte position défensive, elles s'attaquent à quelque chose qu'elles ne peuvent briser : ces hommes sont la France, et la France est dans leurs yeux lorsqu'ils combattent[12]. »

Les généraux britanniques multiplient les éloges en faveur de la bravoure des troupes françaises à Bir Hakeim. Le général Frank

---

10. Maréchal Erwin Rommel, *La guerre sans haine*, éditions Amiot-Dumont, 1952.
11. Archives militaires britanniques, Londres.
12. *Ibid.*

Messervy, commandant de la 7e division britannique, écrit, fin juin 1942, la lettre suivante au général Koenig :

> « Mon cher général Koenig, je veux vous écrire un mot pour vous exprimer mon admiration et celle de tous les cadres et troupes de la 7e division britannique pour le magnifique combat mené par vous et les vaillantes troupes de la 1re brigade française libre, dans la défense de Bir Hakeim. Pendant ces deux semaines d'attaques incessantes de l'aviation, de bombardements d'artillerie intenses et d'attaques ennemies déterminées, votre moral n'a jamais fléchi, vous avez tenu fermement et êtes restés indomptables. Par votre défense farouche, vous avez joué un rôle des plus importants dans cette grande bataille du désert afin de déjouer les plans offensifs de l'ennemi[13]. »

Le général Willoughby Norrie, commandant le 30e corps d'armée britannique écrit, le 16 juin 1942, le message suivant au général français de Larminat :

> « Félicitez, s'il vous plaît, le général Koenig et ses vaillantes troupes pour leurs combats épiques de Bir Hakeim. Cette magnifique résistance de seize jours contre les attaques continuelles a largement soutenu notre cause et déconfit l'ennemi lorsque l'ordre de repli fut donné par la plus haute autorité. Vos troupes n'ont jamais été forcées par l'action ennemie. Je suis fier d'avoir été associé à la 1re brigade française libre. Bonne chance. Vive la France[14] ! »

Le général de Gaulle adresse au général Koenig, lors du dernier jour du siège, le message suivant : « Sachez et dites à vos troupes que toute la France vous regarde et que vous êtes son orgueil. » En apprenant la réussite de l'évacuation de Bir Hakeim, le général de Gaulle ferme la porte derrière le messager et écrit :

> « Je suis seul – oh ! cœur battant d'émotion, sanglots d'orgueil, larmes de joie[15]. »

13. Archives de la Fondation de la France libre, Paris.
14. Archives de la Fondation de la France libre, Paris.
15. Charles DE GAULLE, *Mémoires de guerre*, éditions Plon, 1954.

Le lieutenant-colonel français Rémy Porte, directeur de recherche au service historique de la Défense, écrit que

> « les conséquences militaires de cette victoire défensive française, en immobilisant pendant deux semaines des forces ennemies considérables, et en lui infligeant dans un rapport de force de 1 contre 10 des pertes sensibles, ne sont pas négligeables : elle bouleverse la planification opérationnelle allemande et donne au commandement supérieur allié le temps de rameuter d'autres troupes et de s'organiser [...]. La 1re brigade française libre a rempli sa mission au-delà de toutes attentes du haut commandement britannique. Elle est ensuite réorganisée et rééquipée dans la région de Daba, mise au repos dans la région d'Alexandrie avant de remonter en ligne. Rommel a perdu deux précieuses semaines. Accourues d'Irak à marche forcée, des troupes britanniques parviennent à El Alamein quelques heures seulement avant les éléments de pointe de l'*Afrikakorps* [...]. La ferme résistance française permet aux Britanniques de mettre en relief l'action de l'allié français et surtout au général de Gaulle de conforter la place de la France libre dans la lutte mondiale qui se développe.
>
> « En tenant leur position au-delà de ce qui était demandé par le commandement allié, les soldats français imposent à Rommel de retarder l'ensemble de ses opérations offensives et permettent aux Britanniques de préparer le choc suivant. On peut d'ailleurs se demander aujourd'hui, mais cela est si facile après les événements et lorsqu'on connaît la fin de l'histoire, si le général allemand avait vraiment besoin de perdre autant de temps à réduire la position tenue par les Français. Vouloir à tout prix obtenir un succès tactique local l'a sans doute conduit, comme d'autres généraux en d'autres circonstances, à se priver d'une victoire stratégique. Peut-être que s'acharner sur une place encerclée fut sa première faute majeure[16] ».

Ainsi, loin d'être un simple mythe gaulliste surévalué par la propagande, Bir Hakeim représente bien une bataille décisive de la guerre du désert, n'en déplaise à ses détracteurs.

---

16. Lieutenant-colonel Rémy Porte, « Bir Hakeim face aux panzers de Rommel », *Les dossiers de la Deuxième Guerre mondiale*, n° 6, octobre-novembre-décembre 2006.

En Tunisie, en 1942-1943, les troupes françaises bloquent l'offensive germano-italienne durant plusieurs semaines, permettant aux troupes américaines et britanniques de s'organiser sur de solides positions et de contre-attaquer victorieusement par la suite.

Sur le front italien, en mai-juin 1944, le corps expéditionnaire français du général Juin (120 000 soldats) enfonce les positions allemandes sur un front montagneux, permettant ensuite la prise de Rome par les Alliés. Le maréchal allemand Kesserling est le premier à reconnaître la défaite de ses troupes sur le front italien contre les Français :

> « L'avance du corps expéditionnaire français, à la fois dans les vallées et en montagne, a rompu notre dispositif, facilité la progression des 5e et 8e armées alliées et empêché notre redressement sur la ligne Dora. Les Français ont combattu avec beaucoup de mordant et exploité, sans aucun délai, tous les succès locaux obtenus[17]. »

L'historien allemand Böhmler, engagé sur le front italien, témoigne également en faveur des troupes françaises :

> « La grande surprise fut l'attitude du corps expéditionnaire français. La campagne de 1940 avait jeté une ombre sinistre sur l'armée française. On ne pensait pas qu'elle pourrait se remettre de sa défaite écrasante. Et maintenant les divisions du général Juin se révélaient extrêmement dangereuses. La raison n'en était pas seulement l'expérience en montagnes des Marocains et des Algériens. Trois facteurs intervenaient ensemble : à côté de l'expérience en montagne des soldats des colonies françaises, il y avait l'équipement américain très moderne du corps français qui lui donnait une telle puissance. Et enfin ces troupes étaient commandées par des officiers français qui connaissaient parfaitement leur instrument. Avec ces trois éléments de base, Juin avait fait un excellent alliage. Pour la nuit, son corps se montra apte à toutes les missions, et le maréchal Kesserling a souligné en ma présence que ce sont toujours les secteurs du front où il savait que se trouvait le corps de Juin qui lui ont donné le plus d'inquiétude[18]. »

---

17. Rudolf BÖHMLER, *Monte Cassino*, Rupert Verlag, 1955.
18. Archives militaires allemandes, Fribourg-en-Brisgau.

Pendant toute la durée des offensives françaises sur le front italien, des officiers de liaison anglo-américains ont été détachés auprès des unités de Juin. Dans les notes du colonel Robert Shaw, après une attaque du 7e régiment de tirailleurs algériens (RTA), on peut lire :

> « J'ai eu l'occasion de suivre les troupes françaises. Je n'ai remarqué nul traînard, nulle perte ou abandon d'armes et de matériel. J'ai pu voir quantité de cadavres allemands. Beaucoup d'entre eux gisaient le crâne défoncé ou le corps percé de coups de baïonnette. Moral excellent[19]. »

L'historien britannique John Ellis note, au sujet de la fougue des troupes françaises sur le front italien :

> « Une drogue inconnue paraissait les encourager à se précipiter vers le sacrifice suprême. Entraînés par une sorte de folie collective, sublimés par la même cause, ils étaient indestructibles. Ce fut admirable[20] ! »

Les termes du compte rendu du général Ringel, commandant de la 5e division allemande de montagne sur le front italien, sont éloquents :

> « L'infanterie franco-marocaine se montre ardente, manœuvrière, déjà bien habituée au canon et au mortier. Elle constitue un instrument de qualité exceptionnelle entre les mains du commandement. La valeur des cadres de cette infanterie est connue depuis la campagne de Tunisie. Ils se sont comportés admirablement, comme on pouvait le craindre. Les jeunes Français du rang se sont conduits de façon admirable, donnant l'exemple et payant ardemment de leur personne. Enfin, le général anglais Alexander et le général américain Clark se rendent à l'évidence et doivent admettre qu'au Nord du front, face à la 5e division de montagne et à la 44e division d'infanterie, se tient toujours l'homme que même le commandement allemand a reconnu comme son adversaire le plus dangereux en Italie : le général Juin avec ses Franco-Africains[21]. »

---

19. Archives militaires françaises, Vincennes.
20. John Ellis, *Cassino, une amère victoire janvier-juin 1944*, éditions Albin Michel, 1987.
21. Archives militaires allemandes, Fribourg-en-Brisgau.

Le front italien ne représente pas un front secondaire, puisqu'il mobilise 30 à 40 divisions allemandes et italiennes fascistes qui ne peuvent intervenir ailleurs. C'est le premier front occidental de septembre 1943 à juin 1944, et le second de juillet 1944 à mai 1945.

Au cours de la libération de la France entre juin et septembre 1944, les maquis et les troupes françaises libèrent la majorité du territoire national et fixent par la suite l'équivalent d'une trentaine de divisions allemandes sur les fronts de l'Atlantique, des Alpes et de l'Alsace, d'octobre 1944 à avril 1945. L'armée française parvient également à conquérir tout le sud de l'Allemagne jusqu'en Autriche, détruisant l'équivalent d'une dizaine de divisions allemandes en avril-mai 1945.

Comme on peut le constater, par ces faits irréfutables, la place de la France combattante dans la victoire des Alliés ne relève pas du mythe de la propagande, mais bien d'un apport important dans la défaite allemande. Défaite qui relève à la fois des Soviétiques, des Américains, des Britanniques et des Français, sans oublier d'autres pays alliés.

Les bombes alliées frappent durement la France

Les bombes des aviations britanniques et américaines frappent de nombreuses villes françaises. Les raisons stratégiques n'en sont pas toujours avérées. Loin de là... Les Alliés refusent de privilégier le sort des civils français aux dépens d'une stratégie qui doit théoriquement affaiblir l'armée allemande présente sur le sol français. Entre juillet 1940 et mai 1945, la France reçoit donc 600 000 tonnes de bombes, soit 22 % du total déversé par les Alliés en Europe, provoquant la mort 72 000 civils français et le double ou le triple de blessés. Rien que le bombardement de la ville de Saint-Étienne, le 26 mai 1944, cause la mort de 1 084 civils et en blesse trois fois plus.

Les autres bombardements aériens alliés les plus meurtriers pour les civils en France au cours de l'année 1944, sont : Lille (9 et 10 avril) avec 600 morts, Rouen (18 et 19 avril) avec 900 morts, Noisy-le-Sec (18 et 19 avril) avec 464 morts, Juvisy-sur-Orge (18 et 19 avril) avec 392 morts, Paris (20 et 21 avril) avec 670 morts, Cambrai (du 27 avril au 18 août) avec 250 morts, Sartrouville (27 et 28 mai) avec 400 morts, Orléans (27 et 28 mai) avec 300 morts, Lyon (26 mai) avec 717 morts, Marseille (27 mai) avec 1 752 morts, Avignon (27 mai) avec 525 morts, Lisieux (6 et 7 juin) avec 700 morts, Vire (6 et 7 juin) avec 400 morts, Caen (6 et 7 juin) avec 1 200 morts, Le Havre (5 au 11 septembre) avec 5 800 morts.

Le bombardement, parfaitement inutile sur un plan militaire, de la ville de Royan en janvier 1945 mérite une attention particulière par l'ampleur du désastre. Depuis septembre 1944, Royan est une des poches allemandes de l'Atlantique, défendue par une importante garnison de près de 6 000 hommes, avec de nombreux bunkers, une puissante artillerie et des champs de mines. Dans la nuit du 4 au 5 janvier 1945, Royan subit un terrible bombardement de l'aviation alliée : on déplore 442 civils tués et un millier de blessés sur 2 223 habitants qui n'ont pu être évacués. Du côté allemand, on ne compte que 47 morts et du côté allié 7 avions ont été descendus par la *Flak* (DCA allemande). Les défenses allemandes ont très peu souffert lors de cette attaque aérienne, alors que la ville de Royan est détruite à 95 %.

La question essentielle se pose alors : qui sont les responsables de ce massacre ? Le 18 septembre 1944, à Saintes, le général de Gaulle décide d'attaquer les poches (Royan et Médoc) qui bloquent l'accès au port de Bordeaux. Le 21, il écrit au général Eisenhower en ce sens. L'état-major allié en Europe est alors chargé de préparer cette opération. Le 7 octobre 1944, le général de Gaulle annonce au général de Lattre de Tassigny, commandant la Ire armée française, qu'il va être obligé de lui retirer deux divisions, la 1re division française libre (DFL) et le 1re division blindée (DB), pour renforcer les FFI déjà engagés sur le front de l'Atlantique sud. À la fin novembre 1944, l'état-major allié accepte la date du 25 décembre pour déclencher l'opération *Independance*, visant à débloquer le port de Bordeaux. Finalement, seule la 1re DFL est engagée. Le détachement précurseur arrive le 12 décembre 1944 à Jonzac.

Le 22 décembre 1944, suite à l'offensive allemande dans les Ardennes et aux menaces pesant sur Strasbourg, le général Eisenhower repousse l'opération *Independance*, en notifiant que l'affectation de la 1re DFL sur le front de l'Atlantique est annulée. La 1re DFL doit rejoindre l'Alsace dans les délais les plus courts.

Le bombardement aérien, prévu dans le cadre de l'opération *Independance*, est maintenu, malgré l'annulation de l'offensive terrestre. Le 10 décembre 1944, le général Edgard de Larminat, commandant des forces françaises du front de l'Atlantique, est en réunion à Cognac avec le général américain Ralph Royce, à la tête de la First Tactical Air Force (1re TAF), rattachées au VIe groupe d'armées alliées, dont le poste de commandement principal se trouve à Vittel.

Les deux hommes décident d'un commun accord de bombarder les positions allemandes de la Coubre et de la Pointe de Grave. Cette rencontre se déroule en présence du général Corniglion-Molinier, qui dirige les forces aériennes françaises de l'Atlantique.

Peu après, le général Royce adresse l'ordre de mission suivant: « Détruire une ville solidement défendue par les troupes allemandes et occupée seulement par ces troupes[22]. » Il oublie ainsi de mentionner la présence de nombreux civils dans la poche de Royan...

L'état-major allié accepte la demande du général Royce, sans lui faire subir l'examen préliminaire d'usage par la Commission d'étude des objectifs stratégiques. Sir Harris, le général commandant l'ensemble des bombardiers britanniques, n'apprécie pas qu'une telle mission lui soit imposée sans l'accord de cette commission, pourtant nécessaire pour éviter d'inutiles pertes civiles. Mais le temps presse...

Le vendredi 5 janvier 1945, le 5e groupe de bombardement britannique décolle d'Angleterre avec six chasseurs bombardiers Mosquito, chargés du repérage, suivis par un avion pilote (Lancaster) et 217 bombardiers Lancaster. À 4 h 00 du matin, les 217 bombardiers britanniques larguent leurs bombes sur Royan. Entre-temps, une seconde vague d'assaut se prépare avec à sa tête le 8e groupe, formé de 28 Lancaster éclaireurs et du 1er groupe regroupant 96 Lancaster. Ces avions décollent des bases britanniques et arrivent sur Royan à 5 h 30 du matin pour déverser leurs bombes. Il pleut sur la ville un total de 1 576 tonnes de bombes explosives et 13 tonnes de bombes incendiaires. L'église Notre-Dame, l'hôtel Bellevue, la gare, l'église Saint-Pierre, le casino de Foncillon sont totalement ou partiellement détruits. Le château de Mons est coupé en deux. La destruction est totale entre le boulevard Albert-Ier et le quartier Saint-Pierre. La rue de Foncillon ne compte plus que 3 maisons en état et, sur 42 habitants, on dénombre 40 tués!

Comment expliquer un tel massacre? Il faut rejeter les affirmations de certains auteurs mettant en avant une mauvaise météo qui aurait gêné le repérage de l'aviation britannique. En réalité, le texte du général américain Royce décrivant une ville occupée uniquement par les troupes allemandes laisse penser que tous les Français restés sur place seraient des collaborateurs! C'est, bien entendu, totalement faux. La réunion du 10 décembre 1944 à Cognac n'a pu être à l'origine de cette méprise meurtrière, car le général d'aviation

22. Archives militaires françaises, Vincennes.

Corniglion-Molinier, alors présent, a dû échanger des informations plus précises sur les objectifs à bombarder avec le général Royce.

À la suite de cette terrible affaire, la recherche des responsables fut mise en œuvre. Les Français et les Américains, voire les Britanniques, se rejettent chacun la responsabilité du massacre. De nos jours, il apparaît clair que l'origine de ce bombardement désastreux porte sur une incompréhension des uns et des autres, avec, à la clé, un manque de communication de tous : dérangement de la ligne téléphonique entre l'état-major de Vittel et l'état-major de Cognac, mauvaise coordination des services, retards dans le décodage et la transmission du message principal, sans oublier la différence de langue et la traduction qui a été l'origine de la mauvaise interprétation du général Royce au sujet des propos du général de Larminat, lors de la réunion de Cognac. Suite à cette affaire, le général Royce est démis de ses fonctions.

L'historien Peter Krause apporte les précisions suivantes :

> « Le jeudi 4 janvier 1945 à 15 h 40, une météo favorable pousse la décision de lancer l'assaut. Le SHAEF (état-major allié en Europe) donne l'autorisation à 17 h 25, avertissant le QG du VIe groupe d'armées alliées à Vittel. Le général Schramm (adjoint du général Royce) est tout de même inquiet, car il ne parvient pas à obtenir l'accord définitif des autorités françaises. La ligne téléphonique Vittel-Cognac est en dérangement, mais des messages chiffrés mentionnés "Urgent" sont envoyés aux généraux de Larminat et Corniglion-Molinier. L'absence de réponse de ces derniers est considérée comme une acceptation de cette opération. Pourtant, à 19 h 50, et dans un souci d'enlever le moindre doute, Royce envoie un nouveau message au général de Larminat. Là encore, aucune réponse, et le feu vert est alors donné aux escadrilles basées en Angleterre. En fait, le message envoyé par le général Royce a bien été reçu à Cognac à 20 h 53 (jeudi 4 janvier 1945), mais c'était l'heure du dîner. Finalement, il n'a été déchiffré qu'à 00 h 40 (vendredi 5 janvier), et traduit à 05 h 30. Lorsque le général de Larminat en a pris connaissance, le 5 janvier à 08 h 00 du matin, Royan était devenue une ville martyre[23]. »

23. Peter Krause, *Bordeaux, les bombardements*, éditions CMD, 1999. Lire également : Eddy Florentin, *Quand les Alliés bombardaient la France*, éditions Perrin, 1997 ; Jean-Claude Valla, *La France sous les bombes américaines, 1942-1945*, Librairie nationale, 2001.

Massacres, viols et autres crimes de guerre

Mythifiée au cours de décennies de propagande, notamment à travers le cinéma, l'armée américaine aurait été composée uniquement de super-héros, ayant sauvé l'Europe des méchants nazis. Son comportement sur le terrain aurait été irréprochable sur le plan humain. N'a-t-elle pas libéré l'Europe occidental de la Peste brune? Pourtant, ces stéréotypes cachent une réalité moins glorieuse sur le terrain.

Comme toutes les armées engagées dans ce conflit, l'armée américaine commet des crimes de guerre. S'ils sont sans commune mesure avec ceux des troupes allemandes, ils n'en demeurent pas moins bien réels. Il convient donc de s'attarder sur les origines de ces comportements inhumains qui ont entaché l'honneur de certains soldats américains. Les échecs méconnus et souvent cachés de l'armée américaine en Tunisie contre, notamment, les troupes italiennes expliquent en partie cette vengeance parfois impitoyable. Pour de nombreux officiers blancs américains, formatés dans une culture où les Anglo-Saxons se considèrent comme supérieurs (avec également des sentiments ouvertement racistes à l'encontre des Noirs), les Latins, dont les Italiens, sont parfois perçus comme des sous-hommes (lâches, peu travailleurs et roublards), même si ces « Ritals » sont nombreux à avoir choisi l'Amérique comme nouvelle patrie et à combattre sous la bannière étoilée. Une défaite contre de tels sous-hommes est une honte pour le drapeau américain.

Les premières grandes batailles livrées par l'armée américaine contre les troupes allemandes et italiennes se déroulent en Tunisie en février-mars 1943. En guerre depuis décembre 1941 contre l'Axe, les États-Unis portent cependant, dans un premier temps, leur effort dans le Pacifique contre les forces armées japonaises, suite à l'attaque d'une partie de la flotte américaine à Pearl Habor le 7 décembre 1941. Après avoir débarqué en Algérie et au Maroc en novembre 1942, les divisions alliées tentent de s'emparer de la Tunisie avant les Allemands et les Italiens, mais ces derniers, plus rapides, parviennent à établir deux fronts solides à l'ouest et au sud de ce territoire. Bien que 180 000 soldats américains aient débarqué au Maroc et en Algérie à cette date, le commandement américain se montre incapable d'en envoyer plus de 12 000 en Tunisie les semaines suivantes. Ce désastre logistique américain permet aux Italo-Allemands de s'emparer de la plus grande partie de la Tunisie, bien que les troupes françaises ralentissent courageusement, en dépit d'un équipement et d'un armement surannés, la progression des troupes ennemies sur la Dorsale tunisienne.

Du 19 au 25 février 1943, la bataille de Kasserine illustre parfaitement la médiocrité de l'armée américaine. Les 10e et 21e *Panzerdivisionen* allemandes et la division blindée italienne Centauro, regroupant 22 000 soldats d'élite, expérimentés par plusieurs années de guerre, équipés de 250 chars, affrontent le 2e corps d'armée américain, fort de 30 000 hommes découvrant la guerre moderne, soutenus par 500 chars. Sur un front en partie montagneux, les troupes germano-italiennes attaquent en force les positions américaines. Les chars Sherman, Lee et Stuart sont balayés par des blindés allemands plus performants, comme les Panzer IV et les Tigre, appuyés par le solide 5e régiment des *bersaglieri* (tirailleurs italiens) du lieutenant-colonel Aldo Raimondi de la division Centauro. Les troupes germano-italiennes accomplissent une percée spectaculaire de 80 kilomètres dans les positions américaines. Le commandement américain est dépassé par les événements. Les contre-attaques et les barrages d'artillerie sont trop tardifs pour enrayer les progressions des troupes de l'Axe. Le 20 février 1943, le moral des forces américaines est au plus bas. Elles battent en retraite, en abandonnant leur équipement sur le terrain. Le général Lloyd Fredendall, qui commande le 2e corps américain, fragmente ses unités, qui sont d'autant plus facilement encerclées et submergées. Ayant établi son poste de commandement loin du front, il visite rarement ses soldats en première ligne. Dépassé par les événements, il est limogé et remplacé le 6 mars 1943 par le général George Patton.

Finalement, des unités de la Ire armée britannique et du 19e corps d'armée français sauvent les troupes américaines en pleine déroute. Le manque de carburant pénalise également les assaillants. Le maréchal Erwin Rommel, le général Hans-Jürgen von Arnim et le général italien Carlo Calvi di Bergolo, qui commandent les unités de l'Axe, enragent de ne pas pouvoir poursuivre leur offensive, qui se termine par des pertes terribles pour le 2e corps américain : 6 300 morts ou blessés, 4 000 prisonniers, 315 chars, 716 véhicules et 200 canons hors d'usage. Les troupes germano-italiennes déplorent seulement 352 tués ou blessés et 34 chars détruits.

Du 17 au 28 mars 1943, à El Ghettar en Tunisie, sur un front de 70 kilomètres, le 2e corps américain du général Patton, fort de 88 000 soldats, 300 chars et 200 pièces d'artillerie, affronte la division blindée italienne Centauro du général Calvi di Bergolo, réduite à 7 850 soldats seulement, qui ne peuvent compter que sur 30 blindés, 40 canons de campagne et 12 canons antichars. Malgré l'écrasante supériorité numérique américaine, les troupes italiennes, luttant avec une bravoure extraordinaire, repoussent 12 jours durant toutes les attaques. Les soldats américains se heurtent à des soldats italiens d'élite, qui ont deux à trois années d'expérience de guerre dans les Balkans et en Afrique.

Patton, monté en épingle par la propagande américaine, se révèle être un piètre tacticien, accumulant les erreurs sur le terrain. Les attaques américaines mal coordonnées sont systématiquement repoussées par d'habiles contre-attaques italiennes, menées avec fougue. Les positions italiennes perdues sont invariablement reprises en peu de temps. Le relief, formé de collines de 300 à 700 mètres d'altitude, facilite la défense des troupes italiennes, mais rend les contre-attaques plus difficiles.

La bataille d'El Guettar se termine par des lourdes pertes américaines : 5 000 soldats tués ou blessés, 1 500 prisonniers, 60 blindés détruits, contre 2 500 soldats italiens tués ou blessés et 20 chars détruits. Le succès italien est d'autant plus remarquable que les chars Fiat-Ansaldo M14/41 (14 tonnes) sont nettement inférieurs en qualité aux Sherman américains (32 tonnes) qui leur sont opposés. Pourtant, les tankistes italiens, plus expérimentés, font la différence sur le terrain, en manœuvrant avec une plus grande efficacité. Le 5e régiment des *bersaglieri* du lieutenant-colonel Aldo Raimondi reprend systématiquement les positions perdues lors d'assauts furibonds à la baïonnette, tout en faisant de nombreux prisonniers américains. Le manque de renforts empêche cependant de transformer cette victoire défensive italienne en véritable déroute de l'armée américaine.

Bien entendu, la propagande de guerre américaine passe sous silence les échecs de ses troupes contre les Italiens, en faisant croire que l'adversaire principal est allemand ! Le film de guerre américain, réalisé par Franklin Schaffner en 1970, à la gloire de Patton est révélateur à ce sujet : on ne voit pas le moindre soldat italien lors des scènes de combats se déroulant en Tunisie…

Prenant le commandement de la VIIe armée américaine lors du débarquement en Sicile, le 10 juillet 1943, Patton veut sa revanche. Lors de la bataille de Gela (10 au 13 juillet 1943), il affronte principalement des troupes italiennes. La force américaine de débarquement dans ce secteur repose sur la 1re division d'infanterie (DI), la 2e division blindée, divers éléments de la 3e DI, de la 45e DI et de la 82e division aéroportée. L'appui feu peut compter les puissants canons des croiseurs *Savannah*, *Boise*, *Abercrombie*, *Shubrick*, *Jeffers*, *Butler* et *Glennon*, armés notamment pour certains de pièces lourdes de 152 mm et 127 mm.

La plage de Gela est défendue par la 18e brigade côtière italienne, armée de vieux canons de la Première Guerre mondiale. Le 429e bataillon côtier italien se charge de la défense de la ville même. De nombreux nids de mitrailleuses, des barbelés et des bunkers complètent le dispositif défensif. Plus en arrière, à 6400 mètres dans les terres, des batteries italiennes d'artillerie doivent soutenir les troupes en première ligne. La division italienne d'infanterie Livorno, forte de 11400 soldats, doit contre-attaquer, appuyée par le groupe mobile E, fort d'une trentaine de chars Renault R-35. Les troupes italiennes peuvent cependant compter sur le soutien de cinq bataillons de la division blindée allemande Hermann Goering, qui aligne une soixantaine de chars Panzer III, Panzer IV et Tigre.

La force de débarquement américaine dispose d'une supériorité numérique écrasante, avec 40000 hommes contre 18000 soldats italiens et environ 3000 soldats allemands.

Dès le débarquement sur la plage, peu après minuit, le 10 juillet 1943, les soldats américains se heurtent à une défense acharnée de l'infanterie côtière italienne. Certaines positions luttent jusqu'à la mort de tous les défenseurs. Dans la ville même, elle oppose également une résistance opiniâtre. En divers endroits, les prisonniers italiens, qui se sont rendus après avoir épuisé toutes leurs munitions, sont sauvagement abattus par les soldats américains, ulcérés par une telle résistance. Le 429e bataillon côtier italien déplore la perte de 40% de ses effectifs, avec 197 morts ou blessés au combat. La tête de pont est régulièrement bombardée par les avions allemands et italiens, qui accomplissent de nombreuses sorties aériennes pendant la seule journée du 10 juillet.

Le même jour, vers 7 h 30, la division italienne Livorno contre-attaque, soutenue par une trentaine de tanks Renault R-35, blindés de 10 tonnes, totalement dépassés en 1943 par les Sherman américains de 32 tonnes. Les braves fantassins italiens bousculent pourtant les positions américaines, arrivent à seulement cent mètres de la plage, menaçant ainsi de rejeter les troupes de Patton à la mer. C'est alors que l'artillerie navale américaine, avec ses puissants canons de 152 mm et 127 mm, tire plus de 600 obus sur l'infanterie italienne, provoquant un véritable carnage. Le lendemain, la division Livorno, soutenue par quelques bataillons de la division Hermann Goering, renouvelle ses attaques audacieuses, repousse de nouveau les défenseurs américains, mais subit une nouvelle fois un terrible déluge d'obus de l'artillerie navale américaine, stoppant net son assaut. En seulement deux jours, la division Livorno, forte au début des opérations de 11 400 soldats, déplore 7 214 tués ou blessés ! La division Hermann Goering compte de son côté 630 tués ou blessés.

Le 13 juillet 1943, les combats se prolongent, avec l'attaque américaine pour s'emparer du terrain d'aviation de Santo Pietro, défendu par 500 soldats italiens, dont trois batteries de la milice fasciste, une compagnie du 76e régiment d'infanterie, une compagnie de vieux tanks Fiat 3000 et des éléments divers. Les 3 000 soldats américains de la 45e DI, engagés pour cette opération, se heurtent à une résistance acharnée une journée durant, malgré leur écrasante supériorité numérique.

Le capitaine Compton, le sergent West et leurs soldats massacrent 73 prisonniers italiens qui ont lutté héroïquement jusqu'à l'épuisement total des munitions. Le général Patton, cherchant à couvrir les assassins de ce crime de guerre, affirme à son supérieur, le général Bradley, qu'il se serait agi de civils armés, donc de francs-tireurs. Mais Bradley n'en croit rien : il lance une enquête, qui mène à la constitution d'une cour martiale secrète afin de juger le capitaine Compton et le sergent West. Assez curieusement, Patton lui-même n'est pas inquiété, bien qu'il soit moralement responsable, ayant poussé ses officiers et ses soldats à ne pas épargner les prisonniers militaires italiens. Il n'a pas digéré ses revers contre l'armée italienne en Tunisie.

Les opérations de Gela et de Santo Pietro coûtent de lourdes pertes à l'armée américaine : 3 900 soldats tués ou blessés, sans oublier la dizaine de navires coulés ou endommagés, victimes des attaques aériennes, menées principalement par l'aviation italienne, dont les redoutables *aerosiluranti* (avions torpilleurs).

En rivalité avec le général britannique Montgomery, l'égocentrique général Patton ordonne à ses troupes de suivre la ligne de moindre résistance le long du littoral occidental, qui conduit jusqu'à Palerme, après un raid de 250 km aussi spectaculaire qu'inutile : la décision se fait à l'est, à proximité du détroit de Messine, le cordon ombilical qui relie la Sicile à la Botte italienne. Le commandement germano-italien parvient à évacuer le gros de ses troupes sur le continent, suite aux rivalités opposant Patton à Montgomery. C'est ainsi que 75 000 soldats italiens et 39 000 soldats allemands parviennent à rejoindre la Calabre avec un important matériel, composé notamment du côté italien de 42 pièces d'artillerie, de 38 canons antichars et de 500 véhicules, et du côté allemand de 47 chars, 94 pièces d'artillerie et de très nombreux véhicules.

Outre ses grossières erreurs tactiques et stratégiques sur le terrain, Patton fait preuve d'un tempérament prompt au racisme et au mépris de l'adversaire, qui trouve un écho dramatique avec les exactions commises par ses troupes en Sicile. Il leur recommande d'être impitoyables contre les civils et les prisonniers militaires italiens. Après les massacres de Gela et de Santo Pietro, déjà relatés, les conséquences ne se font pas attendre : le 15 juillet 1943, une centaine de prisonniers militaires italiens sont abattus à la mitrailleuse près de Comiso. À Canicattì, une dizaine de civils sont tués et une centaine d'autres blessés par des soldats américains qui reçoivent l'ordre de Patton lui-même de tirer sur la foule !

Ces terribles affaires sont étouffées par le commandement supérieur. Mais Patton vacille de son piédestal : il perd tout commandement opérationnel pendant près d'un an, pour motif disciplinaire. Au cours de la campagne de Sicile, il a également giflé deux blessés américains commotionnés, qu'il a pris pour des lâches. On lui reproche surtout d'avoir laissé s'échapper le gros de l'armée ennemie en Sicile[24].

Pendant le débarquement en Normandie, en juin 1944, des soldats américains, ulcérés par la résistance acharnée des troupes adverses, tuent des prisonniers allemands. De tels faits vont se reproduire durant toute la campagne de France et d'Allemagne en 1944-1945.

Mais ces actions condamnables contre des prisonniers allemands touchent également des civils français. Au sein des Ire et IIIe armées américaines, on dénombre d'août à septembre 1944, 47 cas de pillages et de vols contre des civils français, 67 viols contre des Françaises, 21 meurtres et 18 agressions contre des civils français également. Des soldats américains refusent de payer leurs achats, se livrent à des pillages, tuent des civils, etc. Les instances militaires américaines reconnaissent que, entre juin 1944 et juin 1945, près de 200 femmes françaises ou étrangères furent violées en France par leurs soldats.

> « Disposant de la force, écrit Olivier Wieviorka, certains soldats se sentirent en pays conquis et entendirent, suivant la tradition soldatesque, prélever sur l'habitant ce qui leur plaisait [...]. De même, des criminels, soumis à la conscription, poursuivent pendant la guerre leurs coupables activités d'autant que la France, dotée d'un riche patrimoine mais victime de pénurie,

24. Jean Lopez et Olivier Wieviorka (dir.), *Les mythes de la Seconde Guerre mondiale*, vol. 2, éditions Perrin, coll. « Guerre et Histoire », 2017.

> offrait un bon terrain pour les trafics en tous genres. Pour les viols, la frustration sexuelle joua un rôle évident [...]. L'alcool, enfin, favorisa la délinquance.
>
> « Les autorités américaines réprimèrent sans laxisme ces débordements. Sur 169 hommes accusés de viols, 29 (4 Blancs et 25 Noirs) furent pendus, 15 autres étant exécutés pour viol et meurtre. Les peines de prison furent également nombreuses [...]. Concernant les meurtres, les tribunaux américains prononcèrent en France 35 condamnations à mort, 48 emprisonnements à vie et de nombreuses peines de prison d'une durée moyenne de 8 années. Au total, de 0,5 à 1 % des effectifs US engagés en Europe furent déférés devant des tribunaux pour faute – allant du simple trafic au meurtre – soit de 20 000 à 40 000 militaires[25]. »

L'historien américain Robert J. Lilly estime, quant à lui, que 11 040 viols ont été commis par les soldats américains en Allemagne, 2 040 en Grande-Bretagne et 3 620 en France[26].

Il convient également de souligner que les troupes britanniques ne sont pas exemptes de tels comportements. Dès le 14 juin 1944, le général britannique Lewis écrit que

> « les troupes britanniques commettent les habituels vols et pillages, particulièrement sur les côtes, ce qui suscite des comparaisons défavorables entre la conduite de nos troupes et celle des Allemands[27]. »

Il en est de même de l'armée française de libération, notamment du corps expéditionnaire français en Italie, en 1943 et 1944. De nombreuses Italiennes sont violées par des tirailleurs et autres goumiers, ce qui alarme le commandement allié, même si les troupes françaises luttent avec un courage admirable sur le front italien, jouant un rôle déterminant dans la conquête des positions allemandes en zone montagneuse, et permettant la libération de Rome en juin 1944.

L'historienne allemande Miriam Gebhardt a recensé 190 000 viols commis par les troupes américaines, 50 000 par les troupes françaises

---

25. Olivier WIEVIORKA, *Histoire du débarquement en Normandie*, éditions Le Seuil, 2007.
26. Robert J. LILLY, *La Face cachée des GIs*, éditions Payot et Rivages, 2008.
27. Archives militaires britanniques, Londres.

et 30 000 par les troupes britanniques entre 1944 et 1945, principalement en Allemagne. Selon l'historien Perry Biddiscombe, les soldats français ont commis 385 viols dans la région de Constance, 600 à Bruchsal, 500 à Freudenstadt. L'historien Norman Naimark écrit que

> « les goumiers marocains, intégrés aux troupes françaises, ont eu un comportement identique à celui des troupes soviétiques, notamment lors de l'occupation du Bade-Wurtemberg[28] ».

28. *Ibid.*

3

Mythes et légendes des résistances grecques, yougoslaves, albanaises et italiennes

Pendant des décennies, la propagande a présenté les résistances grecques, yougoslaves et albanaises comme des forces ayant fixé dans la guérilla l'équivalent de 30 divisions allemandes. Tout cela relève de la pure fantaisie. Il en va de même de la Résistance italienne.

En réalité, de mai 1941 à septembre 1943, les maquis grecs, albanais et yougoslaves n'ont été qu'une préoccupation secondaire pour l'armée allemande. L'occupation des Balkans incombe presque essentiellement à l'armée italienne, qui engage 14 divisions en Yougoslavie, 6 divisions en Albanie et 7 divisions en Grèce, soit un total de 27 divisions, surtout positionnées sur les côtes, afin de repousser un éventuel débarquement des Alliés. Seule une dizaine de ces divisions italiennes sont ponctuellement engagées contre les maquis des Balkans (Yougoslavie, Albanie et Grèce). L'armée italienne parvient à assurer une réelle sécurité sur la plus grande partie du territoire, sans l'aide allemande. Les maquis sont cantonnés en zone montagneuse, sans pouvoir réellement inquiéter l'occupant italien. Quelques bataillons allemands, avec des divisions italiennes, participent en mai 1943 à la bataille de Stupeska, qui se traduit par une sévère défaite pour les forces communistes yougoslaves de Josip Tito, réduites à 6000 hommes.

> « Le mécompte le plus important pour la *Wehrmacht* en Grèce, écrit Philippe Masson, intervient le 25 octobre 1942 avec la destruction du viaduc de Gorgopótamos, effectué non pas par des maquisards helléniques mais par un commando de parachutistes britanniques. L'opération constituera un handicap sévère pour le fonctionnement du pont aérien mis en place en faveur des forces de Rommel en pleine retraite en direction de la Libye[1]. »

Rivalités des forces de l'Axe dans les Balkans

Une vive rivalité existe entre les Allemands et les Italiens pour le contrôle de la Yougoslavie. Les partisans tentent donc d'en tirer divers avantages. Les mesures successives prises par les Italiens en Yougoslavie visent continuellement à gêner l'allié allemand. Mussolini espère ainsi se venger du peu de sympathie marquée par le peuple croate à l'encontre de l'Italie fasciste. En effet, dès que cette hostilité est constatée, Mussolini ne fait rien pour soutenir l'État croate, favorable aux nazis, qu'il a pourtant contribué à créer. La Dalmatie et les ports les plus importants de l'Adriatique sont annexés par l'Italie. La souveraineté croate sur ces territoires n'existe plus. En outre, plusieurs divisions italiennes sont stationnées sur le territoire dalmate. Ne recevant aucun approvisionnement d'Italie, elles doivent vivre essentiellement sur le pays. Cela provoque un afflux continu de produits alimentaires venant de toutes les autres régions de Croatie vers la zone italienne. La Croatie, qui était avant-guerre l'un des pays agricoles les plus riches d'Europe, ne cesse ainsi de s'appauvrir.

L'armée italienne prend également toutes les mesures nécessaires pour s'opposer à la déportation des populations juives, placées sous son contrôle, dans la péninsule balkanique. Cela entraîne de nombreux incidents avec les troupes allemandes et croates. En Yougoslavie, le général italien Roatta refuse de livrer les Juifs présents dans les zones italiennes aux autorités croates et allemandes. En Grèce, les autorités italiennes refusent de faire porter l'étoile jaune aux Juifs, malgré les protestations allemandes. Dans la région de Salonique, le consul

1. Philippe Masson, *Histoire de l'armée allemande, 1939-1945*, éditions Perrin, 1994.

italien Guelfo Zamboni n'hésite pas à envoyer des officiers dans les camps de transit afin d'en faire sortir plusieurs centaines de Juifs. Il en profite pour en « italianiser » 329 qui lui doivent ainsi la vie. Pour cet acte admirable et totalement désintéressé, il sera honoré comme « Juste parmi les nations » par le comité israélien Yad Vashem.

Le grand historien Pierre Milza, spécialiste de l'Italie, écrit avec justesse :

> « Il reste avéré que, partout où ils se sont trouvés pendant la guerre en présence de communautés juives menacées d'extermination par les Allemands et par leurs alliés, les responsables militaires et les agents diplomatiques italiens [...] ont fait ce qu'ils pouvaient pour éviter le pire. En France, dans les neuf départements occupés par l'armée italienne après le débarquement allié en Afrique du Nord, et surtout à Nice où, à la suite des consignes très strictes données par le général Ambrosio, chef d'état-major général, on vit le commandant des carabiniers ordonner à ses hommes de s'opposer par la force aux policiers de Vichy venus arrêter, devant la synagogue du boulevard Dubouchage, les Juifs réfugiés dans la ville. En Albanie, où avaient fui de nombreux Juifs yougoslaves et bulgares. En Libye, où des instructions avaient été données dès 1940 pour que soit facilitée l'entrée des Juifs tunisiens et français résidant dans ce pays. En Grèce également, où, de la même façon qu'à Nice, le général Geloso, commandant de la IIe armée, finit lui aussi par faire garder la synagogue par des soldats italiens pour éviter des violences de la part des étudiants favorables aux nazis. À Larissa, il suffisait de se présenter au commandant italien et de dire que l'on était juif pour obtenir aussitôt l'autorisation de circuler dans un train militaire se rendant à Athènes. En Yougoslavie enfin, la zone d'occupation italienne – qui comprenait la moitié de la Croatie, la Dalmatie et le Monténégro – devint le refuge de Juifs pourchassés par les Allemands ou par les Oustachis d'Ante Pavelić. Là aussi, les Allemands et les Croates se heurtèrent à une double résistance italienne : celle de l'armée et celle des Affaires étrangères [...]. S'agissant des militaires, les cas sont nombreux d'initiatives individuelles allant dans le sens de la protection des Juifs. Citons par exemple le cas d'une unité blindée de l'armée italienne qui, en 1941, en Croatie, simula une opération contre des bandes de partisans parfaitement inexistantes, pour atteindre

> un groupe de Juifs en proie aux représailles des Oustachis, et les ramener en lieu sûr dans les chars[2]. »

L'hostilité des Italiens à l'encontre des Allemands va même plus loin, frôlant la trahison. Ainsi, durant l'été 1942, la *Feldgendarmerie* allemande arrête un courrier communiste en route vers le quartier général italien de la IIe armée. Son interrogatoire ne permet pas d'apprendre grand-chose, sinon que l'homme a déjà fait plusieurs fois l'aller et retour entre Tito et le général italien Roatta ! Toutefois, l'idée d'une coopération entre le commandant en chef italien et le chef communiste semble si incroyable aux personnalités allemandes de Zagreb qu'on n'attache pas une grande importance à la découverte de cette liaison. Mais peu après, durant l'été 1942, on va en apprendre davantage. Une vaste opération antiguérilla est alors en préparation. Le général Roatta indique à l'état-major de liaison allemand que l'offensive italienne aura lieu en direction de Sarajevo. Puis, tout à coup, sans aucune nécessité militaire, Roatta laisse vide de toute troupe un passage de 80 à 100 kilomètres de large, au sud de la ligne de démarcation germano-italienne. Les partisans de Tito se précipitent bien entendu dans l'espace libre d'obstacles. Par la suite, les autres mouvements des partisans s'effectuent d'une telle façon qu'on peut découvrir un parfait synchronisme entre eux et les mouvements des troupes italiennes !

> « En dépit de manque de preuves formelles, écrit Georges Bernard, des faits transforment presque en certitude la présomption du haut commandement allemand que Roatta était en train de comploter, aussi bien avec les Tchetniks qu'avec les partisans de Tito, et cela au détriment des Allemands comme de l'État croate[3]. »

La dure réalité de la guerre dans les Balkans

Les rivalités entre Allemands et Italiens dans les Balkans ne peuvent occulter la participation active de l'armée de Mussolini à la lutte contre la résistance yougoslave, dont les civils font parfois les frais. En octobre 1941, la division italienne Murge du général Paride

---

2. Pierre Milza, *Mussolini*, éditions Fayard, 1986.
3. Georges Bernard, *La Yougoslavie dans la guerre*, éditions Fayard, 1968.

Negri remporte quelques succès locaux contre les Partisans. À la fin de l'année 1941, le 1er régiment des grenadiers de Sardaigne et le 4e bataillon de chemises noires encerclent et anéantissent le bataillon de partisans Ljubo Sercer. Un régiment italien de la division Isonzo fait de même contre un groupe de résistants.

Afin de porter un coup fatal aux Partisans, une vaste opération militaire italienne est déclenchée en Dalmatie et en Slovénie, s'étendant sur seize semaines à partir de la mi-juillet 1942. Plus de 71 000 soldats italiens sont engagés, dont les divisions Cacciotari delle Alpi et Macerrata, la légion fasciste Montagna et le 4e bataillon fasciste Mussolini. Les succès sont importants, plusieurs unités partisanes sont écrasées. Au début de la bataille de Notranjska, plus de 300 Partisans sont tués, alors que les Italiens ne déplorent que des pertes légères. La division Lombardia s'occupe de traquer les rebelles de la région de Metkila avec succès. Pour la période allant du 16 juillet à la fin août 1942, les archives militaires italiennes donnent les chiffres de 1 053 partisans tués, 1 383 prisonniers et 1 236 fusillés, alors que les forces militaires italiennes déplorent, pour la seule année 1942, 678 tués, 1 114 blessés et 111 disparus.

En Slovénie et en Dalmatie, la répression militaire italienne est particulièrement dure. Les différentes études estiment que, entre mai 1941 et septembre 1943, plus de 8 000 Partisans ont trouvé la mort, plus de 1 000 otages ont été fusillés et environ 800 villages ou hameaux détruits. Dans les camps où sont concentrés des civils, la mortalité est effrayante en raison du manque total de ravitaillement et d'hygiène. L'exemple le plus évocateur est celui de l'île de Rab, en Dalmatie, où 1 267 personnes décèdent en dix mois (4 741 selon d'autres commissions d'enquête).

De juin 1941 à août 1943, le général Roatta lance plusieurs opérations d'envergure contre Tito et ses Partisans. Au cours de la même période, 82 926 soldats italiens sont tués ou blessés dans le guêpier balkanique. Un bon nombre de soldats italiens, qui ne sont en rien des criminels nés, mais qui ne sont pas préparés à affronter la guérilla, appliquent les mesures répressives ordonnées par le général Roatta. Naturellement, bien des soldats italiens n'ont pas versé dans les extrémités des Allemands et des Croates, en faisant preuve d'humanité, même au plus fort des combats. De plus, la barbarie s'exerce dans les deux camps, comme en témoignent les corps de nombreux soldats italiens découverts dénudés et émasculés au Monténégro.

Un scénario identique se déroule en Grèce, où la Résistance est également active, sans être cependant déterminante. Le 28 mars

1942, à 22 h 45, suite aux informations données par la Résistance grecque aux Alliés, le cargo italien *Galilea* est torpillé en mer Ionienne. Celui-ci transporte une grande partie du bataillon Gemona de la division alpine Julia, qui revient en Italie afin de constituer le corps alpin qui doit être envoyé en Russie : 21 officiers, 18 sous-officiers et 612 *alpini* périssent, victimes des eaux glacées et du peu de familiarité de ces montagnards avec la natation. Le 30 mai, la Résistance fait sauter un train militaire italien : on dénombre 550 morts.

Cependant, l'armée italienne parvient à occuper sans difficulté la majeure partie des Balkans. La situation change, temporairement, avec la capitulation italienne de septembre 1943. Les résistants grecs, albanais et yougoslaves parviennent à s'emparer d'un matériel important, venant de l'armée italienne. Les Allemands sont désormais contraints d'assurer la relève dans les Balkans. Cette tâche n'est cependant nullement insurmontable.

La réalité des chiffres

Contrairement aux affirmations tonitruantes de résistants des Balkans et à la propagande communiste, les maquis grecs, yougoslaves et albanais n'ont jamais fixé 30 divisions allemandes. Ces divisions ont essentiellement pour mission de repousser un éventuel débarquement des Alliés. Les maquis n'ont pas davantage tué ou mis hors de combat 600 000 soldats de la *Wehrmacht*, le double des effectifs allemands réunis dans les Balkans !

Les résistants grecs n'ont jamais dépassé 15 000 à 20 000 hommes. La croissance du nombre de titistes (180 000 à la fin de 1943, 350 000 l'été 1944, puis 800 000 en avril 1945) relève de la pure fantaisie, d'autant que les parachutages alliés n'ont pas dépassé 100 000 armes légères, que les Partisans sont loin d'avoir récupéré en totalité.

De plus, les Allemands ont largement bénéficié des divisions de leurs adversaires. À maintes reprises, résistants royalistes et communistes yougoslaves se sont livrés à des affrontements sanglants, n'hésitant pas même à conclure des trêves avec les soldats italiens ou allemands. L'activité des maquis de Tito ne dépasse pas la Bosnie, avec des incursions limitées en Dalmatie et en Croatie. En mai 1944, les Partisans subissent même une sévère défaite, nous l'avons vu, et sont contraints de se replier sur la côte Adriatique, avec l'aide des Britanniques. Tito doit même établir son quartier général dans l'île de Vis. La situation est identique en Grèce, où les maquis royalistes s'opposent aux Partisans communistes.

Les résistants grecs, albanais et yougoslaves se révèlent également incapables, au cours de l'automne 1944, d'empêcher le repli en ordre des troupes allemandes et croates en Bosnie. Elles se battent avec succès jusqu'à la capitulation en mai 1945. En réalité, l'armée allemande et ses alliés ont engagé 100 000 hommes contre les partisans des Balkans, issus principalement d'unités de police, d'unités *SS* de recrutement local, de bataillons croates et bosniaques.

Toute comme l'armée italienne de mai 1941 à septembre 1943, la *Wehrmacht* parvient à conserver le contrôle des grands axes routiers et ferroviaires des Balkans, l'exploitation des mines, de l'industrie et limite la présence des maquis dans des zones montagneuses sans importance stratégique. « L'armée allemande a été encore servie par des antagonismes politiques, ethniques et religieux irréductibles dont les effets continueront largement à se faire sentir après la guerre[4] », écrit Philippe Masson.

Une terrible guerre civile

La Yougoslavie éclate en une véritable guerre civile, opposant des populations luttant soit aux côtés de l'Axe soit aux côtés des Alliés, avec principalement les Oustachis et les Croates face aux partisans communistes de Tito et aux Tchetniks (résistants royalistes yougoslaves), un conflit durant lequel les premiers (favorables aux Allemands) déplorent 209 000 tués et les seconds 237 000 tués, entre 1941 et 1945. Les pertes civiles sont également importantes avec 26 000 Roms tués, 170 000 Croates, Bosniaques et autres, 320 000 Serbes et 65 000 Juifs.

Soutenues par les Alliés, les forces communistes de Tito finissent par prendre le dessus sur leurs adversaires. De 1941 à 1945, les divers groupes de résistants et de collaborateurs s'entre-tuent dans une lutte sans pitié, qui n'épargne pas les civils.

En mai 1945, abandonnées par des Allemands qui les ont conduites au chaos, les forces croates, coupables de nombreux massacres contre les Serbes et d'autres populations, fuient, avec de nombreux civils, la Yougoslavie et les Partisans. Ils sont nombreux,

4. Philippe Masson, *Histoire de l'armée allemande*, *op. cit.*

entre 600000 et 1 million de personnes, civils et militaires. Ces Croates et autres non-communistes (Slovènes civils et militaires, Tchetniks, Bosniaques ayant combattu aux côtés des nazis, 38000 Cosaques intégrés dans la *Waffen-SS*, avec 12000 membres de leurs familles, etc.) se dirigent vers l'Autriche, avec l'espoir d'être protégés par les troupes britanniques du maréchal Alexander. Le 13 mai 1945, soit plusieurs jours après la capitulation allemande, le commandement britannique, soucieux de préserver de bonnes relations avec leurs alliés du moment – à savoir les Partisans –, décide finalement de livrer les réfugiés civils et militaires croates et autres à leurs futurs bourreaux, près de la ville autrichienne de Bleiburg. La plupart de ces réfugiés yougoslaves, contraints de retourner en Slovénie, sont massacrés par les partisans titistes ou envoyés dans divers camps de concentration (près d'un million de victimes, tuées ou déportées).

Les Partisans massacrent également 45000 Hongrois. Les soldats allemands du groupe d'armées Löhr doivent se rendre aux partisans de Tito, qui exercent sur eux de terribles représailles : 70000 d'entre eux sont abattus ou meurent de mauvais traitements. Les minorités allemandes de Yougoslavie, soit 500000 personnes, ne sont pas épargnées non plus : 100000 personnes meurent exécutées ou de privation.

Nettoyages ethniques

Les minorités italiennes, bulgares, albanaises, bosniaques et autres subissent un sort aussi terrible. On ignore généralement que, entre 1943 et 1946, Tito et ses Partisans communistes yougoslaves ont pratiqué un « nettoyage » ethnique en Istrie et en Dalmatie, à l'encontre de la population italienne, présente dans ces régions depuis le Moyen Âge : environ 80000 de ces Italiens sont massacrés à coups de crosse ou jetés vivants dans des ravins, pour économiser les balles des mitraillettes ou des fusils. Les hommes sont castrés avant d'être tués, les femmes violées puis abattues. Environ 400000 survivent, mais doivent abandonner tous leurs biens et s'exiler. Quelques milliers restent, mais doivent renier leur nom, leur langue et abandonner les tombes ravagées de leurs ancêtres.

> « L'Italie républicaine, écrit Maurizio Serra, se désintéressera officiellement de leur sort pendant quatre décennies. Il ne s'agissait, dans l'esprit d'alors, que de victimes collatérales de la

> guerre fasciste. Il fallut attendre 2004 après la fin du mythe Tito, longtemps entretenu par la gauche italienne, pour que l'éminent président de la République que fut Carlo Azeglio Ciampi institue la "journée du souvenir de l'exode", qui est célébrée depuis lors le 10 février[5]. »

La population yougoslave se limite en 1941 à 15 millions d'habitants. Or, les crimes des Partisans communistes titistes vont faire proportionnellement plus de victimes que ceux de Staline. On estime qu'environ un million de personnes ont été assassinées par les Partisans et les militaires titistes, de 1941 à 1950.

Le régime titiste parvient ensuite à maintenir un semblant de paix en Yougoslavie plusieurs décennies durant. Mais, depuis la chute du mur du Berlin en novembre 1989, qui marque la réunification des deux Allemagne, plusieurs pays anciennement communistes se tournent vers l'Europe de l'Ouest, comme la Pologne, la République tchèque, la Slovaquie, la Hongrie, la Lituanie, la Lettonie, l'Estonie, la Roumanie et la Bulgarie. C'est la fin de l'empire soviétique et du Pacte de Varsovie, avec ses États satellites. La Yougoslavie éclate littéralement en divers pays qui revendiquent leur indépendance, entraînant une série de violents conflits entre 1991 et 1999, causant la mort de 300 000 personnes, dont deux tiers de civils, et le déplacement de 4 millions d'individus. La Slovénie, la Croatie, la Bosnie-Herzégovine, la Macédoine, le Kosovo voient le jour, au détriment de la grande Serbie.

La réalité de la Résistance italienne

En Italie, la Résistance prend de l'ampleur après l'arrestation de Mussolini en juillet 1943 par le roi d'Italie, et la capitulation militaire italienne de septembre, puis l'invasion d'une large partie de la péninsule par les troupes allemandes. Désormais, l'Italie se trouve coupée en deux : au nord et au centre, sous occupation allemande, un nouveau régime fasciste, connu sous le nom de République sociale italienne (RSI), voit le jour après l'exfiltration de Mussolini par un commando allemand en septembre 1943. Au sud, sous le contrôle des forces militaires alliées, une nouvelle armée italienne lutte aux

---

5. Maurizio Serra, *Le mystère Mussolini*, éditions Perrin, 2021.

côtés des Britanniques et des Américains. En Italie centrale et surtout du Nord, des maquis sont constitués et combattent les unités paramilitaires fascistes italiennes et les troupes allemandes. Les zones montagneuses permettent la guérilla contre l'occupant allemand.

Durant des décennies, une historiographie italienne, fortement orientée par les communistes, qui cherchent à faire oublier l'adhésion massive des Italiens en faveur de Mussolini de 1922 à 1942, a voulu nous faire croire que la Résistance antifasciste avait été le fait de la majorité des Italiens. En réalité, la plus grande partie de la population, surtout préoccupée par le ravitaillement et les bombardements aériens alliés, est restée attentiste ou indifférente à la lutte opposant fascistes et antifascistes italiens, tout en détestant la présence allemande en 1943-1945. Il est d'ailleurs révélateur de constater que les Italiens engagés dans la Résistance sont passés de 100 000 hommes en août 1944 à 250 000 au total en avril 1945, soit un gonflement des effectifs à la toute fin du conflit, lors du départ des troupes allemandes et de la dissolution de la République fasciste de Mussolini, alors que les unités militaires et paramilitaires italiennes combattant aux côtés des Allemands comptent de 400 000 à 600 000 hommes en 1943-1945.

Les pertes des résistants italiens, longtemps gonflées par la propagande communiste d'après guerre, comptent en réalité 15 179 tués de 1943 à 1945, soit seulement 4,22 % des pertes militaires totales italiennes de la Seconde Guerre mondiale (360 000 tués), contre 13 021 soldats et miliciens fascistes italiens tués dans les rangs de la RSI, luttant contre les Alliés et les partisans italiens antifascistes de 1943 à 1945[6].

Certains auteurs communistes italiens ont clamé des pertes chez les résistants totalement fantaisistes, dépassant même les effectifs réels de la Résistance italienne, tout comme en France avec les supposés 75 000 fusillés communistes entre 1940 et 1945, alors que la totalité des Français fusillés n'a pas dépassé 4 000 personnes, dont beaucoup n'étaient pas communistes.

D'autre part, les forces militaires italiennes régulières de l'Italie du Sud, rangées aux côtés des Alliés, ont représenté environ 200 000 hommes, dont seulement 20 000 incorporés en unités combattantes, avec 6 000 tués de 1943 à 1945.

De plus, les maquis antifascistes italiens sont divisés entre les communistes et les autres. Certains se font même la guerre pour

---

6. Jean Lopez, Nicolas Aubin, Vincent Bernard, Nicolas Guillerat, *Infographie de la Seconde Guerre mondiale*, éditions Perrin, 2018.

des raisons politiques et pour garder la mainmise des parachutages d'armes par les Alliés. Des maquis communistes italiens n'hésitent pas à s'allier avec les Partisans communistes de Tito, qui tentent d'annexer une partie de l'Italie du Nord-Est, de Trieste à Venise, mais sont repoussés par la résistance héroïque de plusieurs unités militaires italiennes de la RSI sur le front de l'Isonzo, à Gorizia et à Tarnova notamment, dont les fusiliers marins de la division Decima Mas du prince Borghese, les *bersaglieri* (tirailleurs) du bataillon Mussolini, les *alpini* (chasseurs alpins) des bataillons Valanga et Tagliamento, les miliciens fascistes de la 4e légion de la garde nationale républicaine.

En avril 1945, alors que le gouvernement de Mussolini prend fin, suite à la progression des troupes alliées en Italie du Nord et la retraite générale des troupes allemandes, de nombreux communistes italiens – ivres de vengeance et voulant parfois faire oublier un passé douteux dans les rangs de la jeunesse fasciste au cours des années 1920-1930 –, ne craignant désormais plus rien, se livrent à de nombreux assassinats contre des fascistes italiens, ou présumés tels, souvent désarmés et sans défense. Parmi les personnes assassinées, on dénombre en réalité des personnalités victimes de la répression fasciste, voire désavouées ou écartées par le régime de Mussolini, comme Leandro Arpinati, Nicola Bombacci et Achille Starace[7] !

Les crimes nazis en Italie

Le 24 mars 1944, aux Fosses Adréatines, près de Rome, les Allemands exécutent 335 civils italiens, dont de nombreux Juifs, en représailles d'un attentat commis par des partisans, qui a causé la mort de 32 soldats allemands.

À Marzobotto, toujours en Italie, du 29 septembre au 1er octobre 1944, environ 2700 civils sont tués par la 16e division *SS* Reichsführer. Dès le 17 juin 1944, le maréchal allemand Kesserling donne les instructions suivantes aux troupes allemandes en Italie :

> « La lutte contre les bandes et les civils complices devra être conduite avec tous les moyens disponibles et avec la plus grande dureté. Je prendrai la défense de tout responsable militaire qui,

7. Lire à ce sujet : Dominique Lormier, *Les vérités cachées de la Résistance*, éditions du Rocher, 2022.

dans le choix et la rigueur des moyens employés, aura outrepassé la mesure moyenne considérée par nous comme normale[8]. »

L'Italie de 1944 n'est donc pas épargnée par le concept nazi de « guerre totale ». En réalité, les colonnes allemandes n'attendent pas forcément d'être attaquées par les « terroristes » pour massacrer les civils. La guerre totale exige en effet de terroriser la population pour faciliter la libre circulation des troupes d'occupation.

8. Archives militaires allemandes, Fribourg-en-Brisgau.

4

Les victoires méconnues de la Résistance française

À en croire certains auteurs, la Résistance française n'aurait joué qu'un rôle mineur dans la libération de la France : elle ne serait responsable que de 2 % des pertes allemandes. Ce chiffre ne repose sur aucune source sérieuse. Rien que dans le sud-ouest du pays (Limousin, Charente, Charente-Maritime, Aquitaine et Midi-Pyrénées), l'armée allemande, forte de 200 000 hommes, déplore la moitié de ses effectifs hors de combat (tués, blessés, prisonniers) après avoir affronté les forces combattantes de la Résistance de juin 1944 à mai 1945. En effet, les combats se prolongent jusqu'en avril-mai 1945 contre les poches allemandes fortifiées du Médoc, de Royan, de La Rochelle, des îles de Ré et d'Oléron, où 30 000 soldats allemands et plusieurs centaines de fusiliers marins italiens sont tués ou capturés par des troupes françaises issues en grande majorité des maquis.

Concernant la Résistance en 1944, la mémoire collective a surtout retenu les batailles des Glières et du Vercors, deux victoires allemandes contre des forces résistantes encerclées et inférieures en nombre. Un regard pour le moins réducteur.

Or la Résistance française a remporté de nombreux combats au cours de l'année 1944, parvenant à capturer des garnisons et des colonnes allemandes en pleine retraite. Ces indéniables succès viennent d'une Résistance unifiée derrière la figure emblématique du général de Gaulle. Jean Moulin et d'autres grands résistants français sont parvenus à unir les divers mouvements, ce que les maquis des Balkans n'ont pas réussi à faire.

D'autre part, les réseaux français de la Résistance intérieure fournissent 80 % des renseignements aux Alliés sur les troupes et les fortifications allemandes en France, permettant en grande partie le succès du débarquement en Normandie, comme le reconnaissent les principaux chefs militaires britanniques et américains. De plus, les réseaux d'évasion exfiltrent 4 000 aviateurs alliés de la France occupée, tout en permettant à environ 50 000 clandestins recherchés par les nazis de franchir les Pyrénées pour rejoindre l'Afrique du Nord française ou la Grande-Bretagne. Un bilan prestigieux à la gloire de la Résistance française.

Enfin, les nombreux sabotages et embuscades des maquis français retardent de plusieurs jours l'arrivée des renforts allemands en Normandie de juin à août 1944. À ce sujet, le maréchal Gerd von Rundstedt, commandant en chef des forces allemandes de l'Ouest en 1944, tient à souligner les faits suivants :

> « Tous les chefs militaires allemands font état d'une révolte générale sur nos arrières durant l'été 1944. Des formations allemandes entières ont tout simplement été anéanties par les forces combattantes de la Résistance française. Les maquis nous ont infligé des pertes considérables, ramenant en certains endroits à 40 % l'efficacité au combat de la *Wehrmacht*. Les Allemands avaient pour la Résistance française une crainte énorme, parfaitement justifiée par l'importance considérable des sabotages, des embuscades, sans oublier l'efficacité redoutable des réseaux de renseignement, dont les documents transmis aux Alliés décidèrent du choix du débarquement en Normandie[1]. »

De son côté, le général américain Marshall, chef d'état-major des armées américaines, a déclaré :

> « La Résistance française a dépassé toutes nos prévisions. C'est elle qui, en retardant l'arrivée des renforts allemands et en empêchant le regroupement des divisions allemandes à l'intérieur, a assuré le succès de nos débarquements. Sans vos troupes du maquis, tout était compromis[2]. »

---

1. Archives militaires allemandes, Fribourg-en-Brisgau.
2. Archives militaires françaises, Vincennes.

Captures, embuscades et sabotages

Le 10 août 1944, dans le Pays basque, la compagnie Lavalou, du bataillon Jean-de-Carrère, unité du corps franc Pommiès (CFP), capture la garnison allemande de Mauléon, forte d'une cinquantaine de soldats, après un combat acharné. Les maquisards ne comptent qu'un tué et trois blessés.

Le 22 août 1944, la garnison allemande d'Oloron-Sainte-Marie (150 hommes) prend la direction de la frontière espagnole, mais se heurte aux unités du CFP, près de Bedous. Elle capitule le lendemain, après une bataille acharnée.

D'autres colonnes allemandes qui tentent de se réfugier en Espagne sont capturées par les FFI (Forces françaises de l'intérieur), après de violents combats. C'est le cas à Borce, où 104 soldats allemands, encerclés par les maquisards de l'AS (Armée secrète) et de l'ORA (Organisation de résistance de l'armée), se rendent le 24 août. La libération de Bayonne, Biarritz, Saint-Jean-de-Luz, Socoa et Hendaye, le 21 août, permet au bataillon FFI Passicot de capturer 168 soldats allemands.

En Dordogne, les nombreux maquis multiplient les sabotages et les embuscades. Le 24 juillet 1944, le combat de Javerlhac, le plus meurtrier à avoir été soutenu par l'armée allemande en Périgord, est à la gloire de la section spéciale de sabotage (SSS) du capitaine Jacques Nancy qui, avec une centaine d'hommes, a repoussé une colonne allemande de 400 soldats, dont 56 ont été tués et 150 blessés, sans aucune perte dans les rangs français. Les FTP (francs tireurs partisans) font parler d'eux lors de l'embuscade de Beaufort, le 3 août. Une compagnie du 14e bataillon, commandée par le lieutenant Pierre, anéantit une colonne de camions ennemis : 80 soldats allemands sont tués ou blessés.

La compagnie FFI Guitton, le bataillon Bugeaud, le groupe franc Roland, les groupes Labadie et Gossot encerclent à Saint-Astier une centaine de soldats allemands qui sont contraints de se rendre, après un combat acharné, le 20 août 1944.

Le 21 août 1944, près de La Réole, en Gironde, 182 soldats allemands sont faits prisonniers par le bataillon FFI Mickey. Le maquis Labrunie, regroupant plus de 400 hommes en juillet, se signale par de nombreuses opérations. Dans les secteurs de Clairac et Tonneins, il capture 34 soldats ennemis. Au mois d'août, il participe activement à la libération de la Gironde, en mettant hors de combat 70 soldats allemands. Toujours en Gironde, à Cau-Berson, le 19 août 1944, une section du bataillon FFI du Blayais, aux ordres du capitaine André Jolit, tend une embuscade à une colonne motorisée allemande : 42 soldats allemands sont tués lors de l'affrontement, 8 blessés, sans oublier 4 maquisards blessés.

Dès les premiers jours du débarquement allié en Normandie, les FTP du Limousin, dirigés par le colonel Georges Guingouin, accomplissent une quarantaine de sabotages ferroviaires. Tous les moyens de communication de l'occupant sont détruits, dont le câble souterrain Bordeaux-Limoges-Paris. Les Allemands et les Miliciens, isolés et terrorisés, s'enferment dans Limoges qu'ils transforment en place forte. Le 9 juillet 1944, le colonel Guingouin apprend qu'une importante colonne allemande, après avoir opéré contre les maquis du Cantal, arrive en Corrèze et se dirige vers la Haute-Vienne. Il s'agit de la brigade Jesser, forte de 2 500 hommes et 500 véhicules. Le 14, la brigade Jesser se trouve à 90 kilomètres d'Eymoutiers. D'autres nouvelles alarmantes arrivent au PC de Guingouin : en plus de cette attaque venant de l'Est, les FTP vont devoir faire face, au sud, au 95e régiment allemand de sécurité venant de Brive et Tulle par la Croisille, et, à l'ouest, à un bataillon de *Schutzpolizei* de la garnison de Limoges, accompagné de 600 miliciens, arrivant à Linard. C'est donc une manœuvre d'encerclement que va tenter l'occupant. Les assaillants alignent au total 4 800 hommes face aux 3 500 maquisards qui livrent une véritable bataille, connue sous le nom de bataille du mont Gargan. D'après un document allemand trouvé à la Libération, le bilan de ces combats (du 18 au 24 juillet 1944) a été très lourd pour l'occupant : 342 tués ou blessés, dont 7 officiers morts. Du côté des FTP : 38 tués, 5 disparus et 54 blessés.

Dès le 12 août 1944, la ville de Limoges se trouve partiellement encerclée par une partie des 13 900 FFI (AS, FTP, ORA) de la Haute-Vienne. Le 21 août, par l'intermédiaire du consul de Suisse M. Jean d'Albis, les pourparlers sont engagés entre le colonel Guingouin et le général Gleiniger, chef de la garnison allemande de Limoges. Les FFI y capturent 12 officiers et 350 soldats allemands.

Dès le 15 août 1944, la garnison allemande de Brive, totalement démoralisée, se rend aux FFI : 493 prisonniers, dont 17 officiers, 14 canons et 3 mortiers lourds tombent aux mains de la Résistance. Le bilan de quatre années de lutte sur le sol de Corrèze se solde par la mort de 532 résistants et 632 soldats du Reich. De plus, 1 183 Allemands ont été faits prisonniers.

Les FFI du Lot exécutent une centaine de sabotages durant tout l'été 1944. La guérilla se révèle payante, avec la mise hors de combat de 600 soldats allemands ou miliciens (tués, blessés, prisonniers).

Les combats font également rage dans les Hautes-Pyrénées. Le 14 juin 1944, à 10 heures, un important convoi allemand est attaqué dans la rampe de Capvern par 40 maquisards du groupe Nistos Esparros (3201e compagnie de francs-tireurs et partisans français [FTPF]), et 45 guérilleros espagnols : 5 véhicules ennemis sont détruits, 33 soldats allemands tués et 28 autres blessés. Les FTPF parviennent à évacuer leurs blessés. Les Allemands chargent leurs morts et leurs blessés dans un train en gare de Capvern.

Un commando du célèbre corps franc Pommiès (CFP), dirigé par le lieutenant Pierre Camus, passe à l'action, le 29 juillet 1944, contre le terrain militaire de Blagnac, où sont entreposés 15 wagons chargés de munitions. Malgré la présence de 8 postes allemands de surveillance, le commando s'infiltre, pose des explosifs qui détruisent les wagons. Au cours de l'été 1944, le CFP, fort de 9 000 hommes en Aquitaine et Midi-Pyrénées, accomplit 102 embuscades et 750 sabotages, capture 600 soldats allemands.

Au camp de La Galaube, le 20 juillet 1944, le corps franc de la Montagne noire (CFMN) doit résister à une véritable offensive de l'occupant, alignant 6 bombardiers, 1 500 fantassins, appuyés par des blindés et de l'artillerie. Non seulement les 900 maquisards repoussent les assaillants, mais ils parviennent aussi à déjouer une tentative d'encerclement. Le lendemain, en faisant le bilan de cette journée, le commandant Monpezat, chef du CFMN, pourra se montrer très satisfait de son unité, qui ne compte que 4 tués, alors que l'occupant déplore la perte de 3 avions, 4 blindés et une trentaine de tués.

À Lourdes, le vendredi 18 août 1944, les diverses garnisons allemandes du Lavedan, soit 340 hommes au total, se sont regroupées dans l'hôtel Beauséjour et s'apprêtent à amorcer un repli, malgré la présence des unités de la Résistance : le groupe Auzon des MUR-CFL de Lourdes, les FTP du commandant Jeannot (3204e compagnie), les guérilleros espagnols et une compagnie du corps franc Pommiès. Cependant, le commandant Kulitzscher, chef de l'ensemble des troupes allemandes du secteur, est un Autrichien catholique qui « ne veut pas être responsable de la moindre goutte de sang dans la cité de la sainte Vierge ». Si bien que le chef local de la Résistance, Honoré Auzon, lui adresse un ultimatum, à 22 heures, lui intimant l'ordre de se rendre avec la totalité de ses soldats. Bien que son supérieur hiérarchique, le général Mayr, cantonné à Tarbes, refuse de lui donner son accord, le commandant Kulitzscher accepte de capituler avec ses 339 soldats. Il exige cependant la présence d'un authentique officier français, à savoir un officier d'active, lors de la signature de l'acte de reddition. Le colonel Georges Teyssier d'Orfeuil, en relation avec les services spéciaux français, se trouve à Lourdes. Sollicité pour ce rôle imprévu, ce dernier, en uniforme de l'armée française, se rend à l'hôtel Beauséjour et signe le procès-verbal de reddition, après le sous-préfet d'Argelès-Gazost et avant le chef FFI Auzon, le 19 août 1944. Ainsi Lourdes est-elle libérée sans un coup de feu et les forces de la Résistance y capturent 340 soldats allemands.

Le 19 août 1944, les 350 soldats allemands de la garnison de Tarbes, répartis dans un convoi d'une quarantaine de véhicules précédés d'une automitrailleuse, quittent le quartier Larrey, contournent Tarbes par le sud-est et se heurtent à une unité du corps franc Pommiès.

> « Malgré un dur engagement, écrit José Cubero, la colonne allemande est contrainte de bivouaquer au pied de la côte et, lorsqu'elle reprend sa progression le dimanche 20 août, elle est talonnée par les groupes Pierre et Muray et une nouvelle fois stoppée par les deux compagnies que le chef Céroni a placées au cours de la nuit sur les pentes de Lhez. Les combats sont d'autant plus acharnés qu'à cet endroit les Allemands n'ont nulle autre voie pour se dégager. Plusieurs maisons du village brûlent, l'une avec ses habitants, deux femmes et deux enfants. Pourtant, de nouveaux pourparlers s'engagent, pendant lesquels les Allemands essaient de trouver un nouvel itinéraire de repli. Pourparlers rompus par l'intervention des groupes Pierre et Muray. Dès lors, la colonne allemande, qui transporte dans ses ambulances le général Mayr et son adjoint, blessés, commence à se fractionner. Pour éviter la terrible rampe de Capvern, la tête du convoi prend la route de Burg, mais les véhicules qui ferment la marche se trompent, se dirigent vers Peyraube puis s'engagent dans un chemin de terre sans issue. D'autres véhicules s'égarent à Bernadets-Dessus. Après une courte résistance, meurtrière de part et d'autre, les Allemands se rendent. Mais pendant que se déroulent ces derniers combats, le gros de la colonne, soit une trentaine de véhicules, dont l'automitrailleuse, empruntant les mauvaises routes de Castelbajac et Bonrepos, gagne Galan pour parvenir à Boulogne-sur-Gesse en évitant Castelnau-Magnoac. Retardée et amoindrie, encore accrochée à Lombez,

la colonne ne peut rejoindre à Toulouse les troupes allemandes déjà repliées. Isolée, elle finit par se rendre entre Carcassonne et Montpellier[3]. »

Dans le Gers, le 19 août 1944, vers 15 h 30, la garnison allemande d'Auch, forte de 350 hommes bien armés, prend la direction de Toulouse. Elle se heurte rapidement à une série d'obstacles mis en place par diverses unités FFI, dont des éléments du CFP. À la tombée de la nuit, l'occupant est bloqué à l'entrée de L'Isle-Jourdain par le bataillon d'Armagnac du capitaine Parisot. Le lendemain, les deux adversaires se livrent une terrible bataille, dix heures durant. Les Allemands tentent par tous les moyens de forcer les défenses du bataillon d'Armagnac, qui oppose une résistance héroïque. Le CFP vient renforcer le dispositif en fin de journée. L'occupant se trouve à ce moment au fond d'une cuvette que dominent les forces de la Résistance. Plusieurs détachements allemands tentent de rompre l'encerclement : ils sont repoussés. À 19 h 30, les unités FFI prennent l'initiative. L'effort principal porte sur le réduit du château de La Côme et son parc. Les Allemands doivent finalement capituler. La bataille de L'Isle-Jourdain est une incontestable victoire de la Résistance locale. Le CFP et le bataillon d'Armagnac ne comptent que 38 hommes hors de combat (tués ou blessés), contre 245 pour l'occupant, dont 192 prisonniers (avec 2 colonels). Un important matériel est récupéré par les maquisards.

Le 19 août 1944, une colonne allemande de 400 hommes tente de pénétrer dans Montauban, aux mains des FFI. Le corps franc Dumas, la 6e compagnie de l'AS et le groupe FTP Tom tiennent en échec l'adversaire durant plusieurs heures, mais vers 18 heures, la situation devient désespérée pour les Français, mal armés. Débordés, les maquisards vont être encerclés et anéantis s'ils ne se hâtent pas d'abandonner leurs positions. Montauban est promise aux représailles. Les renforts du CFP, qui arrivent à ce moment, vont sauver la ville. Près de 200 Allemands se rendent, pour la perte légère de 6 tués et 9 blessés chez les FFI.

Dans le département de l'Ariège, les guérilleros espagnols, avec Ramin Rubio, les officiers parachutés Bigeard et Crypt, les FFI du lieutenant-colonel Aubert se battent comme des lions contre l'occupant. Ils prennent et reperdent Saint-Girons le 20 août 1944.

3. Cité *in* José Cubero, *La Résistance à Toulouse et dans la région R4*, éditions Sud-Ouest 2005.

« Les Allemands, écrit Henri Noguères, ont, en effet, encore de la ressource. Ils vont le prouver à Rimont, où, pendant deux jours, va se livrer une bataille acharnée et meurtrière opposant une colonne motorisée et blindée, composée en majeure partie de Mongols et de "Turkestans", à deux bataillons de guérilleros renforcés par les FFI.

« Quand le combat cessera le 22 août au soir avec la reddition du commandant allemand, du village de Rimont, il ne restera rien. Mais l'ennemi aura perdu 150 hommes tués et 1 540 prisonniers. Les guérilleros, après avoir définitivement nettoyé l'Ariège, poursuivront les colonnes ennemies jusque dans le Tarn, où ils se battront à Gaillac, Carmaux, Albi, Castres, en liaison avec les FTP d'André Calvayrac, les FFI de Durenque, les groupes Vény d'Antoine, les maquis Lenoir, Stalingrad[4]... »

De nombreuses colonnes allemandes se rendent après de durs combats: 13 000 soldats allemands sont mis hors de combat (tués, blessés et prisonniers) en Midi-Pyrénées au cours de l'été 1944.

Au milieu du mois d'août 1944, le corps franc de la Montagne noire (CFMN), partiellement reformé, prend position dans le secteur de Saint-Ponais dans l'Hérault. Dans la nuit du 19 au 20 août 1944, le CFMN, en compagnie de FFI locaux et d'une section de gendarmes, attaque un détachement ennemi, composé d'une dizaine de véhicules. Les 26 Allemands qui ont survécu au mitraillage se rendent dans la matinée du 20. Au même endroit, dans l'après-midi, une compagnie du 171e régiment de la *Luftwaffe* est anéantie par une centaine d'hommes du CFMN, auxquels se sont joints les maquis Latourette, Saint-Vincent et Valentin. Le bilan est important: une centaine d'Allemands tués, 28 prisonniers et un important matériel capturé dont 15 camions, 3 autocars, 2 mortiers... Les FFI ne comptent que des pertes légères, dont un seul tué pour le CFMN.

Le 21 août 1944, un troisième combat dans le secteur de Saint-Ponais oppose 6 000 soldats allemands au CFMN et aux maquis Latourette, Saint-Vincent, Jean-Grandel et Valentin (600 maquisards au total). Malgré l'écrasante supériorité de l'adversaire, la lutte se poursuit jusqu'à la nuit. Après le décrochage du dernier élément du maquis, c'est la ruée soldatesque allemande dans Saint-Pons où

4. Henri Noguères, *Histoire de la Résistance en France*, t. V, éditions Robert Laffont, 1981.

la nuit se passera en pillages, exécutions sommaires, exactions et réquisitions.

Le 23 août 1944, au Pont-de-la-Mouline (Hérault), cinq escadrons du CFMN (120 maquisards) affrontent une colonne allemande de 2000 soldats venant de Toulouse. La bataille fait rage presque toute la journée, interrompue en fin d'après-midi par une pluie battante. Les Allemands ont perdu une centaine d'hommes contre une dizaine pour les maquisards.

Le maquis de Picaussel, installé dans les départements de l'Aude et de l'Ariège, fait également partie des plus efficaces unités de la Résistance française. Fort de 400 hommes, aux ordres du capitaine Lucien Maury, ce maquis parvient à fixer dans la guérilla d'importantes unités allemandes. D'après un rapport de la *Gestapo* de Carcassonne, les Allemands ont chiffré l'effectif du maquis de Picaussel à 4000 hommes, soit dix fois plus que l'effectif réel. En quinze jours, l'occupant a trouvé devant lui à cinq reprises, insaisissable, le maquis de Picaussel : cinq combats, cinq échecs. Sa hantise des « terroristes » ne fait que croître.

Après une embuscade aux gorges d'Alet, le 17 août 1944, le maquis de Picaussel participe, aux côtés des FTP de Salvezines et du commando américain Swank, à la prise du dépôt de Couiza, représentant la réserve de vivres de la XIXe armée allemande. La garnison capitule après un bref combat. L'attaque de Limoux, le 22 août, mené conjointement par la 308e compagnie FFI, le commando américain Swank et le maquis de Picaussel, se termine victorieusement : 54 Allemands sont faits prisonniers, dont deux officiers, et 4 camions chargés d'armes automatiques, de postes radio et de matériels divers sont saisis.

Le 24 août 1944, tandis que les FTP libèrent la région de Castelnaudary, un détachement du maquis de Picaussel attaque une forte colonne allemande près du carrefour de Villegailhenc. Celle-ci est armée de canons automatiques de 20 mm. Malgré la différence de puissance avec les armes légères des maquisards, elle essuie de lourdes pertes : 30 tués ou blessés. Le détachement FFI, commandé par Maurice Allaux et René Brun, déplore 5 tués et 2 blessés graves. Le département de l'Aude est libéré.

En Charente, la lutte fait également rage. Le 26 juin, la *Kommandantur* de La Rochefoucauld est prise d'assaut. Le 30, un important convoi allemand est attaqué par le maquis à Xambes. Les pertes allemandes s'élèvent à 40 tués et trois camions détruits. Les FFI déplorent 12 morts. Durant tout le mois de juillet 1944, l'occupant tente d'anéantir la Résistance charentaise. Il faut dire que les Alliés piétinent en Normandie, empêtrés dans les haies et les chemins creux du bocage. Les Allemands en profitent pour attaquer les maquis. Le 23 juillet, 5 000 soldats nazis se massent à la Braconne et à Ruffec. La moitié attaque le maquis Foch dans le secteur d'Ambernac, qui résiste avec ses faibles moyens. Les Allemands occupent Confolens le 25 et poursuivent leur avance vers Chabanais. Ils y parviennent le soir du 27, mais trouvent les maquis Foch et Bernard. Le combat s'engage aussitôt. En plus de canons légers, l'ennemi dispose d'automitrailleuses. Les FFI et FTP subissent des pertes mais tiennent, colmatant à chaque fois les brèches ouvertes dans leur dispositif par des contre-attaques. Le 28 juillet, le maquis Bir-Hakeim envoie une compagnie attaquer les arrières de l'ennemi entre Manot et Confolens. Le commandement allemand fait replier ses troupes sur Ruffec.

Le 11 août 1944, la 3e compagnie du maquis Bir-Hakeim prend position dans la forêt de Boixe, sur l'axe Bordeaux-Paris, au nord de Tourriers. Soudain, vers 14 heures, un camion allemand est détruit et ses occupants tués. Peu après, une colonne de camions ennemis, venant de Tourriers, arrive vers les maquisards. La voiture de tête, où se tient un officier allemand, passe sans s'arrêter. Sept camions suivent et s'enfoncent au milieu du dispositif de l'embuscade. Soudain, sous le feu nourri des fusils-mitrailleurs et des mitraillettes, les camions s'entrechoquent, certains se retournant même dans le fossé. Des soldats allemands tombent sous les balles dans les camions, sur la route ou dans le fossé, quelques-uns seulement s'échappent, d'autres se cachent derrière les véhicules et commencent à lancer des grenades. Le combat fait rage de toutes parts. D'autres camions allemands, arrivant sans cesse de Tourriers, sortent des centaines de soldats qui tentent de s'infiltrer dans les bois, afin de contourner et d'encercler les maquisards qui parviennent cependant à déjouer la manœuvre, puis décrochent avec succès. Les Allemands déplorent une trentaine de tués ou blessés, contre quelques blessés légers chez les maquisards.

Le 12 août 1944, une autre compagnie du maquis Bir-Hakeim parvient à encercler tout un détachement ennemi, à Moussac. Après un bref engagement, la compagnie FFI met hors de combat une vingtaine d'ennemis (tués ou blessés).

Le 15 août, la 1re compagnie du maquis Bir-Hakeim tend une embuscade entre Mansle et Ruffec. Les 120 FFI engagés disposent de trois bazookas et de sept fusils-mitrailleurs. Tous sont bien camouflés derrière les arbres, au sommet du léger talus qui surplombe la route de deux mètres à peine. Après plusieurs heures d'attente, les maquisards entendent un grondement venant de Mansle, dont le bruit s'amplifie de plus en plus. La colonne ennemie est d'importance : trois automitrailleuses et une dizaine de camions bourrés d'hommes en armes, ainsi que plusieurs petites voitures pleines de gradés. Le lieutenant FFI laisse le convoi s'enfoncer dans le dispositif d'embuscade. Tout le monde est à plat ventre, dissimulé dans les fougères et les herbes. Les trois bazookas ouvrent le feu et détruisent les trois blindés ennemis de tête. Toute la compagnie FFI mitraille avec toutes ses armes les véhicules qui suivent. Des renforts allemands passent à l'action, forçant les maquisards à rompre le combat afin d'éviter l'encerclement. Cependant, la compagnie FFI, qui sort indemne de ce combat, a infligé de lourdes pertes à l'ennemi : une vingtaine de morts dont un officier supérieur, et de très nombreux blessés.

Le 17 août, la 1re compagnie du maquis Bir-Hakeim attaque, entre Mansle et Ruffec, un convoi allemand fort de six automitrailleuses et d'une dizaine de camions. Les trois blindés sont détruits par les tirs des bazookas, tandis que les trois autres ripostent forçant les maquisards à rompre le combat. Toujours le 17, une section de 25 hommes, de la 8e compagnie du maquis Bir-Hakeim, parvient à se dégager lors d'un accrochage, près de Ruffec.

Les diverses compagnies du maquis Bir-Hakeim, qui se trouvent à quelques kilomètres de l'axe Bordeaux-Paris, multiplient leurs attaques contre les colonnes allemandes. Après la prise du camp de La Braconne, l'encerclement et l'investissement de la place d'Angoulême sont décidés par le colonel Chabanne, en accord avec le maquis FTP Bernard et les groupes qui arrivent de Dordogne, dont la section spéciale de sabotage de Jacques Nancy. Le 30 août, les maquisards tendent des embuscades aux 5 000 soldats allemands qui quittent Angoulême par sections successives. Des ennemis sont faits prisonniers, de nombreux camions sont détruits. La ville d'Angoulême est libérée dans la nuit du 31 août au 1er septembre 1944. Les 7 000 résistants charentais ont définitivement libéré leur département, avec l'aide des maquis venus de Dordogne et de Charente-Maritime.

La libération de la Charente-Maritime est marquée par l'un des plus formidables succès de la Résistance française avec la destruction du dépôt allemand de Jonzac, où se trouve entreposé l'équivalent de 120 wagons de munitions, dans d'anciennes carrières. On compte également 133 pièces d'artillerie de divers calibres. L'ensemble est protégé par une voûte rocheuse de vingt mètres, rendant impossible un bombardement aérien. Il ne reste donc que la solution du sabotage par la Résistance locale.

Le volontaire pour cette mission suicide se nomme Pierre Ruibet, membre de l'Organisation civile et militaire (OCM). Aux côtés des résistants Marchadier, Crauste et Gatineau, le jeune Ruibet prépare activement l'opération.

Le 8 juin 1944, Ruibet place ses explosifs pour que tout saute à 15 heures, pendant le repas des ouvriers. Mais rien ne se produit. Dix jours plus tard, une deuxième tentative se solde par un nouvel échec. Quelques jours après, Ruibet invoque la nécessité de consulter à Bordeaux un médecin spécialiste, et se rend chez Marguerite Crauste. Il y reçoit un revolver et de nouveaux explosifs. Le 20 juin, Ruibet repart pour Jonzac.

C'est le 30 juin, à 7 h 30, que, pour la troisième fois, le sous-lieutenant Ruibet met en place ses quatre dispositifs de plastic. Mais, cette fois, il a prévu quelques mètres de cordeau presque instantané, bien décidé à y mettre le feu à la main si les détonateurs ne fonctionnent pas. À 8 h 30, pendant que Gatineau fait le guet, il déclenche les crayons détonateurs réglés, mais un sous-lieutenant allemand, qui les a épiés, bouscule Gatineau et bondit sur lui. Ruibet tire sur lui, puis, avec le plus grand calme, crie à Gatineau de faire sortir les ouvriers français de la carrière et, sachant que les dispositifs peuvent être découverts et détruits avant que les crayons détonnent, il met le feu tranquillement aux mèches en criant : « Vive la France ! »

Pendant deux jours, les explosions se succèdent, dans l'immense carrière, et l'on retrouve, quelques jours après, le corps du sous-lieutenant Ruibet et ceux de 17 soldats allemands. Gatineau, reconnu par les Allemands, est arrêté, livré à la *Gestapo* et torturé, sans qu'il parle. Cependant, il apprend que des otages ont été arrêtés et vont être fusillés : 40 cercueils ont été commandés en ville par les Allemands. Il se dénonce alors, même s'il sait que ses souffrances vont reprendre pour lui arracher les noms de ses camarades de combat de Bordeaux. Mais il tient jusqu'au bout, sans livrer le moindre nom. Et, le 1er juillet, à 21 h 30, il est fusillé, en soldat, les yeux non bandés. Ses dernières paroles : « Vive la France ! »

Gatineau n'a livré aucun nom du petit groupe de sabotage et d'action Alerte de l'OCM, comprenant également Bouillon, dit Martial, tombé lors de l'attaque de Montluçon ; Robert Laurentz, tué durant l'assaut sur Saint-Jean-d'Angély ; Pierre Calais, mort devant Metz, le 2 septembre. Il n'a pas livré, non plus, le nom de Marguerite Crauste, responsable du groupe franc Alerte, héroïne de la Résistance PTT. Mais celle-ci est démasquée par le télégramme reçu du sous-lieutenant Ruibet, le 8 juin. Arrêtée le 14 juillet par six

Allemands, jugée au fort du Hâ par le tribunal militaire allemand de Bordeaux, elle est condamnée « en soldat », dit le colonel allemand résident, « à être fusillée le 24 août ». La libération de Bordeaux la sauve miraculeusement du peloton d'exécution.

> « Au cours de l'audience du tribunal allemand, rapporte le général Rollot, un colonel nazi devait dire, dans sa déposition que ce dépôt, était en importance, le deuxième de l'armée allemande et que sa destruction était plus dure à supporter par le Reich que la perte d'une bataille[5]. »

Le groupe FFI Bernard se distingue particulièrement lors de la libération de la Charente-Maritime. Du 13 juin au 29 août 1944, il exécute une dizaine d'opérations contre l'occupant. Le 1er septembre, avec la participation du détachement FFI Soulet, venu des Hautes-Pyrénées, le groupe Bernard, fort d'une centaine d'hommes, obtient la reddition, sans combat, de la garnison allemande de Jonzac, forte de 235 soldats dont 5 officiers. Le 3, un retour offensif des Allemands venus de Royan est stoppé à l'entrée de Jonzac.

Dans l'Allier, les maquis MUR et FTP attaquent des convois allemands, multiplient les sabotages. Dans le Puy-de-Dôme, plusieurs colonnes ennemies, comportant jusqu'à 250 véhicules, sont mitraillées par des unités FFI qui restent maîtres du terrain. En Haute-Loire, les embuscades s'amplifient. Dans le Cantal, déjà presque entièrement libéré et où les maquisards circulent en uniforme, il ne subsiste, comme bases allemandes d'importance, que les garnisons d'Aurillac et de Saint-Flour. Le 10 août 1944, Allemands et miliciens évacuent le chef-lieu. Le chef départemental des FFI du Cantal, le commandant Valette, mobilise quatre groupements et attaque la colonne allemande à l'entrée du tunnel de Lioran, qui met plus de trois jours pour se rendre d'Aurillac à Murat, distant seulement de cinquante kilomètres. Encore lui a-t-il fallu attendre le renfort de la brigade Jesser, venue depuis Clermont-Ferrand, et des avions de la base d'Alnat.

À Rueyre, une garnison allemande de 120 soldats capitule le 20 août devant deux compagnies FFI. À Saint-Flour, un bataillon allemand du 95e régiment de sécurité, encerclé le 23, tente plusieurs sorties sans succès. Finalement soutenu par le renfort d'une colonne

5. Archives du centre national Jean-Moulin, Bordeaux.

de 85 véhicules, il quitte la région sous les tirs des maquisards. En Haute-Loire, la garnison allemande du Puy (forte de 800 hommes, commandés par le colonel Metzer), se rend en grande partie le 18 août aux maquis locaux. Les FFI venus de l'Ardèche, du Puy-de-Dôme et de la Loire participent à la capture de 600 soldats allemands près du Puy.

Plus au nord, se déroule la libération de Montluçon (20 au 25 août 1944), opposant 1 500 maquisards à 800 soldats allemands. Encerclée, la garnison allemande, secourue par un bataillon *SS*, parvient finalement en partie à se dégager et à quitter la ville au soir du 24 août. Le lendemain, une colonne de 2 000 soldats allemands et miliciens, ayant quitté le Limousin, menace la ville. La résistance acharnée des maquisards contraint cette importante unité à quitter la région. Les FFI du Puy-de-Dôme du colonel Garcie multiplient avec succès embuscades et sabotages contre les colonnes allemandes. Le 25 août, les FTP du commandant André Rossignol capturent un bataillon *SS* de 325 soldats.

Durant la nuit du 5 au 6 juin 1944, les groupes et les maquis bourguignons passent à l'action. Les sabotages et les embuscades sèment la panique dans les rangs allemands. À la fin du mois de juin 1944, le préfet régional de Dijon recense 425 sabotages et 747 attentats à main armée contre l'occupant.

De son côté, le colonel Monod, dans un message adressé au général Koenig, revendique pour les FFI de la région D, entre le 6 juin et le 6 août 1944: 216 coupures de voies ferrées, 26 déraillements ou sabotages ayant provoqué la destruction de 465 wagons et de 50 locomotives; la destruction de 10 postes d'eau, de 45 grues de déplacement; 6 sabotages sur les canaux, la destruction de 2 trains de munitions et l'incendie de 4 trains de carburant, provoquant la perte de 250 000 litres d'essence; 54 coupures de lignes à haute tension.

Il convient d'ajouter à cet impressionnant bilan la destruction complète, le 19 juin, du dépôt de munitions de Crugey, dans la vallée de l'Ouche. Maurice Lombard écrit à ce sujet que « les explosions durèrent quatre jours et eurent une telle violence qu'elles détruisirent une cimenterie voisine. Le dépôt contenait entre 700 et 1 000 wagons de munitions de la *Flak* et de la *Luftwaffe*. Sa destruction perturba sérieusement le ravitaillement des bases aériennes allemandes du Sud-Est[6] ».

---

6. *Ibid.*

Les 2 et 3 août 1944, le maquis Montcalm, fort d'un millier d'hommes, livre une véritable bataille près de Mussy-sur-Seine. Il parvient finalement à se disperser, après avoir infligé de lourdes pertes à l'occupant : 250 soldats allemands tués ou blessés, contre 46 maquisards.

À la fin du mois d'août, la Résistance bourguignonne voit arriver d'importantes troupes allemandes issues des Ire et XIXe armées, fuyant la progression des troupes alliées. Les voies ferrées, en partie détruites par la Résistance, sont peu utilisées par les unités allemandes. C'est surtout par les routes que s'effectue cette retraite. Les convois allemands mêlent camions militaires, cars, voitures particulières, véhicules hippomobiles, unités de cyclistes et même détachements à pied.

Le 15 août 1944, la Résistance bourguignonne prend la dimension d'une véritable insurrection nationale. Devant l'arrivée massive de troupes allemandes en retraite, la guérilla se généralise. Il est impossible de rendre compte de la totalité des actions. Aussi nous retiendrons à titre d'exemple le rapport du capitaine Chapuzot, commandant du maquis Valmy. Formé tardivement, après le 15 août, ce maquis est établi au sud de Beaune, à proximité des routes nationales 6, 73 et 74. Il est composé de résistants de la région et de Polonais. Ses premiers succès multiplient son audace. Ce maquis, fort de 232 hommes, met hors de combat 600 soldats allemands, détruit un avion, un char, 24 camions et 12 voitures. Il s'empare d'un canon de 105 mm, de 3 mitrailleuses lourdes, de 18 mitrailleuses légères, de 16 fusils-mitrailleurs, de 220 fusils, de 22 voitures. Il déplore 11 hommes tués au combat. Après avoir opéré sa jonction avec la 1re division blindée française, le maquis Valmy participe aux opérations de cette unité. Il pénètre le premier dans Nuits-Saint-Georges. Puis, lors d'opérations de nettoyage menées dans l'arrière-côte jusqu'au 16 septembre 1944, le maquis Valmy capture 130 soldats allemands, relève 140 blessés ennemis, en tue 150 autres, et se saisit de 10 obusiers.

Le 7 septembre 1944, le département de la Côte-d'Or est libéré. Mais entre Nuits-Saint-Georges et Dijon, les unités allemandes stoppent durant trois jours les avant-gardes françaises. De sérieux combats se livrent autour d'Autun, auxquels participent, aux côtés de la 1re division française libre (1re DFL), les maquis d'Auvergne, de Saône-et-Loire et le corps franc Pommiès.

À ce moment, la plupart des maquis de la Côte-d'Or se regroupent pour constituer deux unités opérationnelles, l'une sous les ordres du commandant Alizon, à l'ouest et au nord de Dijon, l'autre autour de Châtillon-sur-Seine, sous le commandement du colonel Claude Monod.

Des combats acharnés se déroulent à Vantoux et à Messigny. Des éléments du groupe Liberté occupent Ahuy, à trois kilomètres de Dijon. Mais la ville est encore tenue par des unités de combat et des chars de la XIXe armée allemande. Les FFI ne disposent pas de moyens suffisants pour les déloger. C'est sous la pression des troupes françaises du général de Monsabert que les Allemands évacuent la capitale de la Bourgogne.

À Châtillon, la Résistance livre une véritable bataille. Le colonel Monod ameute tous les maquis disponibles, soit 600 hommes environ. Pendant deux jours et deux nuits, les maquis de Bourgogne et le commando américain Christopher livrent seuls, à plusieurs milliers d'Allemands, une bataille frontale, qui s'étend au nord jusqu'aux villages de Villotte et de Presley. Les Allemands tentent vainement de tourner les défenses. Attaques et contre-attaques se succèdent. Le 10 septembre 1944, à 4 heures du matin, les Allemands avancent sur Maisey, appuyés par des tirs de mortiers. Ils s'infiltrent dans le village, heureusement évacué par sa population. Le colonel Monod rallie ses troupes. À la tête du groupe Recey, armé lui-même d'un fusil-mitrailleur, il contre-attaque le long de la voie ferrée et repousse l'ennemi. Le verrou tient. Il tient encore le soir, malgré le départ du commando américain Christopher.

Dans l'après-midi du 10, le colonel Monod et le commandant Davout d'Auerstaedt (Ovale) se rendent à Arcanville, au poste de commandement du général Leclerc, commandant de la 2e division blindée française, et obtiennent l'appui d'un peloton de chars du groupement Dio, qui rejoint les FFI à 22 heures. Le lendemain matin, les chars et les FFI attaquent. Dès qu'ils entendent le bruit des blindés, les Allemands prennent la fuite, laissent sur le terrain 200 tués, 70 véhicules, dont 54 camions. Douze officiers allemands (dont un colonel et un lieutenant-colonel) et 150 hommes se rendent. Dans la soirée et le lendemain, le groupe FFI capture encore 85 prisonniers dans les bois voisins.

> « Le 13 septembre 1944, écrit Maurice Lombard, Dijon libéré voyait défiler, dans la grande parade militaire, les FFI aux côtés des troupes de la Ire armée française. Et la foule acclamait avec la même passion ses libérateurs en uniformes et les hommes aux brassards sortis des bois de sa province. Elle ne cherchait pas à mesurer la part de chacun. Elle les associait. Le romantisme qui

> s'attachait déjà à la Résistance, et la souffrance de ces combattants du terroir rachetaient les années d'humiliation, de peur et de lâchetés. Plus directement que l'armée régulière, ils réparaient ce passé et permettaient à chacun de mieux sentir la valeur de la liberté[7]. »

La veille du débarquement des Alliés en Normandie en juin 1944, les messages radio annoncent à la Résistance de l'Ain ses missions prioritaires : fixer l'occupant sur ses bases, accentuer les sabotages ferroviaires et routiers. Le 5 juin, le groupement sud des maquis de l'Ain détruit 52 locomotives, 10 machines-outils, une plaque tournante. Le groupement nord plastique 38 locomotives, les aiguillages, une plaque tournante et un pont transbordeur.

En 48 heures, les maquis de l'Ain, sous les ordres du colonel Henri Romans-Petit, ont détruit 90 locomotives, qui vont manquer à l'occupant lorsqu'il voudra envoyer des renforts et du matériel sur le front de Normandie. Toutes les voies ferrées sont rendues inutilisables. Les trains blindés sont attaqués.

À la mi-juin, les maquis de l'Ain règnent sur toute la partie montagneuse du département, depuis Ambérieu jusqu'à Saint-Claude dans le Jura, de la chaîne du Revermont à la vallée supérieure du Rhône ; plus de 600 kilomètres carrés de territoire sont libérés, avec des localités importantes comme Nantua, Oyonnax, Hauteville, Saint-Rambert. Le poste de commandement de Romans-Petit, toujours itinérant, bénéfice d'une liaison permanente avec Londres grâce à une équipe de radios.

Le 10 juin 1944, l'occupant lance une importante opération militaire contre le groupement nord des maquis de l'Ain. Près de 2 000 maquisards affrontent 6 000 soldats allemands. Les combats de harcèlement, préconisés par Romans-Petit, causent de lourdes pertes aux assaillants. Cette bataille défensive est une nouvelle victoire tactique pour la Résistance. Le 25, Londres fait effectuer un parachutage important sur le terrain de Port. Une trentaine d'avions lourds parachutent plus de 500 containers remplis d'armes, de vivres et de munitions.

En juillet, l'équivalent de deux divisions allemandes affronte les maquis de l'Ain. La tactique de Romans-Petit permet d'en sauver les forces vives. Attaqués par plus de 20 000 soldats allemands, les

7. *Ibid.*

5 000 maquisards du département parviennent à déjouer l'encerclement. Si les résistants déplorent 80 tués et une centaine de blessés, l'adversaire allemand compte 400 tués ou blessés dans ses rangs.

Suite au débarquement des Alliés en Provence, le 15 août 1944, les maquis de l'Ain passent partout à l'offensive, capturent des garnisons allemandes, mitraillent des convois ennemis, soutiennent les soldats français de l'armée du général de Lattre de Tassigny. Les avant-gardes de la Ire armée française arrivent sur un terrain nettoyé par les FFI, par les axes Oyonnax-Saint-Claude et Bellegarde-Gex. La victoire des maquis de l'Ain est totale.

La capture de la colonne Elster

La capture de la puissante colonne allemande Elster, forte de 25 500 soldats, en septembre 1944, dans le département de l'Indre, représente une des plus importantes victoires de la Résistance française. Or, depuis des décennies, cet incroyable succès des maquis demeure largement méconnu du grand public.

À la fin du mois d'août 1944, la situation des importantes forces allemandes du sud-ouest de la France est pour le moins périlleuse. Partout, les maquis multiplient les sabotages et les embuscades, forçant les garnisons allemandes à s'enfermer dans les villes. De plus, la bataille de Normandie a tourné à l'avantage des Alliés, obligeant les troupes allemandes à battre en retraite vers le nord et l'est de la France. De même, l'armée française du général de Lattre de Tassigny, qui a débarqué en Provence à la mi-août avec plusieurs divisions américaines, remonte la vallée du Rhône. La 2e division blindée du général Leclerc de Hauteclocque, qui a débarqué en Normandie début août et libéré Paris vers la fin du mois, est en mesure de faire sa jonction en septembre avec les troupes françaises du général de Lattre de Tassigny. Elles ont libéré Toulon, Marseille et Lyon, et progressent désormais en direction des Vosges.

Pour éviter l'encerclement qui se dessine, les troupes allemandes du Sud-Ouest, du Centre-Ouest et du Centre doivent rejoindre au plus vite des villes de Dijon et de Belfort, afin de former un front défensif dans les Vosges.

L'ordre allemand de repli intervient le 19 août 1944. Il s'agit non seulement de rejoindre l'est de la France, mais de détruire au passage les maquis qui leur font barrage. Trois groupements sont formés. Le groupement du Sud-Ouest, le plus important, aligne 25 500 hommes sous le commandement du général Elster. Les deux autres reposent sur le groupement Taglishbeck au Centre-Ouest, fort de 11 000 hommes, et le groupement Würzer au Centre, regroupant 7 000 hommes. Ces deux derniers groupements, les plus au nord, quittent leurs cantonnements les premiers et parviennent à rejoindre l'Allemagne, malgré de lourdes pertes contre les maquis durant leur retraite.

Le groupement du Sud-Ouest, commandé par le général allemand Botho Elster, aligne au début 25 500 hommes, provenant des 158e et 159e divisions d'infanterie, du 692e bataillon de sécurité, de marins de la *Kriegsmarine*, d'artilleurs et mitrailleurs de la *Luftwaffe*, de *feldgendarmes* et de douaniers, d'auxiliaires des pays de l'Est, sans oublier 2 000 femmes de divers services. Cette puissante colonne progresse avec des moyens hétéroclites : véhicules à moteur, charrettes à cheval et bicyclettes. Beaucoup des soldats vont à pied, et sont rapidement affamés et épuisés. Cependant, c'est une troupe lourdement armée, avec de l'artillerie, des blindés et des mitrailleuses.

L'ordre de marche devait normalement se dérouler en convois groupés, à travers les routes principales permettant d'atteindre rapidement Belfort, mais ce trajet devient impossible du fait de la motorisation incomplète de la colonne Elster et des bombardements aériens alliés. Le général Elster est donc contraint d'utiliser les routes secondaires, avec une progression extrêmement lente ; certaines unités avancent à pied de jour comme de nuit, avec de courtes pauses. Lorsque le général Elster installe son état-major à Châteauroux, son arrière-garde se trouve à Poitiers, à 100 km en arrière ! En utilisant les routes secondaires, il s'expose aux embuscades des maquis. Mais il ne peut pas faire autrement du fait de la maîtrise totale du ciel par l'aviation alliée.

La colonne Elster subit une centaine d'embuscades des maquis (AS, FTP, ORA) de la Charente, de la Dordogne, de la Haute-Vienne, du maquis Rousselet-Vivier, du maquis Bernard de la Vienne, des maquis Rolland et Guy Lebon de l'Indre, de la brigade Charles-Martel du colonel Chomel (forte de 2 350 hommes dont 100 officiers d'active), qui intègre les 6 000 hommes des maquis des commandants Viollet et Laubière, du 1er régiment d'infanterie reconstitué du commandant Bertrand (*alias* Benoît), de la 33e brigade FFI du commandant Arnaud de Vogüé, d'un maquis FTP, du maquis du colonel Minguet (*alias* Surcouf). Soit un total de 23 compagnies, armées de 225 mitrailleuses et 7 canons sortis de l'arsenal de Bourges, sans oublier deux escadrons de jeeps FFL-SAS du colonel Bourgouin et sept sections de jeeps parachutistes issus de l'armée du général de Lattre. Il convient d'y ajouter le groupement du commandant Thollon, une compagnie de fusiliers marins du commandant Fontaine et une brigade de la Garde du maréchal Pétain ralliée à la Résistance.

La brigade Charles-Martel, particulièrement active, mérite l'attention. Issue de la Résistance intérieure, dont l'encadrement provient en grande partie de sous-officiers et d'officiers de l'armée d'armistice ayant rejoint l'ORA (Organisation de résistance de l'armée). Son chef, le colonel Raymond Chomel, entre dans la Résistance en novembre 1942. Il passe dans la clandestinité sous le pseudonyme de Charles Martel. Grâce aux nombreux dépôts d'armes clandestins de l'ancienne armée d'armistice, puis aux équipements parachutés par les Alliés, Chomel est en mesure de mettre sur pied une brigade de combat lors du débarquement de Normandie. La brigade Charles-Martel aligne le 32e RI du commandant Constantini, le 27e RI du commandant Fox, le 17e bataillon de chasseurs à pied du commandant Jean Costa de Beauregard. En août 1944, Chomel obtient le ralliement d'une partie du 1er régiment de France, unité maréchaliste, qui va former le 8e régiment de cuirassiers des commandants Calvel et de Beaumont. Les effectifs de cette brigade FFI sont alors de 2 350 hommes, dont une centaine d'officiers de carrière, issus de majorité de l'armée d'armistice.

Au cours des opérations menées durant l'été 1944, la brigade Charles-Martel s'articule en sept bataillons pour les besoins de la guérilla, à savoir les bataillons d'Épernon, Lenoir, Carol, Calvel, Marceau, Kerlinion et Médard.

Dès le 6 juin 1944, suivant les instructions de l'Organisation de résistance de l'armée (ORA), la brigade Charles-Martel multiplie les sabotages et les embuscades contre les forces allemandes. Les axes routiers sont barrés, des embuscades montées sur les principaux carrefours, avec des moyens motorisés permettant de rapides décrochages. En août 1944, la brigade Charles-Martel harcèle tous les jours la colonne allemande Taglishbeck, forte de 10 000 soldats, partie du Centre-Ouest de la France pour rejoindre la frontière allemande. La brigade déplore seulement 4 tués, l'ennemi 38 tués et 40 prisonniers. De plus, quatre canons de 88 mm sont saisis.

Les 20 et 21 août 1944, la colonne Elster se regroupe autour de Libourne et tente, dans un premier temps, de passer par la Dordogne, la Corrèze et la Haute-Vienne, mais se heurte aux puissants maquis locaux qui lui causent de lourdes pertes. Elle doit finalement se diriger vers Angoulême, qu'elle parvient à atteindre difficilement le 25 août, puis remonte vers le nord de Poitiers, mais est harcelée tous les jours par les maquis de la Charente et de la Vienne. De Poitiers, elle prend la direction de Châteauroux. La gendarmerie de l'Indre, ralliée à la Résistance, renseigne en permanence l'aviation alliée du déplacement de la colonne Elster, contrainte de choisir les routes secondaires, s'exposant ainsi aux embuscades des maquis. Un accrochage particulièrement meurtrier l'oppose aux gendarmes, au sud de Châteauroux, dans la forêt du Poinçonnet et à Ardentes. Au Blanc, elle est attaquée par les FTP du colonel Rolland, le maquis Lebon et la brigade Charles-Martel du colonel Chomel. Celui-ci, en liaison radio avec l'aviation alliée, coordonne avec elle les bombardements aériens, forçant la colonne Elster à se déplacer uniquement la nuit.

Du 3 au 6 septembre 1945, la colonne Elster subit systématiquement les embuscades de la brigade Charles-Martel et de maquis de l'Indre du colonel Minguet. Ces attaques disloquent et démoralisent les troupes allemandes, qui se livrent à des pillages en divers endroits, notamment à Saint-Michel, Sainte-Gemme, à Mézières-en-Brenne. Des maisons sont incendiées, des femmes violées, des habitants massacrés. De plus, depuis le 4 septembre 1944, les parachutistes FFL du 4e *Special Air Service* (2e régiment de chasseurs parachutistes) mènent des raids commandos particulièrement efficaces au sud de la Loire.

Le 7 septembre 1944, l'avant-garde de la colonne Elster est attaquée de tous les côtés par les maquisards alors qu'elle s'approche du Cher. L'aviation alliée intervient sporadiquement, et les maquis positionnés sur la route de Châteauroux à Issoudun causent de lourdes pertes à l'adversaire, qui déplore 400 soldats tués, le double de blessés, la mort de 300 chevaux et la destruction de 70 véhicules à moteur. Le 1er régiment FFI d'infanterie du Cher du commandant Bertrand intervient à son tour. De plus, la colonne FFI Schneider, venue du Sud-Ouest et qui comprend notamment le puissant corps franc Pommiès, participe à l'action. Le 9 septembre, le commandant allemand de l'avant-garde de la colonne Elster tombe sous les balles des maquisards, tandis que le chef d'état-major est capturé. Les ponts sur la Loire, dont la colonne Elster veut absolument s'emparer, sont tenus par les FFI ou détruits.

Durant la nuit du 9 au 10 septembre 1944, la colonne Elster lance une puissante offensive pour s'emparer du pont de Decize et ainsi rejoindre Autun. Ce pont stratégique, tenu par le groupe FFI Thollon, est marqué par une véritable bataille, quatre heures durant, au cours de laquelle les maquisards opposent une résistance héroïque. Les soldats allemands doivent se replier au lever du jour.

Au matin du 10 septembre 1944, le général Elster se rend compte que la situation est désormais sans issue pour sa colonne.

Dès le 6 septembre 1944, Elster a des entretiens au château de la Pointerie, près de Châteauroux, avec le comte Guillaume d'Ornano qui tente de lui faire comprendre que la Résistance, extrêmement puissante dans la région, lui propose de capituler. Après l'avoir écouté attentivement, il lui répond qu'il ne se rendra jamais aux maquisards, qu'il qualifie de « terroristes rouges ». Mais il ne repousse pas la proposition de parlementer avec des officiers français supérieurs d'active. Le lendemain, le comte d'Ornano informe le secrétaire général de la préfecture de l'Indre, Roger Brac, de la situation. Ce dernier prévient le colonel d'active Chomel, commandant de la brigade FFI Charles-Martel, qui prépare les conditions d'une éventuelle reddition de la colonne Elster et de son chef.

Le 8 septembre, Elster se trouve au château de Châteauneuf-sur-Cher, propriété du duc Gilles de Maillé qui lui suggère également de se rendre. Il lui fait rencontrer les capitaines Léon Hussart et Robert Mirault, officiers de renseignement du colonel Chomel. Impressionné par l'excellente tenue des deux émissaires militaires français, Elster déclare que le régime nazi n'a plus aucune chance de gagner la guerre. Il ajoute qu'il est le chef d'une armée régulière qui ne se rendra qu'à une armée régulière, dont le chef allié a le grade de général comme lui. Il fait également l'éloge inattendu de la brigade FFI Charles-Martel : il voit en elle une unité régulière de l'armée française reconstituée. Le lendemain, Elster apprend que son chef d'état-major vient d'être capturé par la Résistance française. Il a de nouveaux entretiens avec le duc de Maillé, toujours en lien avec le colonel Chomel.

Après l'échec de son offensive à Decize, durant la nuit du 9 au 10 septembre, Elster sait qu'il n'a plus les moyens d'enfoncer les positions françaises. Il apprend également la capture de la colonne allemande du général Bauer, forte de 5 000 soldats, à Autun, après une bataille contre les FFI, dont le corps franc Pommiès, et les éléments avancés de l'armée française du général de Lattre de Tassigny.

Le 10 septembre 1944, le général Elster signe à la préfecture d'Issoudun, à 17 heures, sa reddition devant le général Robert Macon, commandant de la 83e division d'infanterie américaine, en présence du colonel Baker, chef d'état-major du général Simpson, commandant de la 9e armée américaine, du major britannique McStafford et du colonel français Chomel. Le général Elster accepte que l'ensemble de sa colonne se rende aux troupes françaises, dont les parachutistes FFL-SAS du colonel Bourgouin.

La Résistance française vient de remporter l'une de ses plus importantes victoires, avec la capture de 19 605 militaires allemands, dont 472 officiers, avec 43 canons de campagne et de DCA, 24 000 armes individuelles, 557 mitrailleuses, 375 camions et 501 automobiles, sans oublier 2 000 chevaux. La puissante colonne allemande Elster déplore également 6 000 hommes tués ou blessés.

Les pertes de la Résistance ne sont pas connues avec exactitude, mais l'unique brigade Charles-Martel compte dans ses rangs 74 tués et 68 blessés contre la colonne Elster. On estime cependant que 300 résistants français environ ont été tués ou blessés au cours de ces durs combats. Des pertes largement compensées par la capture de 19 605 soldats et officiers allemands, sans oublier les 6 000 autres tués ou blessés[8].

La défaite de la colonne Bauer

Une autre bataille est livrée par les FFI contre la colonne allemande Bauer. Le général français Chevance-Bertin décide de faire intervenir les FFI dans le couloir Angoulême-Vesoul, au seul endroit propice aux embuscades : le Morvan. Cette idée est présentée dans une note du 1er septembre 1944 :

> « En vue d'assurer la participation des FFI de la zone sud à la poursuite des troupes allemandes en retraite, il est décidé d'organiser sans délai, dans chacune des régions R3, R4, R5 et éventuellement R6 et B1, une colonne FFI, l'ensemble de ces colonnes devant constituer un groupement aux ordres du colonel Schneider.
>
> « La mission principale générale du groupement est la suivante : se porter par étapes le plus rapidement possible vers le nord, de manière à se trouver en mesure d'intervenir sur les flancs et, éventuellement, sur les arrières des troupes allemandes qui

8. Michel Jouhanneau, *L'organisation de la Résistance dans l'Indre*, éditions Francoville, 1945. Michel Jouhanneau, *La fin des illusions, la capitulation de la colonne Elster*, éditions Herblay, 1984. « La colonne Elster » in *39/45 magazine*, n° 111, septembre 1995. Pierre Montagnon, *La France dans la guerre de 39-45*, éditions Pygmalion, 2009.

tentent d'échapper à l'encerclement entre les armées alliées du Nord-Ouest et celles remontant la vallée du Rhône[9]. »

La colonne mobile FFI de Toulouse (colonne R4), placée sous les ordres du colonel Redon, ancien chef FFI du Tarn, comprend 8 400 hommes fournis par le corps franc Pommiès (4 800 volontaires), le reste de la troupe provenant du groupe Ajax (FTP du Lot), du groupe de reconnaissance de Segonzac, du groupe Trioche (ORA, Vény et FTP du Tarn) et du groupe Marcus (AS du Tarn-et-Garonne).

Ces unités n'ont qu'un armement léger. Aussi, selon l'instruction personnelle et secrète du colonel Schneider :

> « La tactique à appliquer sera celle de la guérilla la plus agressive possible. Dans tous les cas, on recherchera la démoralisation de l'adversaire par un harcèlement continu de ses éléments isolés, pour aboutir à l'enveloppement et à la destruction de ses colonnes par des attaques de corps à corps déclenchées par surprise avec le maximum de moyens.
>
> « Les troupes devront vivre et combattre, quelles que soient les intempéries saisonnières et les conditions de ravitaillement du groupement, limitées par l'insuffisance des moyens de transport et l'insécurité des communications.
>
> « Le succès dépendra surtout de la discipline intellectuelle des cadres et de l'esprit de sacrifice des exécutants[10]. »

Le 3 septembre 1944, la colonne R4 défile dans les rues de Toulouse avant de partir en direction du Morvan. L'échelonnement des départs ne permettra qu'au CFP et au groupe de reconnaissance de Segonzac de participer aux combats dont Autun allait en être l'enjeu. La brigade mobile du corps franc Pommiès qui va combattre à Autun comprend neuf bataillons. Constituée rapidement, elle ne dispose que d'un armement léger : mitraillettes Sten peu précises, fusils et revolvers de types divers, fusils-mitrailleurs Bren et Châtellerault, quelques mitrailleuses, très peu de mortiers et d'engins antichars. Enfin, l'artillerie de campagne et la DCA font totalement défaut. La diversité des armes individuelles et collectives pose le problème de la

9. Archives du centre national Jean-Moulin, Bordeaux.
10. *Ibid.*

multiplicité des munitions pour les groupements et les ravitaillements sur le terrain de combat.

Le CFP doit désorganiser la défense allemande à Autun par des actions aux environs de la ville, ainsi que sur les axes de retraite. En outre, des unités sont chargées du harcèlement des colonnes ennemies refluant de l'ouest sur les routes de Château-Chinon, Moulins-Engilbert et Luzy. L'unité du colonel Pommiès est appuyée à l'ouest, dans la région de Moulins, par la colonne FFI d'Auvergne.

Les effectifs allemands à Autun, quant à eux, sont très variables. Ils changent d'un moment à l'autre dans le mouvement incessant de la retraite. Un rapport de la Résistance signale, le 6 septembre, la présence de 8 000 soldats allemands. Le lendemain, ils ne sont plus que 5 000.

Le 7 septembre, le bataillon Wurstein-Turban du CFP accroche une colonne allemande de 3 000 hommes au carrefour de Fontaine-la-Mère. Le matin du 8, le régiment FTP Valmy décide d'entrer de force dans Autun, sans attendre les renforts du CFP. L'assaut se solde par un échec sanglant, qui coûte la vie à une centaine de FTP. En début d'après-midi, l'attaque déclenchée par le CFP et les éléments de la colonne Demetz est plus heureuse. Les combats sont opiniâtres. Les Allemands mettent la nuit à profit pour s'enfuir vers le nord-est.

Pommiès se montre satisfait. La ville est tombée, mais la garnison allemande court encore. Un détachement de poursuite se constitue. Ayant rejoint l'ennemi, cette unité engage le combat à Arnay-le-Duc. C'est alors que le colonel André Pommiès reçoit l'ordre de décrocher et de revenir à Autun. En effet, la brigade allemande du colonel Bauer, forte de 5 000 hommes, reflue du Sud-Ouest et marche sur la ville. Pommiès engage ses neuf bataillons, renforcés par des compagnies FFI d'Auvergne et trois chars M10 de l'armée du général de Lattre. De furieux combats sont livrés, allant jusqu'au corps-à-corps, autour des carrefours de Fontaine-la-Mère, des Quatre-Vents, du Mousseau, de la Ginguette et de la Folie. L'ennemi dispose d'un armement lourd et d'hommes parfaitement entraînés, mais en face des Pyrénéens et des Auvergnats, il ne couvre que 16 kilomètres en 40 heures.

Le 10 septembre 1944, le CFP, soutenu par un bataillon de marche de la légion étrangère et un groupe d'artillerie lourde de 155 mm de l'armée du général de Lattre, obtient la capitulation de 3 500 soldats allemands. En outre, 700 autres ont été tués ou blessés durant les combats. Le CFP compte, à lui seul, 22 morts et une cinquantaine de blessés dont le colonel Pommiès et le lieutenant Grattard. L'ensemble des pertes françaises (FFI et armée de Lattre) s'élève à 200 hommes hors de combat (tués, blessés ou portés disparus).

L'action du CFP trouve sa récompense dans cette citation du général de Lattre de Tassigny, le 22 septembre 1944 :

> « Il a provoqué à Autun, après de durs combats, en liaison avec l'armée française, la capitulation d'une troupe de 3 500 Allemands dont plus de 850 ont été faits prisonniers par les seules unités du corps franc Pommiès, brigade très manœuvrière et ardente qui incarne l'esprit offensif des troupes du Sud-Ouest[11]. »

Le colonel Schneider, commandant l'ensemble du groupement mobile du Sud-Ouest, écrit dans ses mémoires que

> « la reddition de la brigade Bauer doit, en premier lieu, figurer au palmarès du corps franc Pommiès, avant d'être comptabilisée à celui de l'armée de Lattre. J'eus l'occasion, le 10 septembre vers 15 heures, d'observer une colonne de 350 prisonniers qui m'étaient présentés par une escorte de CFP au carrefour du Mousseau. Je fis sortir un *feldwebel* pour en assurer la conduite. À son commandement, cette masse d'hommes qui sortaient du combat, tomba au "garde-à-vous" comme à la parade et se mit en marche au pas de l'oie. À croire qu'ils n'étaient pas vaincus. C'est dire le mérite de nos maquisards d'avoir arraché leur victoire aux mains de ces soldats. Car c'était bien leur victoire[12] ! »

11. Archives militaires françaises, Vincennes.
12. Archives du centre national Jean-Moulin, Bordeaux.

5

Femmes admirables de la Résistance et de la Libération

Des décennies durant, le rôle important des femmes dans la Résistance et la Libération est resté méconnu. On les retrouve, pourtant, à tous les postes de la lutte contre le nazisme, aussi bien dans les réseaux que dans les maquis, et même dans des unités combattantes de l'armée régulière. Il est grand temps de rendre hommage à certaines de ces femmes admirables, à travers plusieurs portraits et récits étonnants de leurs incroyables actions.

Jeanne Bohec, la saboteuse à bicyclette

Jeanne Bohec voit le jour le 10 février 1919 à Plestin-les-Grèves, dans les Côtes-d'Armor, en Bretagne. Jusqu'à l'âge de 10 ans, elle accompagne son père, marin, de port en port, de Cherbourg à Brest, de Rochefort à Toulon. Il prend ensuite sa retraite et s'installe avec son épouse à Angers. Jeanne commence ses études au collège Joachim-du-Bellay. Outre son intérêt marqué pour les mathématiques, elle aime énormément lire les livres pourtant sur la guerre navale de 1914-1918. Le baccalauréat en poche, elle travaille à la poudrerie du Moulin-Blanc à Brest.

Le 18 juin 1940, se rendant compte de la défaite militaire de la France, Jeanne Bohec envisage de rejoindre la Grande-Bretagne pour continuer la lutte contre l'Allemagne. Sans prévenir ses parents, elle embarque sur un remorqueur, l'*Abeille 4*. Le lendemain, à 5 heures, le navire mouille dans la rade de Plymouth, entouré de nombreux bateaux de tous tonnages. L'autorisation de débarquer n'arrive que le 21 juin. Jeanne est interrogée par des officiers britanniques des services spéciaux de l'Intelligence Service. Elle indique vouloir poursuivre la guerre contre Hitler. Conduite ensuite à Londres, elle loge dans un orphelinat. Après un nouvel interrogatoire, elle est placée dans une famille londonienne.

Peu après, Jeanne se rend au poste de commandement des forces françaises libres à Londres, à Carlton Gardens, où se trouve le général de Gaulle. Elle rencontre un officier français qui lui fait miroiter un possible engagement. Les semaines, les mois passent, sans qu'il donne des nouvelles. En ayant assez d'attendre vainement, elle s'engage le 6 janvier 1941 dans le corps féminin des volontaires françaises de la France libre. Elle travaille d'abord comme secrétaire dans un laboratoire de recherches sur la fabrication d'explosifs, puis, grâce au soutien du résistant Henri Frenay, de passage à Londres, elle intègre les services spéciaux de la France libre, le célèbre Bureau central de renseignements et de d'action (BCRA), où elle suit une formation d'instructeur pour les sabotages.

Outre cette formation sur les divers explosifs, Jeanne Bohec est initiée au jet de grenades à main, au tir à la mitraillette Sten, avec le démontage et le remontage de l'arme automatique. Elle apprend à tuer silencieusement avec un poignard et une cordelette de strangulation. Elle suit un entraînement intensif de commando. Au camp de Ringway, près de Manchester, elle apprend aussi à sauter en parachute. À l'école de sécurité de Southampton lui sont enseignées les techniques poussées de l'espionnage et du contre-espionnage.

Désirant combattre en France, Jeanne Bohec embarque, dans la nuit du 29 février 1944, à bord d'un bombardier Halifax de la *Royal Air Force*, puis saute en parachute près d'Assé-le-Boisne, dans la région d'Alençon, où elle est réceptionnée par Jean-François Clouët des Pesruches, chef du Bureau des opérations aériennes de la région ouest. Sa mission consiste à former des saboteurs dans les maquis, avant le débarquement des Alliés en Normandie en juin 1944. Elle sillonne la campagne bretonne à bicyclette, afin d'instruire les saboteurs dans des fermes isolées, chargés de ralentir le déplacement des troupes allemandes de la Bretagne vers le front de Normandie. Sa mission est donc capitale. D'autant que 150 000 soldats allemands positionnés en Bretagne peuvent venir renforcer les divisions stationnées sur la côte normande et rejeter ainsi les Alliés à la mer. Elle participe à de nombreux sabotages des voies ferrées, notamment dans le Morbihan tout au long du mois de mai 1944. Ce plan de sabotage ferroviaire, expérimenté en terre bretonne, va se révéler très efficace lorsqu'il sera étendu à toute la France, durant la nuit du 5 au 6 juin 1944.

Jeanne Bohec participe également à des nombreuses actions armées contre les troupes allemandes, principalement des sabotages en tous genres. Le grand résistant Jacques Chaban-Delmas, compagnon de la Libération, écrit à son sujet, le 10 avril 1975 :

> « À une époque où l'équivalence entre les femmes et les hommes sert de thème à de nombreux discours ou fait l'objet de beaucoup de mesures, Jeanne Bohec apporte la preuve éclatante que les femmes sont fort capables d'atteindre un degré de courage, de détermination et d'efficacité accessible à peu d'hommes[1]. »

Le général américain Eisenhower, commandant en chef des forces alliées, a reconnu le rôle important joué par la Résistance bretonne, rendant également ainsi hommage à l'action de Jeanne Bohec :

> « Une mention spéciale doit être faite ici de l'aide qui nous fut apportée par les FFI dans la réduction de la presqu'île bretonne. Les forces de la Résistance dans cette zone ont été portées, à partir de juin, autour d'un noyau de troupes SAS du 4e bataillon de parachutistes français, jusqu'à un effectif total d'environ 30 000 hommes [...]. En aucune autre guerre antérieure et sur aucun autre théâtre d'opérations au cours de cette guerre, les forces de la Résistance n'ont été aussi étroitement intégrées à l'effort militaire principal. J'estime que la destruction des communications ferroviaires ennemies, le harcèlement du trafic automobile allemand et la pression de plus en plus forte exercée par les forces organisées de la Résistance française sur les troupes allemandes, ont joué un rôle considérable dans notre victoire[2]. »

La guerre terminée, Jeanne Bohec termine ses études et occupe un poste de professeur de mathématiques au collège Roland-Dorgelès à Paris, dans le 18e arrondissement, jusqu'en 1980. De 1975 à 1983,

1. Avant-propos de Jacques Chaban-Delmas, *in* Jeanne Bohec, *La plastiqueuse à bicyclette*, éditions du Félin, 1999.
2. Archives du centre national Jean-Moulin, Bordeaux.

elle est également maire adjointe de cet arrondissement. Elle décède le 11 janvier 2010, à l'âge de 90 ans. Elle est enterrée à Plestin-les-Grèves. Ses décorations attestent de son immense courage : officier de la Légion d'honneur, croix de guerre 1939-1945 avec palme, médaille de la Résistance française.

Noor Inayat Khan, agent des services spéciaux britanniques

Noor Inayat Khan voit le jour le 1er janvier 1914 à Moscou. Sa famille compte parmi ses ancêtres plusieurs princes et saints soufis de l'Inde (branche mystique de l'islam). Son père est lui-même un mystique soufi, tandis que sa mère est américaine.

Ses parents quittent la Russie en 1916 et s'installent à Londres, puis à Paris en 1921. Le père de famille, voulant revenir aux sources du soufisme, repart en Inde, où il décède en 1927. Noor reçoit une éducation raffinée, portée sur la poésie et la musique. Elle commence sa scolarité à l'école primaire de Suresnes, passe son baccalauréat au lycée de Saint-Cloud, accomplie des études de psychologie à la Sorbonne, puis entre à l'école normale de musique de Paris, afin de pratiquer la harpe. Engagée à Radio-Paris, elle rédige des histoires pour les enfants sous la forme de contes, qui sont ensuite publiées dans *Le Figaro du dimanche*.

Fuyant l'invasion allemande en juin 1940, Noor Inayat Khan, de nationalité britannique comme toute sa famille, se rend à Bordeaux en pleine débâcle, embarque au Verdon sur un cargo belge qui la débarque au port de Falmouth en Angleterre, le 22 juin 1940, le jour même de l'armistice entre la France et l'Allemagne.

Le 19 novembre 1940, Noor s'engage dans les forces féminines auxiliaires de l'armée britannique. Au centre militaire d'Édimbourg, elle suit une formation d'opérateur radio, dont la mission consiste à faire parachuter des armes pour la Résistance en Europe. Parlant parfaitement le français, elle rejoint la section chargée d'aider la Résistance française.

Le 10 juin 1941, Noor est envoyée au centre de transmission des bombardiers de la *Royal Air Force* d'Addington, où elle doit assurer la liaison radio avec les bombardiers britanniques en vol. Au printemps 1942, on l'affecte au camp de Campton Basset, où elle suit une instruction spécialisée d'opérateur radio clandestin. Le 10 octobre, elle rejoint le SOE (Special Operations Executive), unité britannique d'élite, qui a pour objectifs de mener des opérations secrètes en Europe, de former les membres de la Résistance, d'armer les réseaux et les maquis, de multiplier les sabotages et les embuscades, d'instruire les résistants à l'usage des explosifs, de préparer les parachutages d'armes et de divers équipements, etc. En bref, selon l'expression de Winston Churchill, de « mettre le feu à l'Europe », alors sous la botte hitlérienne.

Le 8 février 1943, Noor Inayat Khan rejoint la section F du SOE, chargée de mener des missions en France. Promue au grade de sous-lieutenant, elle suit un entraînement intensif de commando. En mai 1943, il ne lui reste plus qu'à accomplir le stage de parachutiste, mais la Résistance française et le SOE ont besoin de son aide en tant qu'opérateur radio au plus vite. Durant la nuit du 16 au 17 juin, elle est déposée de nuit par avion Lysander, sur un terrain clandestinement aménagé près de Villevêque, dans le Maine-et-Loire. Le jour même, elle se rend à Paris en train, avec une fausse carte d'identité. Rattachée au réseau SOE Prosper, elle se charge donc, avec une radio déjà clandestinement sur place, de multiplier les parachutages des armes et autres équipements en faveur de la Résistance française.

Le 29 juin 1943, la situation se gâte. Le réseau Prosper est victime de nombreuses arrestations par la *Gestapo*. Le 1er juillet, malgré le danger, Noor Inayat Khan se rend à Grignon pour émettre mais, en arrivant à bicyclette sur les lieux, elle voit que des soldats allemands sont sur place. Sur le point d'être arrêtée, elle parvient à s'enfuir, tout en tirant avec un pistolet automatique sur les militaires allemands. Durant quinze jours, elle se cache dans un appartement équipé d'une radio clandestine. Le *SOE*, présent en région parisienne, lui propose de rentrer en Angleterre. Elle refuse, car elle ne veut pas laisser ses camarades résistants français sans communication avec Londres.

Le 15 juillet 1943, Noor Inayat Khan trouve un studio à Neuilly. Tous les autres opérateurs radios du SOE de la section F sont tombés entre les mains de l'ennemi. Elle n'est plus que la seule à pouvoir mener cette mission essentielle en France. Malgré le danger grandissant que représente la *Gestapo*, qui multiplie les arrestations, elle se dépense sans compter en faveur des Alliés et de la Résistance française.

Victime d'une trahison, Noor Inayat Khan est finalement arrêtée à la mi-octobre 1943, à Paris, dans son nouvel appartement, au 98 rue de la Faisanderie. Emmenée avenue Foch, elle est présentée à Karl Bömelburg, chef de la *Gestapo* en France. Le premier jour de son incarcération, elle essaie de s'évader par les toilettes, mais est finalement reprise. Au cours de la nuit du 24 au 25 novembre, elle renouvelle sa tentative d'évasion, mais échoue de nouveau. Le 27, elle est transférée à la prison civile de Pforzheim, au nord de la Forêt-Noire, en Allemagne. Dans sa cellule, elle est attachée par les pieds et les mains, a besoin d'aide pour s'alimenter. Ce régime barbare lui est appliqué durant les neuf mois de sa captivité.

Le 10 septembre 1944, Noor Inayat Khan est transférée à la prison de Karlsruhe. Le lendemain même, avec d'autres résistantes, elle est déportée à Dachau. Le matin du 13, elle est sauvagement battue par l'officier *SS* Friedrich Wilhelm Ruppert, chef du camp, qui l'achève d'une balle dans la nuque avec son pistolet automatique. Juste avant de mourir, elle a le courage de crier : « Liberté ! » Puis elle est brûlée dans un four crématoire, avec d'autres résistantes. Son bourreau sera condamné et exécuté en mai 1946.

Noor Inayat Khan est décorée, de son vivant ou à titre posthume, de nombreuses décorations : George Cross (décernée à trois femmes seulement au cours de la Seconde Guerre mondiale), membre de l'ordre de l'Empire britannique, *mentioned in despatches*, croix de guerre (avec étoile de vermeil). En tant que l'un des 104 agents de la section F du SOE morts pour la France, Noor Inayat Khan est honorée au mémorial de Valençay, dans l'Indre. Les confréries soufies la reconnaissent comme première sainte occidentale de cette tradition mystique[3].

Noor Inayat Khan aimait beaucoup ce poème de Tagore, grand mystique de l'Inde :

> « Aujourd'hui, un oiseau m'a montré le chemin,
> m'a conduit jusqu'aux rives de l'océan de joie,
> tout à coup, j'ai vu le soleil,
> tout à coup, mon âme s'est ouverte[4]. »

Noor Inayat Khan est pour toujours un soleil spirituel, dont l'incroyable courage est un exemple de joie altruiste pour les générations futures.

3. Archives militaires britanniques du SOE, Londres. Lire également, Jean Overton Fuller, *Born for Sacrifice: The Story of Noor Inayat Khan*, éditions Pan Books, 1957. Laurent Joffrin, *La princesse oubliée*, éditions Robert Laffont, 2002.
4. Cité par Dominique Lormier, *Les voies spirituelles du bonheur (yoga, bouddhisme, oraison, soufisme)*, éditions inFolio, 2005.

Paulette Jacquier, la résistante des Alpes

Paulette Jacquier, future épouse Seguret, voit le jour le 18 juillet 1918, à La Frette, dans l'Isère. Au lendemain même de l'armistice de juin 1940, elle refuse la défaite et décide de poursuivre le combat. Elle tente vainement de rejoindre Londres à plusieurs reprises, où se trouve le général de Gaulle.

En mars 1941, elle intègre la Résistance de la ville de Grenoble, devenant à seulement 22 ans agent de liaison. À bicyclette, elle distribue clandestinement des tracts et des journaux dans la région. Elle transporte également des valises, contenant des documents importants, entre Valence, Lyon et Grenoble. Elle mène d'autres missions pour le compte des réseaux et des maquis locaux. Elle fait partie du groupe franc de La Frette, commandé par Roger du Marais. Elle travaille également pour plusieurs autres groupes francs, comme celui de Chambaran.

Perchée fièrement sur sa bicyclette, cette fille de paysan cache dans son sac un revolver qu'elle n'hésite pas à sortir en cas de nécessité. Ainsi, lors d'un contrôle, elle tue ainsi un soldat allemand qui voulait l'arrêter et parvient à prendre la fuite. Elle arpente également les chemins montagneux, qu'elle connaît si bien, en pleine nuit, afin de ravitailler plusieurs maquis, dont le groupe franc Roger. Elle établit des contacts avec les divers groupes francs du Vercors, parvient à leur procurer des armes. Elle se dépense sans compter.

À la demande de chefs de la Résistance de Clermont-Ferrand, elle forme avec son père un nouveau groupe franc. Elle participe également à des sabotages ferroviaires entre Grenoble et Lyon. Elle n'hésite pas à accomplir, en plusieurs jours, plusieurs centaines de kilomètres pour ses diverses missions, au sein de l'Armée secrète (AS).

Le 13 juillet 1944, Paulette Jacquier est arrêtée par une patrouille allemande, qui mène une action de représailles contre le village de La Frette. Emmenée sous bonne garde à l'école de Bourgoin-Jallieu, elle parvient à s'échapper, grâce à la complicité d'un soldat ennemi qui avait des origines polonaises et désirait déserter pour rejoindre la Résistance française. Elle se blesse en sautant par la fenêtre de plusieurs mètres de hauteur ! Le chef de la Résistance Guy Roger parvient à la récupérer sur la route de Bourgoin-Jallieu. Il note :

> « Elle a été torturée, raconte-t-il, elle saigne des pieds à la tête. Mais elle veut revoir La Frette et réconforter sa mère et ses amis, son père ayant été fusillé et sa maison incendiée. Nous avons

passé la nuit dans une grange près de chez elle. Elle a été ensuite soignée[5]. »

À peine remise de ses blessures, Paulette Jacquier intègre le groupe franc de Chambaran, à la tête duquel elle participe à des sabotages et des embuscades contre les troupes allemandes. On la voit lancer des grenades, tirer au fusil ou à la mitraillette. Lors d'un combat au corps à corps, elle tue d'un coup de poignard au cœur un soldat allemand qui tentait de l'étrangler. C'est une véritable combattante de la lutte armée, qui n'a peur de rien.

Le 21 août 1944, Paulette Jacquier accomplit une action d'éclat : elle entrave à la grenade une colonne allemande, près de Lyon. Les soldats allemands contre-attaquent. Soutenus par les tirs de plusieurs mortiers, ils menacent des maquisards trop exposés en avant. Paulette prend alors à revers les servants allemands tirant aux mortiers, lance sur eux plusieurs grenades, et fait de même sur les fantassins partis à l'assaut des maquisards. Elle tue ainsi à la grenade et à la mitraillette plusieurs soldats ennemis, permettant le décrochage des maquisards. Pour cet acte d'un courage incroyable, la croix de chevalier de la Légion d'honneur lui est remise par le général de Gaulle, le 14 septembre 1944 à Lyon, aux côtés de plusieurs résistants du maquis de Chambaran, formé par Paul Porchey.

Après la libération de sa région, Paulette Jacquier s'engage dans la 1re division française libre (DFL), en tant que fusilier voltigeur. Elle se trouve ainsi en première ligne. Elle participe aux terribles combats d'octobre-novembre 1944 dans les Vosges, puis à ceux d'Alsace durant l'hiver 1944-1945, sous un froid terrible, contre des troupes allemandes fanatisées. La 1re DFL, commandée par le général Garbay, est ensuite engagée sur le front des Alpes occidentales en avril 1945, contre le massif de l'Authion, où elle subit de lourdes pertes sur un front montagneux, facile à défendre pour les Allemands. La position est finalement conquise après une lutte féroce[6].

En 1974, Paulette Jacquier est de nouveau honorée pour son courage avec la croix d'officier de la Légion d'honneur. Elle décède le 20 février 1975, à l'âge de 56 ans.

---

5. Archives du musée de la Résistance et de la Déportation de l'Isère à Grenoble. Lire également Pierre Deveaux, *Le bataillon de Chambaran*, éditions des Presses Universitaires de Grenoble, 1987.

6. Archives de la fondation de la France libre, Paris. Lire également Yves Gras, *La 1re DFL. Les Français libres au combat*, éditions Les Presses de la Cité, 2004.

Madeleine Riffaud, un combat contre le nazisme

Madeleine Riffaud voit le jour le 23 août 1944, à Arviller en Picardie, au sein d'une famille de parents instituteurs. Lorsque l'armée allemande menace son village, le 5 juin 1940, elle n'a que 16 ans. C'est une belle adolescente à l'esprit libre, passionnée de poésie et de littérature. Elle déteste le nazisme, mais n'a pas de haine envers le peuple allemand. Sa famille décide de se réfugier dans le sud de la France. Elle se retrouve sur les routes de l'exode, en pleine débâcle, au milieu des civils et des soldats français qui fuient l'invasion allemande. Le lendemain de la signature de l'armistice du 22 juin 1940, la famille Riffaud décide finalement de revenir à Arviller.

À la gare d'Amiens, Madeleine Riffaud cherche un fauteuil roulant auprès de la Croix-Rouge, afin de transporter son grand-père, malade. Durant cette recherche, elle est importunée par des soldats allemands qui la trouvent très jolie. Un officier allemand intervient, réprimande ses hommes, tout en se montrant brutal à l'encontre de Madeleine :

> « Il m'a flanqué un magistral coup de pied au cul qui m'a envoyée dinguer, racontera-t-elle plus tard. J'avais le nez dans la poussière. J'étais tellement furieuse, c'était l'humiliation, la colère, et dans cette colère je me suis juré que j'allais retrouver la Résistance. Je vais les retrouver, ceux qui résistent, c'était parti de là[7]. »

En décembre 1940, atteinte de tuberculose, elle se rend dans un sanatorium à Saint-Hilaire-du-Touvet, dans le département de l'Isère. Après sa guérison, ses parents exigent qu'elle commence des études de sage-femme. À ce titre, ils l'envoient à la faculté de médecine de Paris. Elle en profite pour adhérer clandestinement au Parti communiste en mai 1943, rejoignant par la même occasion un groupe d'étudiants en médecine, rattachés à la Résistance également communiste. Avec eux, elle distribue des tracts, lacère les affiches des collabos et des nazis.

Madeleine Riffaud est volontaire pour la lutte armée. Équipée d'un pistolet automatique espagnol de 7,65 mm, elle peut passer à l'action. Elle est également chargée de trouver des armes pour armer les divers groupes FTP de la région parisienne. En mars et avril 1944, elle fait

---

7. Citée par Robert Gildea, *Comment sont-ils devenus résistants ?*, éditions Les Arènes, 2017.

sauter avec des explosifs plusieurs camions allemands, notamment place d'Italie et place de La Bourse à Paris.

Le 23 juillet 1944, à peine âgée de 20 ans, Madeleine Riffaud abat de sang-froid un officier allemand de deux balles dans la tête, avec son pistolet automatique, en représailles du massacre par la division *Waffen-SS* Das Reich de 642 habitants d'Oradour-sur-Glane, village de la Haute-Vienne, où hommes, femmes et enfants sont tués. Elle a des attaches familiales avec ce hameau : elle a fait sa communion solennelle dans l'église où les femmes et les enfants sont morts, victimes de cette division maudite.

Quelques secondes après l'exécution de l'officier allemand à Paris, elle prend la fuite à bicyclette, mais est rattrapée et renversée par l'automobile du chef de la Milice de Versailles, qui l'emmène au siège de la *Gestapo*, rue des Saussaies. Elle est durement torturée par les gestapistes :

> « Quand on entre dans un lieu comme la rue des Saussaies, raconte-t-elle, c'est un autre monde, et plus jamais on n'a envie d'y penser ou d'en parler. Et puis, je crois que quand on est sorti avec ses yeux, avec ses bouts de seins, on n'a pas le droit de dire qu'on a été torturé. Car il s'y est passé des choses si abominables que, ce qu'on a subi soi-même, ce sont des choses qui paraissent bien douces. Comment une jeune femme de 20 ans peut résister à ça ? Je me revois franchissant le porche de la rue des Saussaies, grimpant un escalier, les menottes dans le dos. Au premier étage je me suis aperçue dans le miroir du hall, ma tête entre un parapluie et une paire de chapeaux. J'avais déjà la tête de "l'affiche rouge" [les 23 résistants du groupe Manouchian fusillés par les nazis le 21 février 1944]. Je me suis vue marquée de sang et de poussière. Ce n'était déjà plus moi. Et alors, j'ai pensé : maintenant, il s'agit de mourir bien ! Nous n'étions pas des mômes, nous avions fait un libre choix[8]. »

Madeleine Riffaud est durement torturée par les gestapistes (nez cassé, mâchoire démise), mais ne parle pas. Elle est de nouveau tabassée par les policiers français de la brigade spéciale n° 2 de la préfecture. Mais elle refuse de nouveau de dénoncer ses camarades de la Résistance.

8. Citée *in* Jean-Paul Lefebvre-Filleau, *Femmes de la Résistance 1940-1945*, préface d'Odile de Vasselot, éditions du Rocher, 2020.

Condamnée à la déportation dans un camp de la mort, elle est incarcérée à la prison de Fresnes, dans le Val-de-Marne. Le 15 août 1944, elle doit faire partie d'un convoi formé à la gare de Pantin, à destination de Ravensbrück. Cependant, avant le départ du train en question, elle parvient à s'échapper avec Anne-Marie Walters, résistante du SOE britannique. Mais elles sont rapidement rattrapées par les sentinelles allemandes et reconduites à la prison de Fresnes.

Le général allemand von Choltitz, commandant les garnisons allemandes de Paris, négocie avec Raoul Nordling, le consul de Suède, la libération de prisonniers militaires allemands capturés par la Résistance, contre celle de 3 245 résistants emprisonnés. Grâce à l'action du consul Nordling et à la clémence du général von Choltitz, persuadé que la guerre est perdue et que Hitler est un fou qui conduit l'Allemagne à la ruine, les résistants emprisonnés sont libérés, dont Madeleine Riffaud, le 18 août 1944. De plus, le général von Choltitz refuse de détruire Paris, malgré les ordres du *Führer* qui voulait réduire la ville en fumée.

Madeleine Riffaud reprend immédiatement le combat dans les rangs de la Résistance. Le 23 août 1944, à la tête d'un groupe armé de FTP (francs-tireurs partisans), elle capture, après une lutte farouche, 80 soldats allemands aux Buttes-Chaumont, près de la gare de Ménilmontant, le jour de ses 20 ans ! Pour cette action d'éclat, elle reçoit de l'état-major de la Résistance parisienne son brevet de lieutenant.

Le 24 août 1944, Madeleine Riffaud participe activement à l'attaque de la caserne Prince-Eugène, défendue par 500 soldats allemands, armés de quatre mitrailleuses lourdes, de deux canons de 75 mm, de deux chars et de six automitrailleuses. Les combats font rage toute la journée. Finalement, le 25, le groupe FTP Saint-Just de Madeleine Riffaud reçoit l'appui de plusieurs chars de la 2e division blindée française du général Leclerc de Hauteclocque. La caserne tombe peu après.

Madeleine Riffaud obtient une citation à l'ordre de l'armée, signée par le général de Gaulle en personne :

> « Toujours à la tête de ses hommes, a donné pendant toute la lutte l'exemple d'un courage physique et d'une résistance morale remarquables[9]. »

9. Archives militaires françaises, Vincennes.

Elle tente de rejoindre la brigade FTP du colonel Fabien, afin de poursuivre le combat au sein de la Ire armée française du général de Lattre de Tassigny. Mais elle ne peut obtenir satisfaction, n'étant pas majeure à l'époque. Ses compagnons masculins de la compagnie Saint-Just ont plus de chance et participent à la libération de l'est de la France et à la campagne d'Allemagne, au sein de la 10e division d'infanterie (comprenant la brigade Fabien). Mais, sur 120 braves de cette compagnie, seuls 3 reviennent indemnes des terribles combats dans les Vosges, en Alsace et en Allemagne, les autres sont tués ou blessés !

Devenue majeure le 23 août 1945, Madeleine Riffaud épouse Pierre Daix, chef de cabinet du ministre Charles Tillon, dont elle divorcera en 1953. Une nouvelle vie débute pour elle, non seulement comme poétesse, mais également comme journaliste et correspondante de guerre. Elle fréquente Paul Éluard, Pablo Picasso et d'autres artistes, écrivains et poètes. Pour le quotidien communiste *Ce soir*, elle enquête sur la mort du célèbre boxeur français Marcel Cerdan, victime d'un accident d'avion le 28 octobre 1949. Elle passe ensuite comme journaliste à *La Vie ouvrière*, milite contre le colonialisme, accomplit des reportages à l'étranger. Elle couvre la guerre d'Indochine. Grand reporter pour le journal *L'Humanité*, elle couvre également la guerre d'Algérie. Condamnée à mort par l'OAS, elle est victime d'un attentat, doit subir plusieurs mois d'hospitalisation. Guérie, elle couvre ensuite la guerre du Vietnam durant sept ans, dans un maquis vietcong, sous les bombes américaines. Elle ne fait publiquement part de ses actes dans la Résistance qu'à compter de 1994, pour les 50 ans de la libération de la France, à la demande de Raymond Aubrac.

Madeleine Riffaud est décorée de la croix de guerre 1939-1945 et de la Légion d'honneur (grade de chevalier).

Au moment de la rédaction de cet ouvrage, elle est toujours vivante, flirtant bientôt avec les cent ans !

Simone Segouin, la résistante à la mitraillette

Simone Segouin est née le 3 octobre 1925 à Thivars, près de Chartres, en Eure-et-Loir, dans une famille d'agriculteurs, composée également de trois garçons. Après sa scolarité, elle travaille dans la ferme familiale quand débute la Seconde Guerre mondiale.

Son père, conseiller municipal, appartient à la Résistance locale. Afin de ne pas travailler au château de Spoir, occupé par l'armée allemande, Simone décide également de rejoindre la Résistance en 1944, au sein d'un groupe de francs-tireurs et partisans (FTP). Elle n'a que 18 ans et devient Nicole Minet, avec une fausse carte d'identité. À Chartres, elle vole la bicyclette d'une auxiliaire militaire allemande qui devient, après avoir été repeinte, son véhicule de liaison, lui permettant d'accomplir diverses missions à Châteaudun, Dreux et Chartres. Aux côtés de son futur compagnon, le lieutenant Boursier, elle reçoit une formation militaire, dont le maniement des armes. Elle sait tirer au fusil, au revolver, au pistolet automatique, à la mitraillette, ainsi que lancer des grenades, poignarder une sentinelle allemande ou l'étrangler avec une cordelette.

Elle participe ensuite à plusieurs combats de rue pendant la Libération, notamment à Chartres, où se déroule une véritable bataille urbaine du 15 au 19 août 1944, qui permet de chasser la garnison allemande de la ville. Avec ses camarades FTP, elle participe à la capture de 25 soldats allemands à Thivars. Armée d'une mitraillette, elle attaque avec un courage remarquable les soldats ennemis. Avec son groupe, elle rejoint Paris, afin de lutter pour la libération de la capitale de la France les armes à la main. Elle attaque à la grenade des convois motorisés allemands. Elle mitraille des détachements ennemis. Pour son immense bravoure, elle est décorée en 1946 de la croix de guerre 1939-1945 et obtient le grade de sous-lieutenant.

Après la guerre, elle accomplit des études de médecine, afin de devenir infirmière en pédiatrie. Mère de six enfants, elle ne s'est cependant jamais mariée, tout en restant fidèle à son compagnon de résistance. Le 14 juillet 2021, presque centenaire, elle est également décorée de la Légion d'honneur, au grade de chevalier.

Simone Segouin tient à souligner :

> « Mon père avait fait la guerre de 1914-1918. Il a également été un grand résistant durant la Seconde Guerre mondiale. Il m'a donné l'exemple par son patriotisme et son humanisme. Avec un groupe d'une vingtaine de compagnons, j'ai participé à la lutte armée de la libération de Paris en août 1944 : c'était du délire ! Je suis contente de savoir que les jeunes ne sont pas indifférents à cette période, qu'ils s'intéressent aux combats héroïques de la Résistance. Si c'était à refaire, je le referais sans hésiter une seule seconde, car je ne regrette rien. Je n'ai vraiment aucun regret. Je

suis fière d'avoir contribué à la libération de mon pays, d'avoir lutté contre le nazisme pour la liberté de la France[10]. »

Simone Segouin a été immortalisée par le célèbre reporter de guerre Robert Capa, grâce à une photo prise le 23 août 1944, où elle figure armée d'une mitraillette allemande MP40, avec un calot militaire français sur la tête, en short et en chemise blanche, un brassard de la Résistance sur le bras gauche. Elle a vraiment la fière allure d'une combattante de la liberté. Cette photographie, symbole même de la résistante française, est publiée de nombreuses fois dans la presse et divers livres.

Violette Szabo, mourir pour la liberté

Violette Szabo, née Bushell, voit le jour le 26 juin 1921 à Levallois-Perret, dans les Hauts-de-Seine, d'un père britannique (Charles Bushell), vendeur de voitures, et d'une mère française (Reine Leroy), couturière. Après la naissance d'un second enfant, un garçon prénommé Dickie, le couple quitte la France pour Londres, laissant leur progéniture chez leur tante maternelle à Noyelles-sur-Mer dans la Somme.

En 1932, les deux enfants retrouvent leurs parents dans le sud de Londres. À 11 ans, Violette poursuit sa scolarité dans un établissement scolaire britannique. À 14 ans, elle travaille comme corsetière, près du centre de Londres, puis dans un magasin de sous-vêtements féminins à Oxford Street. En 1940, elle décide de travailler dans une usine d'armement, afin de participer à l'effort de guerre dans la lutte contre le nazisme. Profondément attristée par la défaite militaire de la France en mai-juin 1940, elle assiste, le 14 juillet 1940, au défilé à Londres des premiers soldats français de la France libre ayant rallié le général de Gaulle. À cette occasion, elle fait la connaissance d'Étienne Szabo, jeune sous-lieutenant français d'ascendance hongroise de la 13e demi-brigade de la Légion étrangère (DBLE), unité d'élite ayant rejoint la France libre. C'est le coup de foudre entre Violette et Étienne ! Elle l'invite chez ses parents, puis ils se marient 21 août 1940 à Aldershot. Peu après, le sous-lieutenant Étienne Szabo part avec la 13e DBLE,

10. Entretiens de l'auteur avec Simone Segouin, juin 2014.

afin de combattre les troupes italiennes en Afrique orientale, puis en Afrique du Nord.

Violette ne revoit Étienne qu'au bout d'une année, durant l'été 1941, lors d'une courte permission à Liverpool. Le 11 septembre, elle s'engage dans l'armée britannique, dans le service auxiliaire territorial. Après une formation militaire, elle rejoint une batterie antiaérienne à Oswestry, en tant qu'opératrice de contrôle de tir. En avril 1942, elle quitte sa batterie et accouche le 8 juin d'une petite fille, prénommée Tania. Le jour de cette naissance, le père, Étienne Szabo, lutte avec héroïsme à Bir Hakeim en Libye, contre les troupes allemandes et italiennes, bataille durant laquelle la 1re brigade française libre (BFL) fixe longuement la majorité des forces du général Rommel, permettant aux troupes britanniques, en pleine retraite, de se rétablir à El Alamein en Égypte. Cet exploit militaire français fait la une de tous les journaux britanniques et alliés. La France libre entre dans la légende.

Le 24 octobre 1942, Étienne Szabo, à la tête de la 1re BFL, est tué lors du terrible combat d'El Himeimat, au sud du front d'El Alamein, où la division parachutiste italienne Folgore oppose une résistance héroïque. L'annonce de la mort de son cher mari est une catastrophe pour Violette.

> « Elle est effondrée, écrit le résistant et agent du SOE Bob Maloubier, et reste enfermée chez elle pendant des mois, prostrée, muette, avec sa fille dans ses bras. Elle refuse de recevoir qui que ce soit[11]. »

Violette est convoquée au ministère des Pensions en tant que veuve de guerre. Elle rencontre à cette occasion un élégant *gentleman*, Selwyn Jepson, chargé du recrutement des femmes au sein de la section française du SOE (services spéciaux britanniques). Il lui propose de rejoindre cette section. Elle accepte aussitôt, désirant venger la mort de son mari.

Le 10 juillet 1943, sa candidature est acceptée au sein du SOE. Elle est ensuite envoyée durant une vingtaine de jours dans une école de formation militaire dans le Surrey, puis dans une autre en Écosse de septembre à octobre 1943, où elle apprend la topographie, le maniement des armes et des explosifs, un véritable entraînement

11. Bob Maloubier, *Agent secret de Churchill, 1942-1944*, éditions Tallandier, 2011.

commando. Elle rejoint ensuite l'école supérieure du SOE à Beaulieu, dans le Hampshire, où elle accède à une formation encore plus poussée en armement, en explosifs et en cryptographie. Puis, le couronnement repose sur un stage de parachutisme, avec obtention du brevet, à Ringway, près de Manchester.

> « Lors de son premier saut en parachute, écrit Jean-Paul Lefebvre-Filleau, Violette se foule la cheville. Elle doit attendre d'être remise de sa blessure avant de reprendre l'entraînement. En février 1944, revenue à Ringway, elle obtient le mythique brevet para, mais sa blessure n'est pas totalement résorbée. Dès lors, classée "opérationnelle", elle rédige son testament dans lequel elle nomme sa mère comme exécutrice de ses dernières volontés et sa fille Tania comme unique bénéficiaire de ses modestes biens[12]. »

Sa première mission en France débute le 5 avril 1944. Violette Szabo est parachutée près de Cherbourg, en compagnie du résistant Philippe Liewer, dont le réseau, près de Rouen, a été durement frappé par l'occupant. Assurant la fonction d'agent de liaison auprès de Liewer, elle aide à la constitution d'un nouveau réseau autour de Rouen, secteur hautement stratégique à la veille du débarquement en Normandie. Elle voyage régulièrement entre Rouen et Paris, transmet à Londres des rapports sur les usines fabriquant du matériel de guerre pour l'armée allemande, renseignements précieux pour les bombardements aériens alliés. Elle donne également des indications précises sur l'implantation des troupes allemandes en Normandie. En trois semaines, avec un incroyable courage, cette femme, fine et distinguée, au visage d'une grande beauté, se révèle un agent hors pair du SOE. Le 30 avril, elle rentre en Grande-Bretagne avec Liewer, grâce à une récupération par avion Lysander dans l'Indre.

Pour sa seconde mission, Violette Szabo doit être parachutée dans le Limousin, afin de coordonner les nombreux maquis dans la lutte armée, en vue des sabotages et des embuscades qui doivent fixer d'importantes troupes allemandes, pendant que les troupes alliées, débarquées en Normandie, tentent de consolider leur tête de pont : c'est une mission capitale pour la libération de la France.

Dans la nuit du 7 au 8 juin, vers deux heures du matin, Violette saute en parachute d'un bombardier américain B24, avec le commandant

12. Jean-Paul Lefebvre-Filleau, *Femmes de la Résistance 1940-1945*, *op. cit.* Lire également, Susan Ottaway, *Violette Szabo*, Pen-Sword Books, 2003.

et résistant français Philippe Liewer, le capitaine français de SOE Bob Maloubier, le lieutenant opérateur radio des services secrets américains (OSS) Jean-Claude Guiet. Tous sont réceptionnés au Clos de Sussac par la Résistance locale, dépendante en grande partie du célèbre colonel des FTP, Georges Guingouin, véritable héros du Limousin, futur compagnon de la Libération. Les quatre parachutistes, dont Violette Szabo, sont hébergés à Sussac, dans la maison de Mme Ribiéras, résistante.

Le samedi 10 juin 1944, le lieutenant Violette Szabo doit participer à la coordination des sabotages et des embuscades des maquis du Limousin sur les principaux axes de communication, afin d'empêcher l'arrivée des renforts allemands en Normandie dont, principalement, la division blindée *Waffen-SS* Das Reich. Elle monte dans une traction Citroën, en compagnie des résistants Jacques Dufour et Jean Bariaud. À l'entrée de Salon-la-Tour, en Corrèze, le véhicule attire l'attention d'un détachement allemand positionné en barrage routier, des *Waffen-SS* du 1er bataillon Deutschland de la division Das Reich. Violette et ses deux compagnons quittent l'automobile pour disparaître dans la nature. Ils empruntent malheureusement un champ en pente à découvert, aussitôt mitraillé par les *Waffen-SS*. Dufour se prend une balle dans le dos, mais parvient cependant à atteindre l'extrémité du champ, ainsi que Violette, saine et sauve. Bariaud arrive également à se sauver.

Derrière des pommiers, à moins de 300 mètres, la voie ferrée; après, c'est le maquis. Ils se rapprochent donc des pommiers, mais soudain, l'ancienne entorse à la cheville de Violette se réveille. Elle tombe à genoux en gémissant. Elle ne peut plus poser le pied par terre. Dufour propose de la porter, mais elle refuse, ne voulant pas retarder sa fuite. Elle lui ordonne de rejoindre le maquis pour le prévenir de la présence des soldats nazis. Derrière un arbre, Violette tire avec son arme sur les assaillants durant une trentaine de minutes, jusqu'à épuisement des huit chargeurs, afin de faciliter la fuite de Dufour. Puis, à court de munitions, elle est capturée par la soldatesque germanique, qui la brutalise. Plus de cent *Waffen-SS* ratissent la campagne. Ils fouillent méthodiquement les fermes des environs. En fin de journée, Violette est conduite à la *Gestapo* de Limoges. Pendant ce temps, Jacques Bariaud, qui est parvenu à échapper aux Allemands, prend contact avec le commandant Philippe Liewer, qui se trouve à Sussac, et l'informe de l'arrestation de Violette Szabo.

Le lendemain même, le 11 juin 1944, Bob Maloubier, accompagné d'une équipe de résistants, se rend clandestinement à Limoges et surveille la prison où se trouve Violette, en dehors des interrogatoires musclés au siège de la *Gestapo*, se déroulant deux fois par jour. Bob Maloubier et son équipe de résistants décident de la libérer lors d'un déplacement entre la prison et le siège de la *Gestapo*. L'opération est prévue le 16 juin. Maloubier et quatre maquisards, tous fortement armés, devront bondir d'une voiture, et enlever Violette, pendant que Liewer, Dufour et six autres résistants assureront la couverture. Malheureusement, à l'aube du 16 juin, Violette Szabo est transférée de Limoges à Paris, de sorte que l'opération est annulée.

Amenée au siège de la *Gestapo*, avenue Foch, Violette subit plusieurs semaines d'interrogatoires d'une grande brutalité, sous la direction du chef gestapiste Horst Kopkow. Malgré les coups et autres sévices, elle refuse de parler. Le 8 août 1944, elle est déportée à Ravensbrück, en compagnie de deux autres agents féminins du SOE, Denise Bloch et Lilian Rolfe. Après trois semaines dans cet enfer, les trois femmes sont envoyées à Torgau, un camp de travail, puis à Königsberg et de nouveau à Ravensbrück.

Entre le 25 janvier et le 5 février 1945, elles sont conduites dans une cour, derrière le four crématoire du camp. Denise Bloch et Lilian Rolfe, très malades, sont portées sur des civières. Violette Szabo parvient à marcher. Le commandant *SS* du camp, Fritz Suhren, leur lit un ordre venant de la direction du contre-espionnage de Berlin, annonçant que les trois prisonnières sont condamnées à mort. Il ordonne à l'un de ses subordonnés, le *SS* Schülte, de procéder à cette exécution. Schülte abat chaque femme d'une balle dans la nuque. Les corps sont ensuite incinérés au four crématoire.

Violette Szabo, figure héroïque de la Résistance, a été honorée de plusieurs décorations : la médaille de l'ordre de l'Empire britannique, la croix de Saint-Georges (c'est la deuxième femme à la recevoir), la croix de guerre 1939-1945 avec étoile de bronze, la médaille de la Résistance française.

Bob Maloubier, un autre héros du SOE, a toujours évoqué avec une profonde émotion la mémoire de Violette Szabo, voyant en elle un exemple de courage et d'insoumission à la barbarie pour les générations futures.

En parlant d'elle, le général de Gaulle aura cette phrase : « Que son immense courage soit pour toujours compagne de notre espérance[13]. »

13. Archives du centre national Jean-Moulin, Bordeaux.

Joséphine Baker, l'espionne de la France libre

Freda Josephine McDonald (la future Joséphine Baker) voit le jour le 3 juin 1906, à Saint-Louis dans le Missouri, aux États-Unis, au sein d'une famille ayant des origines espagnoles, afro-américaines et amérindiennes. Sa mère, Carrie McDonald, se remarie avec un ouvrier, Arthur Martin, dont Josephine porte désormais le nom.

La grande pauvreté de sa famille contraint Josephine à travailler très jeune pour nourrir les nombreux enfants de deux parents. Elle quitte l'école en février 1920 et se marie avec un certain Willie Wells, dont elle divorce rapidement pour épouser Willie Baker en 1921. Douée pour la danse depuis l'enfance, elle commence une carrière d'artiste au Standard Theater. À tout juste 16 ans, elle quitte son second mari pour tenter sa chance à New York. Elle rejoint une troupe musicale, rencontre Caroline Dudley Reagan, une femme d'influence, épouse de l'attaché commercial de l'ambassade américaine à Paris. Voyant en Josephine une future grande artiste, à la fois chanteuse et danseuse, Caroline lui propose de la suivre en France, où elle doit monter un spectacle, dont Josephine sera la vedette principale, pouvant même faire d'elle une véritable star : *La Revue nègre*, qui met en valeur la culture africaine, condamne les préjugés et le racisme de certains Blancs.

Le 2 octobre 1925, Joséphine Baker passe en première partie au théâtre des Champs-Élysées à Paris, où elle fait un triomphe. L'extrême beauté de son corps, vêtu d'un simple pagne, ses immenses qualités de danseuse, au rythme du Charleston, son visage gracieux subjuguent le public parisien. Ce voyage à Paris est pour elle une véritable libération, loin de la ségrégation raciale qu'applique une partie des États-Unis. Elle écrira à ce sujet :

> « Un jour, j'ai réalisé que j'étais née dans un pays où j'avais peur d'être noire. C'était un pays réservé aux Blancs. Il n'y avait pas de place pour les Noirs. J'étouffais aux États-Unis. Beaucoup d'entre nous sommes partis, pas parce que nous le voulions, mais parce que nous pouvions plus supporter ça… Je me suis sentie libérée à Paris[14]. »

14. Citée *in* Jean-Paul Lefebvre-Filleau, *Femmes de la Résistance 1940-1945*, *op. cit.*

Après le triomphe de *La Revue nègre*, Joséphine signe en 1927 un contrat pour danser aux *Folies-Bergère* à Paris, où elle connaît de nouveau un immense succès. Elle se lance la même année dans la chanson, suivant les conseils de son nouvel impresario et amant Giuseppe Abatino, un Italien originaire de la Sicile, qui lui organise une tournée mondiale. En l'espace de deux à trois ans, elle devient une véritable star dans le monde entier.

En dehors de sa carrière artistique, elle milite en faveur de la cause des Noirs, afin qu'ils obtiennent les mêmes droits que les Blancs en divers pays, dont les États-Unis. Elle participe également à des soupes populaires pour les clochards de Paris. En 1932, elle distribue de la nourriture aux personnes âgées dans le besoin, ainsi qu'aux enfants pauvres.

Durant la même période, elle rencontre un succès inoubliable avec la chanson *J'ai deux amours*, composée par Vincent Scotto. Elle tourne également plusieurs films, dont *Zouzou* avec Jean Gabin et Yvette Lebon. En octobre 1935, elle accomplit une tournée aux États-Unis, rentre en France en mai 1936, acquiert la nationalité française en épousant, le 30 novembre 1937, le jeune couturier et industriel Jean Lion. Le nouveau couple s'installe en Dordogne au château des Milandes à Castelnaud-Fayrac (aujourd'hui Castelnaud-la-Chapelle). Elle reprend ensuite des tournées triomphales en France et ailleurs.

La guerre déclarée à l'Allemagne en septembre 1939, Joséphine Baker chante pour les soldats français près du front. Elle accomplit de nombreuses tournées pour remonter le moral de la troupe. Daniel Marouani, frère de son agent artistique, la présente au capitaine Jacques Abtey, officier français des services secrets du 2e Bureau, le service de renseignement de l'armée. Elle accepte aussitôt sa proposition de rejoindre son service, chargé de démasquer les espions allemands installés en France, ainsi que les Français travaillant pour eux. Elle devient ainsi un agent du contre-espionnage français. Jacques Abtey se souvient de leur première rencontre, à la villa *Beau Chêne* au Vésinet :

> « Grande fut ma surprise lorsque je l'aperçus. Nous avancions par l'allée du parc, lorsque nous entendîmes un joyeux : "*Hello !*" Puis ce fut l'apparition, au-dessus des buissons, d'un feutre ratatiné… Souriant de toutes ses dents, elle était là, une main dans la poche d'un vieux pantalon, l'autre tenant une vieille boîte de conserve rouillée remplie d'escargots… Je fus, dès le commencement de notre conversation, saisi par l'étrange rayonnement de mon

> interlocutrice. Parlant sans chercher d'effet, d'une voix douce, égale. Je dus faire un effort afin de ne pas laisser paraître mon émotion quand elle me parlait de la France, son pays d'adoption. Elle me dit : "C'est la France qui m'a fait ce que je suis, je lui garderai une reconnaissance éternelle. La France est douce, il fait bon y vivre pour nous autre gens de couleur, parce qu'il n'y existe pas de préjugés racistes. Ne suis-je pas devenue l'enfant chérie des Parisiens ? Ils m'ont tout donné, en particulier leur cœur. Je leur ai donné le mien. Je suis prête, capitaine, à leur donner aujourd'hui ma vie. Vous pouvez disposer de moi comme vous l'entendez[15]." »

Ayant plus de 4 000 filleuls de guerre, elle passe des journées et des soirées entières à écrire à ses chers soldats français. Elle assure également la gestion à ses frais d'un centre d'accueil de réfugiés à la gare du Nord. Elle s'occupe de la préparation des colis qu'elle destine aux combattants français et qu'elle finance elle-même.

En tant qu'agent secret, elle organise des tournées musicales et des cocktails donnés dans des ambassades, afin d'y recueillir des renseignements sur les troupes allemandes. Lors de réceptions données dans les ambassades d'Italie et du Portugal, elle obtient de précieuses informations sur les déplacements des divisions allemandes, sur l'état militaire du Japon et sur les intentions de Mussolini au début du conflit. Afin de masquer son engagement dans l'espionnage et le contre-espionnage, elle obtient un brevet de pilote au sein des infirmières aviatrices secouristes de l'Air. Elle accueille également des réfugiés de la Croix-Rouge.

Chargée de surveiller une espionne française qui travaille pour les nazis, Joséphine Baker parvient à s'introduire chez elle et à lui subtiliser des documents confidentiels, apportant ainsi la preuve de sa trahison. Puis, sportive et amazone accomplie, elle l'étrangle par-derrière, grâce à une clé de bras, avec suffisamment de force pour la neutraliser, mais sans la tuer. Sa rivale évanouie, Joséphine l'attache sur un lit et prévient deux agents du capitaine Jacques Abtey, qui viennent la capturer pour l'emprisonner en un lieu secret.

Au lendemain même de l'armistice de juin 1940, Joséphine Baker quitte le Vésinet pour le château des Milandes en Dordogne, afin d'y former, à la demande de Jacques Abtey (promu commandant), un

15. Jacques Abtey, *La Guerre secrète de Joséphine Baker*, éditions Siboney, 1948.

réseau de résistance, spécialisé dans le renseignement. Soupçonnée de cacher des armes au château des Milandes, Joséphine Baker reçoit la visite d'un capitaine allemand, qui exige de perquisitionner chez elle, alors qu'elle héberge des résistants. Sans perdre son sang-froid, elle répond à l'officier allemand :

> « Je pense que Monsieur l'officier ne peut être sérieux. Il est vrai que j'ai des grands-parents Peaux-Rouges, mais il y a bien longtemps qu'ils ont enterré la hache de guerre, et s'il y a une danse que je n'ai jamais dansée, c'est bien la danse de la guerre[16]. »

Le capitaine allemand, charmé par l'humour et la beauté de Joséphine, repart persuadé de son innocence.

Le 24 novembre 1940, elle s'engage dans les services secrets de la France libre, sous les ordres du commandant Abtey (lui-même rallié au général de Gaulle), qui demeure son officier traitant jusqu'à la fin du conflit en 1945. Sous le couvert de divers galas, elle accomplit de nombreuses missions en France, en Espagne et en Afrique du Nord, récolte de précieux renseignements sur les forces allemandes et italiennes. Entre 1941 et 1944, elle s'installe au Maroc, afin de poursuivre ses missions secrètes, accomplit des « tournées » en jeep, du Maroc à l'Égypte, puis au Moyen-Orient, de Beyrouth à Damas, où elle glane de précieux renseignements sur les forces de l'Axe et les traîtres. Elle neutralise à plusieurs reprises des espionnes à la solde des nazis.

> « C'est très facile d'être Joséphine Baker, raconte-t-elle. Dès que je suis annoncée dans une ville, les invitations pleuvent à l'hôtel. À Séville, à Madrid, à Barcelone, le scénario est le même. J'affectionne les ambassades et les consulats qui fourmillent de gens intéressants. Je note soigneusement en rentrant… Ces papiers seraient sans doute compromettants si on les trouvait. Mais qui oserait fouiller Joséphine Baker jusqu'à la peau ? Ils sont bien mis à l'abri, attachés par une épingle à nourrice. D'ailleurs, mes passages de douane s'effectuent toujours dans la décontraction… Les douaniers me font de grands sourires et me réclament effectivement des papiers… mais ce sont des autographes[17] ! »

16. Joséphine Baker et Jo Bouillon (avec la collaboration de Jacqueline Cartier), *Joséphine*, éditions Robert Laffont, 1976.
17. *Ibid.*

Joséphine Baker s'emploie également à convaincre les officiels américains qu'elle rencontre à soutenir le général de Gaulle dans son action. Lors du débarquement des troupes américaines en Afrique du Nord, elle part remonter le moral des soldats alliés, organise des spectacles et remet à l'armée française l'intégralité de ses cachets. Entre 1943 et 1944, elle met à la disposition de l'armée de l'Air française plus de 10 millions de francs. Elle parcourt des dizaines de milliers de kilomètres dans des camps isolés pour soutenir le moral de troupes, à travers le désert, ainsi que dans les villes d'Alger, d'Agadir, de Fez, Tunis, Benghazi, Alexandrie, Le Caire, Jérusalem, Haïfa, Damas et Beyrouth, partageant le quotidien des soldats, avec les risques et les contraintes, au prix de sa santé. On la voit sur le front italien, afin de soutenir le moral du corps expéditionnaire français du général Juin, qui se couvre de gloire en enfonçant les positions allemandes en montagne.

Promue au grade de sous-lieutenant au sein de l'armée de l'Air le 23 mai 1944, Joséphine Baker débarque à Marseille en octobre 1944. Elle chante pour les soldats français et alliés, notamment à Belfort le 20 novembre 1944 pour les troupes du général de Lattre de Tassigny, poursuit également ses missions pour la Croix-Rouge et les services secrets.

Après la guerre, afin de rendre hommage à son immense courage dans la lutte contre l'Axe, le général Martial Vallin, commandant des forces aériennes françaises libres de 1941 à 1945, lui remet la Légion d'honneur (au grade de chevalier) et la croix de guerre 1939-1945 avec palme, avec la citation suivante :

> « Dès 1939, se met en rapport avec les services du contre-espionnage, fournissant de précieux renseignements, notamment sur l'éventualité de l'entrée en guerre de l'Italie, sur la politique du Japon et sur certains agents allemands à Paris. Se met en rapport avec un officier du 2e Bureau. D'un courage et d'un sang-froid remarquables, transporte des messages secrets et continue de fournir des renseignements très utiles aux services alliés de l'intelligence service. Mobilisée pour la Croix-Rouge, se dépense sans compter.
>
> « Quitte Paris pour la Dordogne, soupçonnée par les Allemands de cacher des armes, une perquisition est évitée de peu dans sa propriété, fait preuve d'un courage et d'un sang-froid remarquables. Afin de faciliter le départ d'agents de renseignements

pour l'Angleterre, monte une troupe artistique composée uniquement de gens désireux de rallier les forces françaises libres (FFL) : passe en Espagne, soi-disant à destination du Brésil. À Lisbonne, reçoit un télégramme de Londres lui demandant d'organiser en France un nouveau service de renseignements. Rejoignant Marseille, mise en rapport avec un agent du renseignement est obligée de reprendre son activité artistique. Voulant quitter le sol de France part au Maroc en 1941, collabore avec les mouvements de résistance française.

« Invitée dans les ambassades et les consulats lors d'une tournée en Espagne, recueille de précieux renseignements. Dès le débarquement allié en Afrique du Nord, à peine remise d'une longue maladie, s'engage dans les formations féminines des forces aériennes françaises libres (FAFL). Envoyée au Moyen-Orient, met son talent, son énergie au service des combattants français et alliés. Suit le corps expéditionnaire français en Italie. Belle figure de la femme française au service de la Résistance[18]. »

Joséphine Baker est également décorée de la médaille de la Résistance française avec rosette, de la médaille commémorative des services volontaires dans la France libre et de la médaille commémorative française de la guerre 1939-1945.

Joséphine Baker poursuit sa brillante carrière artistique dans le monde. Rêvant de fraternité universelle, elle accueille douze enfants de toutes origines au château des Milandes en Dordogne, qu'elle adopte et qu'elle nomme sa « tribu arc-en-ciel ». Elle participe en 1963 à la marche sur Washington contre la ségrégation raciale et le racisme, au côté du pasteur Martin Luther King, durant laquelle elle prononce un émouvant et magnifique discours, vêtue de son uniforme de l'armée de l'Air française et couverte de ses médailles de grande résistante.

En juin 1964, criblée de dettes, Joséphine Baker lance un appel pour sauver sa propriété en Dordogne, où vivent ses enfants adoptés. Bouleversée par sa détresse, Brigitte Bardot lui adresse un chèque important.

En mai 1968, Joséphine Baker participe, en tête du cortège, à la grande manifestation en faveur du général de Gaulle sur l'avenue

18. Archives de la Fondation de la Légion d'honneur, Paris.

des Champs-Élysées. Pratiquement ruinée, contrainte de vendre son château des Milandes en 1969, elle est hospitalisée, puis, à peine remise, trouve encore la force nécessaire pour se produire sur scène, avec l'aide de Grace de Monaco, de Jean-Claude Brialy et de la Croix-Rouge. Elle remonte également sur la scène parisienne de *L'Olympia* et en divers pays d'Europe, où elle reste très populaire.

Le 24 mars 1975, afin de célébrer ses cinquante ans de carrière, elle chante à *Bobino*, devant la princesse Grace de Monaco, le général Alain de Boissieu, gendre du général de Gaulle, Sophia Loren, Mick Jagger, Mireille Darc, Alain Delon, Jeanne Moreau, Tino Rossi, Pierre Balmain et de nombreuses autres célébrités, sans oublier un immense public, toujours fidèle à la Grande Dame. Les médias lui rendent unanimement hommage.

Le 9 avril 1975, Joséphine Baker retrouve son appartement parisien, après sa quatorzième représentation à *Bobino*, devant une salle enthousiaste. Le lendemain matin, le 10 avril, elle est victime d'une attaque cérébrale. Transportée dans un coma profond à l'hôpital de la Pitié-Salpêtrière, elle y décède le 12 avril à l'âge de 68 ans. Elle reçoit les honneurs militaires et les funérailles catholiques le 15 avril 1975 à l'église de la Madeleine à Paris. Après de nouvelles obsèques, le 19 avril, à l'église Saint-Charles de Monte-Carlo, elle est enterrée au cimetière de Monaco.

De nombreuses rues de France portent son nom. Le 30 novembre 2021, Joséphine Baker entre au Panthéon, devenant la sixième femme et la première femme noire à rejoindre le temple de la République. Elle demeure cependant inhumée au cimetière de Monaco, si bien que le Panthéon n'est pas son tombeau mais son cénotaphe.

Joséphine Baker incarne pour toujours le courage de la femme résistante, la lutte contre la barbarie, le triomphe de l'humanisme et de la bienveillance contre la haine et le racisme, le talent et la persévérance contre la médiocrité et la lâcheté[19].

---

19. Lire également Brian Bouillon-Baker et Gilles Trichard, *Joséphine Baker : le regard d'un fils*, éditions Patrick Robin, 2006 ; Brian Bouillon-Baker, *Joséphine Baker, l'universelle*, éditions du Rocher, 2021 ; Alain-Marie Foy et Jean-Marie Dumont, « Hommage à Joséphine Baker », in *Bulletin municipal du Vésinet* n° 31, juin 1975 ; Charles Onana, *Joséphine Baker contre Hitler*, éditions Duboiris, 2006 ; Jacques Plessis, *Joséphine Baker*, éditions Gallimard, 2007.

Odile de Vasselot, la Résistance et la foi chrétienne

Odile de Vasselot voit le jour le 6 janvier 1922, à Saumur, où son père est officier-instructeur dans la célèbre école militaire de cavalerie. Fille et petite-fille de militaires, elle est élevée dans l'admiration de l'armée, le sens du sacrifice, le don de soi pour le pays.

Le 18 juin 1940, alors qu'elle se trouve dans le donjon du château familial, elle entend à la radio l'appel du général de Gaulle à poursuivre la lutte contre l'Allemagne. Le nom de ce général, qui s'est déjà illustré en mai 1940 au sein de la 4e division cuirassée, ne lui est pas étranger. Avant la Seconde Guerre mondiale, son père l'a côtoyé au 507e régiment de chars de combat. De plus, son grand-père maternel, le général de Cugnac, le tient en haute estime.

Son père retenu prisonnier en Allemagne, Odile, sa mère et ses sœurs s'installent chez les Cugnac à Paris. Résistante dès 1940, Odile participe à la célèbre manifestation des étudiants du 11 novembre 1940, à l'Arc de Triomphe, qui célèbre la victoire française de 1918, défiant l'autorité allemande. Elle participe ensuite à d'autres actions résistantes, comme la lacération d'affiches allemandes dans les rues de Paris. Elle sème dans le métro des tracts où est dessinée la célèbre croix de Lorraine de la France libre du général de Gaulle.

Désirant jouer un rôle plus actif dans la Résistance, Odile parvient à contacter en décembre 1942 une certaine Mme Poirier, membre d'un réseau, Le Service Zéro, travaillant pour le SOE britannique. Odile commence une mission d'agent de liaison. Elle doit prendre le train chaque fin de semaine pour remettre d'importants documents à la résistance toulousaine. Ayant ensuite intégré le réseau Comète, elle doit exfiltrer par le train des aviateurs alliés, afin de leur permettre de rejoindre l'Espagne, puis la Grande-Bretagne.

Infiltré par la *Gestapo*, le réseau Comète est victime de nombreuses arrestations en 1943-1944. Odile échappe de peu aux griffes de l'occupant. Elle reprend sa place d'agent de liaison au sein du réseau Le Service Zéro, de février à avril 1944. Elle doit porter et reporter des courriers clandestins à Moulins, Reims, Vichy, Verdun, Rennes, Montpellier, Toulouse et ailleurs.

> « Ces voyages, écrit Jean-Paul Lefebvre-Filleau, ne ressemblent en rien à ceux qu'elle faisait autrefois car, à l'approche du débarquement en Normandie, les Anglais bombardent à outrance les lignes ferroviaires françaises pour que les Allemands ne puissent pas envoyer des renforts là où on se battrait. Voyager par le train

> est devenu impossible. L'auto-stop est le seul moyen de se rendre là où l'on désire aller[20]. »

Odile utilise une société parisienne des Halles, favorable à la Résistance, louant des camions nécessaires pour le transport des marchandises en province. Elle trouve toujours à l'arrière d'un des camions une place libre pour ces voyages clandestins de tous les dangers.

En mai 1944, elle est amenée à s'occuper de nouveau d'un aviateur anglais, dont l'avion a été descendu dans l'Aisne. Mais elle ne doit plus le diriger vers l'Espagne. En effet, le Débarquement étant devenu imminent, elle doit uniquement le cacher en lieu sûr. Cette nouvelle mission est un succès.

Comme elle se trouve à Paris en août 1944, Odile participe à la libération de la capitale. Circulant à bicyclette pour porter des messages aux divers groupes de résistants menant une véritable guérilla urbaine, elle est légèrement blessée par un éclat d'obus. Rapidement soignée, elle participe, avec un FFI, à la mise hors de combat de deux blindés allemands.

Arrêtée par un officier français rallié à la Résistance, alors qu'elle doit accomplir une nouvelle mission en direction du Bourget, elle doit lui expliquer qu'elle est agent de liaison d'un réseau. Mais il refuse de la croire, voyant en elle une collaboratrice des Allemands. Elle est transférée au 36 quai des Orfèvres, siège de la police judiciaire. Finalement, son grand-père, le général de Cugnac, doit intervenir pour la faire libérer. Odile doit ensuite accomplir une nouvelle mission, comme agent de liaison, à l'aide d'une bicyclette, une mission hautement dangereuse, puisqu'elle doit se rendre dans un secteur toujours occupé par les soldats allemands. Après bien des péripéties, risquant à plusieurs reprises de tomber sous les balles allemandes ou alliées, elle parvient à accomplir sa mission. Sur le chemin du retour, elle échappe de peu à la mort, car elle doit franchir de nouveau la ligne de front :

> « Je me suis trouvée devant un grand espace découvert, écrit-elle, un peu comme un terrain d'aviation que je traversai en diagonale. Tout à coup sur ma droite, un coup de feu éclata. Je suis absolument sûre que c'était moi que l'on visait car j'ai vu

20. Jean-Paul Lefebvre-Filleau, *Femmes de la Résistance 1940-1945*, *op. cit.*

le feu sortir du canon du fusil et j'ai entendu le bruit du coup exactement du centre du tympan. La balle n'a pas dû tomber bien loin. Je descendis de ma bicyclette et me couchai sur le sol. Le tireur dut croire qu'il m'avait eue. Je restai immobile un certain temps, puis prudemment me relevai et continuai à traverser ce terrain en tenant ma bicyclette à la main. En arrivant au bout, je m'aperçus que j'étais chez les Américains[21]. »

Après la guerre, Odile de Vasselot poursuit ses études, obtient une licence d'histoire à la Sorbonne, devient enseignante dans le secondaire à Sainte-Marie à Neuilly-sur-Seine, puis prend la direction du collège Sainte-Marie du Trocadéro à Paris. Fervente catholique, elle entre en 1947 dans la communauté apostolique Saint-François-Xavier qui l'envoie fonder, en 1962, le collège et lycée Sainte-Marie à Abidjan, en Côte d'Ivoire. Elle y fait la connaissance du président Félix Houphouët-Boigny. Revenue en France en 1988, elle donne de nombreuses conférences relatant l'histoire de la Résistance. Elle distribue également des repas aux personnes démunies *via* la Banque alimentaire, passant ensuite sa retraite avec d'autres religieuses de Paris.

Centenaire depuis le 6 janvier 2022, cette dame admirable est titulaire de plusieurs décorations : commandeur de la Légion d'honneur, croix de guerre 1939-1945, médaille de la Résistance française. Elle dit que « résister exige en premier lieu de ne pas baisser les bras devant l'intolérable. Il faut combattre les préjugés raciaux et sociaux[22] ».

21. Odile de Vasselot, *Tombés du ciel. Histoire d'une ligne d'évasion*, éditions du Félin, 2005.
22. Citée par Jean-Paul Lefebvre-Filleau, *Femmes de la Résistance 1940-1945*, *op. cit.*

6

Brehmer : la division maudite et méconnue de 1944

On connaît les crimes horribles de la division *Waffen-SS* Das Reich dans le Limousin en juin 1944. Or, une autre division maudite a également commis de nombreux massacres durant cette période. Il s'agit de la division Brehmer, souvent méconnue du grand public.

Des territoires en partie libérés avant le 6 juin 1944

Dès mars-avril 1944, avant même le débarquement des Alliés en Normandie en juin, la Résistance occupe et libère des territoires français, par l'implantation de nombreux maquis dans les Landes, les Pyrénées, en Périgord, en Limousin, dans le Massif central, dans les Alpes, dans l'Ain, en Bretagne, dans les Vosges et ailleurs.

Le 16 mars 1944, le préfet de la Dordogne adresse un rapport alarmant à Vichy sur « l'accroissement du terrorisme » dans ce département :

> « À plusieurs reprises, j'ai eu l'honneur d'appeler votre attention sur le terrorisme qui sévissait en Dordogne et de vous faire part de mes craintes de voir la situation s'aggraver, si des mesures d'ordre importantes n'étaient prises dans le plus bref délai. Malheureusement, les événements confirment ces appréhensions. La

situation devient de plus en plus inquiétante. Les cambriolages, les vols, les agressions de toutes sortes se multiplient, ainsi que vous pouvez le constater par mes comptes rendus quotidiens. Dans presque toute l'étendue du département, les hors-la-loi agissent en maîtres, par bandes de 20, 30, 40 individus, sous le regard impuissant des gendarmes; leur audace devient de plus en plus grande. Avant-hier, à Saint-Pardoux, ils ont organisé un barrage sur la route, avec fusils-mitrailleurs, et contrôlaient la circulation. Le sous-préfet de Nontron fut lui-même arrêté et ne put passer qu'en montrant une carte d'identité sur laquelle ne figurait pas sa profession. Hier, c'était une voiture de ravitaillement de GMR [groupe mobile de réserve, force de maintien de l'ordre de Vichy - N.d.A.] qui était arrêtée près de Thiviers, et deux gardiens désarmés. Le nombre des assassinats se multiplie. À part les agents des groupes urbains de Périgueux et de Bergerac, et la Gendarmerie, sur lesquels il ne faut pas compter en raison de leur dispersion et de la faiblesse de leur armement, et en qui je n'ai d'ailleurs aucune confiance pour la répression du terrorisme, les forces de police actuellement en Dordogne sont : GMR du Périgord, GMR de l'Albigeois, escadrons 1/3, 2/3, 4/3, 4/5, soit 350 hommes disponibles.

« Malgré leur activité, les opérations entreprises par les forces de l'ordre n'ont pas donné jusqu'à ce jour d'intéressants résultats, en raison de la mobilité des groupes de terroristes, de leur puissant armement, de la fragilité des renseignements obtenus, ainsi que du manque de moyens mis à leur disposition (manque d'essence et d'armement).

« Ne possédant aucune base de calcul, il est très difficile d'évaluer le nombre de hors-la-loi. Cependant on peut dire que ceux-ci sont plusieurs milliers. Parmi eux, et principalement dans les cadres FTP communistes, il y a beaucoup d'Espagnols.

« Afin de mener des opérations qui dépassent maintenant le cadre d'actions de police pour devenir une véritable entreprise de guerre, il est absolument nécessaire d'envoyer en Dordogne de nombreux effectifs, comprenant au moins deux mille hommes avec des moyens puissants. Pour diriger ces opérations, il faut également un militaire d'un grade suffisamment élevé pour imposer aux officiers de la Garde mobile, des GMR et de la Gendarmerie : un colonel de la Garde mobile ayant les pleins pouvoirs me semblerait indiqué.

« J'insiste très vivement sur la gravité d'une situation qui devient chaque jour plus alarmante. Le tableau que je viens de brosser n'est pas noirci à dessein. Il n'est que le reflet de la stricte réalité. Si on attend trop longtemps pour prendre des mesures qui s'imposent, les hors-la-loi et les bandes communistes finiront par devenir entièrement maîtres du département[1]. »

Une semaine auparavant, Georges Labarthe, second adjoint au maire de Terrasson, en Dordogne, écrit à sa mère :

> « Vous devez trouver que, dans mes lettres, je vous parle bien souvent des événements qui nous assaillent. C'est que vous ne pouvez pas vous figurer, vous qui habitez une contrée tranquille ; la Haute-Savoie, la Corrèze et la Dordogne sont évidemment les départements les plus troublés… Le plus extraordinaire de tout cela est que ces faits passent aujourd'hui pour de simples faits divers, monnaie courante quotidienne[2]. »

Le Périgord et ses environs attirent l'attention de l'occupant

Rien qu'en mars 1944, la Résistance du Périgord accomplit 489 actions armées, dont 45 sabotages ferroviaires, 54 attentats et attaques contre l'occupant ou les collaborateurs, 296 opérations commandos pour ravitailler les maquis.

Un document du quartier général de l'armée allemande en France, en date du 12 février 1944, signé du maréchal Hugo Sperrle, ne laisse planer aucun doute sur les méthodes répressives envisagées contre la Résistance et la population :

> « La mission prioritaire des prochaines semaines et des prochains mois est la pacification totale des régions infestées par des bandes, ainsi que la destruction des organisations secrètes de résistance et la confiscation de leurs armes.

1. Archives départementales de la Dordogne, Périgueux.
2. *Ibid.*

« Lorsqu'une troupe sera attaquée, d'une manière quelconque, que ce soit en colonne de marche, que ce soit dans son cantonnement ou dans une situation analogue, son chef devra immédiatement riposter de sa propre initiative, sans en référer préalablement aux autorités supérieures. Au nombre des mesures à prendre :

« - La riposte immédiate par les armes à feu. Si des innocents sont frappés, ce sera regrettable, mais la faute en incombera aux terroristes.

« - L'isolement immédiat de la zone entourant le lieu où l'acte a été commis, et l'arrestation de tous les civils se trouvant dans les parages, sans distinction de condition ou de personne.

« - L'incendie immédiat des maisons d'où les coups de feu sont partis. C'est seulement après l'exécution de ces mesures immédiates, ou d'autres mesures, qu'il sera fait un rapport.

« Dans le jugement des actions des commandants de troupe, l'esprit de décision est de première importance. Si un commandant de troupe agit avec mollesse et indécision, il mérite d'être sévèrement puni parce qu'il aura mis en danger la sécurité des hommes placés sous son commandement, ainsi que le respect dû aux forces armées. Les mesures prises, même considérées plus tard comme excessives, ne pourront pas entraîner de sanction[3]. »

Ce document ne fait finalement que reprendre les directives du maréchal Keitel du 16 septembre 1941 et du 16 décembre 1942 au sujet des territoires occupés.

Dès les 17 et 18 mars 1944, le général de brigade *SS* Carl Albrecht Oberg, le capitaine *SS* Alois Brunner, le lieutenant-colonel *SS* Heinz Röthke et le lieutenant-colonel *SS* August Meier, en liaison avec le haut commandement allemand en France, décident d'anéantir les maquis en Dordogne, Corrèze et Haute-Vienne, avant même un éventuel débarquement des Alliés :

« Les attentats contre nos troupes et les sabotages se multipliant, les plus hautes autorités militaires et policières allemandes en

3. Archives militaires allemandes, Fribourg-en-Brisgau.

France décident d'envoyer dans les régions du Périgord et du Limousin une division d'élite chargée de nettoyer les villes et la campagne. Les mesures les plus sévères seront prises. On commencera par incendier les fermes et à prendre 200 otages parmi la population. En cas d'arrestation, on prendra d'abord les Juifs et les Juives[4]. »

La mise sur pied de la division Brehmer

Le commandement militaire allemand accorde une grande importance à l'action d'envergure qui doit frapper la Dordogne, la Corrèze et la Haute-Vienne en mars et avril 1944. Il décide de mettre sur pied la division Brehmer, du nom du général commandant cette importante unité, en prélevant de la région parisienne les 1er et 5e régiments de sécurité, forts chacun de 3 bataillons, auxquels viennent se joindre le 958e bataillon de DCA, une compagnie de *feldgendarmes*, le 799e bataillon d'infanterie de Géorgiens (cantonné à Tulle et Périgueux), le 95e régiment de sécurité de Périgueux, la *Feldgendarmerie* n° 964 de Périgueux, la *Feldgendarmerie* n° 505 de Bergerac, une centaine de gestapistes de Lyon, de Limoges, Périgueux et Bergerac, soit un total de 8 000 hommes, renforcés par les 56e et 1000e régiments de sécurité, ainsi que par les 218e et 941e régiments de grenadiers de la *Wehrmacht*, ce qui porte ainsi la totalité des effectifs engagés à 16 000 combattants.

Walter Brehmer, un militaire de carrière

Le général Walter Brehmer, nommé à la tête de cette nouvelle division chargée de l'importante opération de ratissage en Périgord et en Limousin, est un militaire de carrière, né le 28 juin 1894 à Nordhausen, dans la région de Thuringe, en Allemagne. Le 8 mars 1913, il entre dans l'armée en tant que simple soldat au 15e bataillon du génie. Le 20 novembre, il passe aspirant et devient sous-lieutenant le 19 juin 1914. Le 2 août, il est muté au bataillon de génie de la 7e division de cavalerie. Il participe à la Grande Guerre au sein de cette unité, tout en étant promu au grade de lieutenant le 18 octobre

4. *Ibid.*

1917. Il passe capitaine en 1925, major en 1934, lieutenant-colonel en 1936. Devenu colonel en août 1939, il commande le 10e régiment de cavalerie, qui devient le 10e régiment de cavalerie motorisé. Du 2 septembre 1941 au 24 mai 1942, il prend le commandement de la 9e brigade blindée. Il commande ensuite le secteur de défense d'Erfurt en Allemagne, du 15 septembre 1942 au 20 août 1943. Nommé général le 1er mars 1943, il dirige la 325e division de sécurité, dont une partie forme la division Brehmer qu'il va ensuite commander en mars 1944. C'est un militaire sans état d'âme : il obéit aux ordres sans broncher, fidèle à l'idéologie pangermaniste du XIXe siècle qui affirme la supériorité de la race allemande sur les autres peuples.

Le Périgord et le Limousin deviennent zones interdites

Le 25 mars 1944, par arrêté des préfectures vichystes concernées, les régions du Périgord et du Limousin deviennent zones interdites à toute personne n'y possédant pas son domicile habituel, ou n'étant pas en possession d'une autorisation spéciale – à l'exception toutefois des réfugiés ou des évacués, qui doivent justifier leur qualité auprès des maires de leurs résidences.

Le mode opératoire de ratissage mis en place par la division Brehmer contre une localité mobilise généralement 2 ou 3 automitrailleuses, 3 ou 4 canons tractés de 25 mm, 5 ou 6 camions pour la troupe, d'une voiture pour les officiers, de plusieurs motos d'accompagnement et de liaison – en tout une centaine d'hommes. Les entrées et les sorties des routes principales sont barrées par des motos, des blindés et des camions placés en travers, canons et mitrailleuses en batterie et sentinelles encerclant la localité. Avant même le début des opérations, les généraux Oberg et Brehmer obtiennent non seulement du haut commandement militaire que les maquis soient anéantis, mais que les Juifs retrouvés soient arrêtés, exécutés ou déportés (femmes et enfants compris).

Pour mener à bien cette opération, la division Brehmer peut compter sur la remise des listes des Juifs détenues par les préfectures vichystes. Dès le 25 janvier 1944, le directeur général de la police nationale fait connaître au secrétaire général du Maintien de l'Ordre de Vichy les consignes suivantes :

> « Par une note du 20 novembre 1943, qui vient seulement de me parvenir, le commandant de la police allemande de Sûreté et du

SD vient de me demander de donner des instructions aux préfets de la zone Sud, pour que les services allemands de police puissent prendre connaissance au siège de chaque préfecture de la liste des Israélites français et étrangers[5]. »

Avant même de passer à l'action, le général Brehmer fait publier par le préfet de Dordogne un avis, adressé ensuite aux maires du département :

> « Tout terroriste ou groupement de terroristes doit être immédiatement signalé à l'Autorité française ou allemande.
>
> « Il est interdit à quiconque de loger les gens du maquis ou de les aider.
>
> « Toute personne qui conviendrait à la prescription précédente courrait le risque de voir sa maison incendiée.
>
> « Toute personne qui connaîtrait un camp ou campement de terroristes et qui ne les signalerait pas aux autorités françaises ou allemandes devrait s'attendre à être sévèrement punie[6]. »

La division Brehmer multiplie les massacres

Le samedi 25 mars 1944, les différentes forces de la division Brehmer se regroupent dans la région d'Angoulême. L'opération de ratissage doit débuter le dimanche 26 mars, à l'aube, au même moment que l'opération en Haute-Savoie contre le maquis des Glières, alors menée par la 157e division allemande de montagne du général Karl Pflaum.

Les unités des forces de l'ordre de Vichy (groupes mobiles de réserve du Périgord, de l'Albigeois, de Gascogne, de Gergovie, escadrons 1/3, 4/5, 4/3 et 2/3 de gardes mobiles), alors cantonnées en Dordogne, assurent un blocage au nord du département, vers la Haute-Vienne, sans intervenir directement lors des opérations répressives. Assez curieusement, les forces du Maintien de l'Ordre de Vichy laissent le sud du département libre de tout barrage.

5. Archives nationales, Paris.

6. Archives départementales de la Dordogne, Périgueux.

Les maquis appliquent la guérilla mobile, si bien que les attaques allemandes vont totalement échouer lors des opérations de ratissage. La division Brehmer se venge alors sur les civils et les Juifs, en massacrant sans pitié de nombreux villageois.

Rien que le 26 mars 1944, 2 civils sont fusillés à Allemans, 1 à Beauronne, 28 à Brantôme, 2 à La Jemaye, 1 à Ribérac, 1 à Saint-André-de-Double, 1 à Saint-Laurent-des-Hommes, 5 à Saint-Martin-de-Ribérac, 1 à Saint-Médard-de-Mussidan, 3 à Saint-Médard-de-Double, 1 à Saint-Paul-la-Roche, 5 à Saint-Sulpice-de-Roumagnac. Parmi les victimes, on compte de nombreux Juifs.

Le 27 mars, la division Brehmer poursuit impitoyablement son action répressive : 13 civils sont passés par les armes à Brantôme, 4 à Candillac, 4 à Champagnac-de-Belair, 1 à Condat-sur-Trincou, 5 à Saint-Crépin-de-Richemont (dont 2 femmes), 26 à Sainte-Marie-de-Chignac, 5 à Saint-Pancrace, 5 à Villars. Les Juifs sont particulièrement visés de nouveau.

Le 28 mars, on compte 2 nouvelles victimes à Saint-Front-d'Alemps. Le 29 mars, 5 Juifs sont massacrés à Château-l'Évêque, 1 Juif à Clermont-d'Excideuil, 1 civil et 2 Juifs à Corgnac-sur-l'Isle, 1 Juif à Lanouaille, 1 civil à Lempzours, 4 Juifs à Nantheuil-de-Thiviers, 2 civils à Preyssac-d'Excideuil, 2 Juifs à Saint-Germain-des-Prés, 1 Juif à Saint-Médard-d'Excideuil, 4 civils à Saint-Romain-et-Saint-Clément, 2 Juifs à Sarliac-sur-l'Isle, 1 Juif et 4 civils à Sarrazac, 1 civil à Vaunac.

Le 30 mars, 6 civils sont fusillés à Auriac-du-Périgord, 3 à Azerat, 1 à Chasteaux, 1 Juif à Coly, 2 Juifs à Condat-sur-Vézère, 2 civils à Fanlac, 11 Juifs et civils à La Bachellerie, 1 Juif à Montignac, 1 civil à Saint-Amand-de-Coly, 3 civils à Saint-Rabier, 4 civils à Villac, 1 à Azerat, 1 à Arnac-Pompadour, 2 à Coly, 5 à Condat-sur-Vézère, 2 à Cublat, 2 Juifs à Jayac, 2 civils à Nadaillac, 2 Juifs à Saint-Médard-d'Excideuil, 2 Juifs et 1 civil à Saint-Rabier, 6 civils à Terrasson, 1 Juif et 3 civils à Thenon, 1 civil à Valojoulx.

Le 1er avril, la division Brehmer poursuit les fusillades contre les civils et les Juifs : 1 Juif à Annesse-et-Beaulieu, 2 à Azerat, 2 civils à Chavagnac, 1 à Cornil, 4 Juifs à Hautefort, 1 civil à La Cassagne, 1 Juif à Le Lardin-Saint-Lazare, 1 civil et 7 Juifs à Sainte-Orse, 3 Juifs à Saint-Pantaléon-de-Larche, 1 Juif et 1 civil à Saint-Pierre-de-Chignac, 2 civils à Terrasson, 5 Juifs à Thenon, 4 Juifs à Tourtoirac.

Le 2 avril, les communes d'Alles-sur-Dordogne, d'Azerat, de Génis, Marquay, Saint-Hilaire-Peyroux, Saint-Martial-d'Albarède, de Tulle et de Venarsal subissent la féroce répression nazie, avec 21 victimes fusillées, dont 10 Juifs ou Juives.

Du 3 au 16 avril 1944, les communes de Lonzac, Noailles, Brive, Lacelle, Saint-Ybard, Treignac, Aubas, Le Lonzac, Moustier-Ventadour, Saint-Just-le-Martel, Saint-Priest-de-Gimel, Bugeat, Eymoutiers, Peyrat-le-Château, Rempnat, Saint-Hilaire-les-Courbes, Tarnac, Ussel, Meilhards, Lacelle, Saint-Amand-le-Petit, Saint-Germain-les-Belles, Vignols, Turenne, Ligueux, Sorges, Noailhac, Martignac-sur-Jalle sont également victimes de la sauvagerie de la division Brehmer, avec 77 nouvelles victimes assassinées, dont 28 Juifs.

Le bilan des pertes civiles et juives du 26 mars au 19 avril 1944 se monte à 347 personnes, abattues par les nazis de la division Brehmer.

L'historien allemand Ahlrich Meyer remarque :

> « C'est au printemps 1944 (et plus particulièrement à Brantôme) que débuta une première phase de meurtres "sauvages" des Juifs sur le territoire français : une constatation qui n'avait pas été mise en évidence jusqu'alors par la recherche historique[7]. »

Les enquêtes des archives départementales de la Dordogne et des départements voisins abondent sur les méthodes répressives employées par les Allemands de la division Brehmer, visant à terroriser la population, dont voici un exemple :

> « Le 26 mars 1944, vers 17 h 30, plusieurs véhicules allemands arrivèrent à Saint-Sulpice-de-Roumagnac, remontèrent devant les écoles et stoppèrent. Un poste de commandement s'installa au château du Puy. Pendant ce temps, des patrouilles à pied remontaient de la route de Ribérac-Mussidan, à travers bois et champs, fouillant les villages et les fermes. À 18 h 30, M. Albert Saumet, 43 ans, qui était occupé à l'arrachage de topinambours dans un champ, servit de cible à l'une des patrouilles allemandes. Ayant tenté de fuir, il tomba foudroyé par de nombreux coups de feu. Le village de Planche fut encerclé, les habitants jetés hors des maisons et alignés devant un mur. Même opération au village de La Vergne. Vers 19 heures, Henri Gilaude, 40 ans, cultivateur non loin du lieu-dit Grabit, à Saint-Sulpice-de-Roumagnac,

7. Ahlrich Meyer, *L'Occupation allemande en France*, éditions Privat 2002.

fut arrêté à son domicile, sans motif précis, par des militaires allemands armés jusqu'aux dents, les casques couverts de filets et de branchages. Conduit dans un chemin, à proximité du hameau de Grabit, il fut abattu d'une rafale de mitraillette après avoir été dépouillé d'une somme de 2000 francs. Trois autres habitants de cette commune subirent le même sort. En effet, les Allemands s'étaient présentés au hameau des Cluzeaux, chez Mme Choucherie, née Briyassou. Là, se trouvaient à table ses petits-fils, Roger Barrat, 30 ans, cultivateur, son demi-frère Marcel Barrat, 20 ans, et leur neveu, Henri Duranthon, 23 ans, interprète comptable à l'entreprise Pichor à Paris. Après avoir minutieusement fouillé la maison, les soldats de la division Brehmer emmenèrent les deux fils Barrat et leur cousin. En bordure d'un chemin allant au village de La Vergne, à un kilomètre de la maison, les trois jeunes gens furent fusillés. Leurs cadavres furent découverts le lendemain, à 10 heures, par Mme Charrier, de Ribérac, qui se rendait chez son fils, à Saint-Sulpice-de-Roumagnac[8]. »

Le même jour, les Allemands encerclent la commune de Saint-Michel-de-Double dès 6 heures du matin. De vastes incendies, provoqués par les nazis, dévorent déjà les bois alentour. Les villageois qui veulent éteindre les feux sont contraints de ne pas bouger, placés sous la menace des mitraillettes et des fusils. Les Allemands se présentent ensuite, vers 12 heures, chez Marcel Éclancher, 36 ans, à La Font-du-Chausse. Ils lui demandent ses papiers d'identité, le traînent dehors et l'exécutent. Poursuivant leur œuvre destructrice, les nazis ordonnent, vers 16 heures, à Mme Lucie Éclancher, née Delord, de quitter sa ferme avec sa belle-mère et ses quatre enfants et y mettent le feu[9].

Le 1er avril 1944, un certain nombre de personnes sont convoquées à la mairie de Thenon. Les Allemands veulent savoir, comme partout ailleurs, où se trouvent les maquisards. Devant le silence des civils, ils se vengent sur les Juifs arrêtés, dont Denis Juhász, 32 ans, photographe, et son frère Étienne, 27 ans, tous deux Juifs hongrois réfugiés dans ce bourg. Conduits à la mairie, sommairement interrogés, ils sont ensuite transportés par trois Allemands au lieu-dit La Garde, commune d'Ajat, et contraints de rentrer dans un bois, en bordure de la route. Malgré les suppliques d'Étienne, ils sont

8. Archives départementales de la Dordogne, Périgueux.
9. *Ibid.*

exécutés. Il en est de même pour Isaac Zolty, 43 ans, demeurant au lieu-dit Fontchavade, à Thenon, et pour Israël Isidore Reifeisen, 47 ans, domicilié au 5 rue des Cébrades à Notre-Dame-de-Sanilhac (Dordogne), abattus ce même jour à Thenon. Tous étaient Juifs[10].

Plus de 300 communes sont investies par les Allemands, pillées et parfois incendiées. De très nombreuses fermes des environs sont détruites par les flammes ou l'artillerie.

Outre les 347 civils et Juifs abattus, on déplore également 10 000 arrestations, dont la moitié est maintenue, sans oublier 499 Juifs déportés.

> « À chaque fois, écrit Guy Penaud, le scénario avait été le même : le bourg avait été cerné, les issues étant gardées par des sentinelles armées. Puis des hommes fortement armés étaient descendus des véhicules. Le maire et le secrétaire de mairie avaient été fermement invités à fournir la liste des Juifs, celle des communistes ainsi que les emplacements des camps de maquisards. Enfin, les perquisitions avaient commencé. Les suspects avaient été regroupés et interrogés, avant d'être transférés à Périgueux, Tulle ou Limoges, s'ils n'avaient pas été purement et simplement fusillés[11]. »

Dans de nombreuses localités, les maires refusent de fournir la liste des Juifs et d'indiquer l'emplacement des maquis des environs : en guise de représailles, les Allemands pillent, incendient des habitations et massacrent des civils. La *Gestapo* de Limoges fournit au général Brehmer de nombreuses listes de Juifs, facilitant ainsi les fusillades, les arrestations et les déportations.

Malgré tous les crimes commis durant cette quinzaine sanglante par la division Brehmer, cette opération de ratissage contre la Résistance se termine par un échec, puisque les nazis, bien qu'ayant dévasté toute la région et semé la terreur parmi les civils, n'ont obtenu aucun résultat notable contre les maquis, demeurant insaisissables, grâce à une guérilla mobile et un repli tactique particulièrement habiles.

---

10. *Ibid.*
11. Guy Penaud, *Les Crimes de la division Brehmer, mars-avril 1944*, éditions La Lauze, 2004.

Des crimes souvent impunis

En juillet 1950, le tribunal militaire permanent de Bordeaux est chargé de juger les principaux criminels de guerre de la division Brehmer. Tous sont en fuite à ce moment-là. De ce fait, le général Walter Brehmer est le seul à être condamné à mort, et encore l'est-il par contumace, le 10 octobre 1950. Étant toujours détenu en Union soviétique, il est libéré par les Russes le 9 octobre 1955. Il meurt paisiblement, le 19 septembre 1967, à Hambourg, sans avoir été inquiété par les autorités allemandes.

Un unique officier, Ernst Ponsel, 44 ans, qui commandait le 958e bataillon de DCA, à qui l'on impute 30 assassinats de civils et plus de 50 incendies volontaires, est également jugé. D'abord condamné à mort par le tribunal militaire de Limoges, il obtient que le jugement soit cassé. De nouveau condamné par le même tribunal, il sauve une nouvelle fois sa tête. C'est finalement celui de Bordeaux qui le condamne aux travaux forcés à perpétuité. Les juges lui ayant trouvé des circonstances atténuantes, il est libéré au bout de quelques années !

Le sous-lieutenant *SS* Michael Hambrecht, un des chefs de la *Gestapo* de Périgueux, arrêté à Stuttgart en janvier 1945, est également condamné à mort par le tribunal militaire de Bordeaux en février 1953 pour 174 assassinats. Il est rapidement gracié ! Quant à son chef régional, le *kommandeur SS* August Meier, de Limoges, dont le rapport adressé aux chefs *SS* Oberg et Knochen a été à l'origine des nombreux crimes de la division Brehmer, il est arrêté en Allemagne le 5 septembre 1949 : son procès se déroule en France du 26 au 28 juin 1952. On lui trouve également des circonstances atténuantes ! Il est d'abord condamné à 20 ans de travaux forcés, puis sa peine est immédiatement réduite de moitié. Il recouvre rapidement sa liberté, après seulement quelques années d'emprisonnement.

7

Les difficultés militaires américaines

On a longtemps présenté l'intervention militaire américaine en 1944-1945 comme une succession de victoires faciles, contre un adversaire allemand en pleine déroute. La réalité, quoi qu'en dise la propagande du cinéma des États-Unis, est bien différente.

En Normandie, entre juin et août 1944, l'armée américaine peine à vaincre l'adversaire allemand. La percée du front normand, qui devait normalement s'effectuer en quelques semaines, se prolonge pendant près de trois mois devant la résistance acharnée des troupes de l'occupant, malgré l'écrasante supériorité numérique et matérielle des Alliés. Pire, à Omaha Beach, le 6 juin 1944, les Américains manquent d'être rejetés à la mer.

Omaha Beach la sanglante

En effet, les 1re et 29e divisions américaines d'infanterie débarquent, le 6 juin 1944, dans des conditions très difficiles en Normandie, à Omaha Beach.

> « Le mauvais temps, écrit Philippe Lamarque, pose de graves problèmes de repérage. La marée est plus haute que prévu. L'angle des rampes d'assaut sur le sable s'en trouve affecté, et la menace

> des obstacles immergés s'avère plus importante. Les pertes sont dues à des chalands submergés, ayant heurté des obstacles minés, ou ayant subi un coup au but de l'artillerie côtière.
>
> « À Omaha, les 1re et 29e divisions perdent presque tout leur potentiel en chars et en engins de combat du génie avant d'atteindre la terre ferme. Elles restent bloquées sous le mur antichar en béton. Elles rencontrent une mauvaise surprise, non décelée par les services de renseignements qui ont mal évalué le "comité d'accueil" (*sic*) : outre le 726e régiment d'infanterie de la 716e division de fortification, surgit le renfort inattendu des 914e et 916e régiments de la 352e division d'infanterie. Ayant subi le marmitage dans des positions aménagées, elles comptent assez de survivants pour clouer l'assaut sur la plage[1]. »

Les 29 chars Sherman coulent presque en totalité et une large partie des 180 péniches chavirent. Les fantassins américains débarquent sous un terrible déluge de feu. Il leur faut parcourir 200 mètres de plage pour trouver un abri.

Un compte rendu du 5e corps d'armée constate, à 7 h 30, une situation pour le moins catastrophique :

> « Nos unités d'assaut sont en train de fondre à vue d'œil. Nos pertes sont très élevées. Le tir de l'ennemi nous empêche de nous emparer du rivage[2]. »

À 9 heures, la situation semble si critique que le général Omar Bradley envisage de cesser les opérations de débarquement dans ce secteur. Le colonel Taylor, engagé dans l'action, constate :

> « Il y a deux sortes d'individus qui restent sur la plage ! Les morts et ceux qui vont mourir ! Foutons le camp d'ici en vitesse[3]. »

Bradley ordonne alors à la flotte de tirer à nouveau sur les défenses allemandes. Cette décision capitale permet aux soldats de progresser enfin, d'autant que l'infanterie allemande, à court de munitions, doit

1. Philippe Lamarque, *6 juin 1944, le Débarquement, opération Overlord*, éditions CMD, 2001.
2. Archives du mémorial de Caen.
3. *Ibid.*

se replier. Les Américains parviennent à établir une fragile tête de pont de 1 à 2 kilomètres, au prix de très lourdes pertes, avec 3 000 soldats hors de combat (tués, blessés et portés disparus) sur l'unique plage d'Omaha Beach.

Un appui feu considérable pour vaincre

Par la suite, la très difficile progression américaine en Normandie exige un appui feu considérable, en artillerie lourde et bombardiers, pour repousser les contre-attaques allemandes, et enfoncer les positions. Luttant souvent à un contre trois, voire parfois à un contre dix, les troupes allemandes parviennent cependant à contenir les unités américaines.

De plus, on ignore souvent que 60 % des troupes alliées débarquées en Normandie sont britanniques, canadiennes et autres alliées non américaines. De même que 75 % des blindés allemands engagés sur ce front affrontent des divisions britanniques et canadiennes. La percée américaine est enfin assurée en août 1944, grâce aux divisions britanniques et canadiennes qui parviennent à fixer la majorité des divisions ennemies dans le secteur de Caen. Mais il y a plus grave : le général américain Bradley laisse filer de la poche de Falaise une grande partie de l'armée allemande, faute de ne pas avoir assuré suffisamment l'encerclement. Falaise n'est ainsi qu'un demi-succès.

Fautes tactiques et stratégiques sur le terrain

Quelques jours plus tard, le commandement américain néglige la possibilité d'un nouvel encerclement sur la Seine de l'adversaire allemand, pourtant en pleine retraite. En septembre et octobre 1944, le général américain Eisenhower, qui assure la conduite des opérations des troupes alliées du front ouest, disperse ses divisions en Bretagne, en Lorraine et en Belgique, alors que la priorité serait de foncer sur la Ruhr, poumon économique et industriel du IIIe Reich, mission uniquement confiée à la Ire armée américaine qui, faute de moyens suffisants, échoue.

La zone boisée de Hürgten, étendue sur 132 km^2 à l'est de la frontière belgo-allemande, est le lieu d'une terrible bataille, qui a lieu du 12 novembre 1944 au 10 février 1945. 120 000 soldats américains y affrontent 80 000 soldats allemands. Les troupes américaines subissent un véritable calvaire dans cette immense forêt, y piétinent sans gloire, tout en déplorant 33 000 de leurs soldats tués, blessés ou évacués pour raison de santé. Les Allemands comptent 29 000 soldats tués ou blessés.

À l'automne 1944 et durant l'hiver 1944-1945, l'armée américaine s'enlise. Ses attaques sont décousues et maladroites, contre un adversaire pourtant moins nombreux. En novembre 1944, l'offensive américaine générale échoue. Un mois d'assauts aussi stériles qu'inefficaces, le commandement allemand n'a même pas eu besoin d'engager ses réserves. Il peut ainsi lancer une contre-offensive surprise, le 16 décembre 1944, qui met en déroute les premières lignes américaines. Le mauvais temps et les problèmes logistiques ralentissent la percée allemande, davantage que la résistance américaine. Au final, cette bataille se termine par la mise hors de combat de 70 000 soldats américains (tués ou blessés) contre 58 900 soldats allemands, sans oublier 800 blindés et 600 avions américains détruits, contre 600 blindés et 800 avions allemands mis hors de combat. La bataille des Ardennes n'est en rien un triomphe de l'armée américaine, même si l'adversaire allemand doit stopper son offensive.

Il convient cependant de souligner que le soldat américain a lutté avec bravoure pour libérer la France et une partie du reste de l'Europe. Parfois mal commandé, il a néanmoins fait preuve d'abnégation et de courage dans bien des cas, contre un adversaire redoutable et souvent fanatisé.

8

Provence, août 1944 : un débarquement méconnu

La mémoire collective se souvient du débarquement en Normandie en juin 1944, mais on connaît moins celui qui s'est déroulé en Provence en août 1944, et qui fut suivi de plusieurs batailles dans le sud-est de la France.

Faisant suite à celui de Normandie, le débarquement de Provence représente la seconde phase de la libération de la France. Les Alliés engagent 400 000 hommes dont 250 000 soldats français, contre 210 000 soldats allemands. La participation française y est donc considérable. On compte cinq divisions d'infanterie et deux divisions blindées françaises, formant l'armée B du général de Lattre de Tassigny : 1re division française libre (du général Brosset), 9e division d'infanterie coloniale (du général Magnan), 3e division d'infanterie algérienne (du général de Monsabert), 4e division marocaine de montagne (du général Sevez), 2e division d'infanterie marocaine (du général Doddy), 1re division blindée (du général Touzet du Vigier), 5e division blindée (du général de Vernejoul), plus les commandos d'Afrique du lieutenant-colonel Bouvet.

Les Américains engagent le 6e corps d'armée (du général Truscott), fort de trois divisions d'infanterie et d'une division aéroportée, dont l'ensemble appartient à la VIIe armée du général Patch. La force navale repose sur une armada de 880 navires de guerre alliés, dont 34 bâtiments français (cuirassé *Lorraine*, trois croiseurs, huit contre-torpilleurs, une douzaine d'avisos et d'escorteurs...). Il convient d'y ajouter 1 370 embarcations de débarquement. Le général Eaker, commandant les forces aériennes alliées en Méditerranée, aligne environ 5 000 appareils (chasseurs, bombardiers, avions de reconnaissance ou de transport).

Contre cet important déploiement de forces, la défense allemande des côtes françaises de la Méditerranée, de Perpignan à Menton, repose sur la XIXe armée allemande du général Wiese, regroupant sept divisions d'infanterie et une division blindée. Le Mur allemand de la Méditerranée aligne 600 ouvrages bétonnés. Toulon et Marseille forment deux places fortes redoutables, avec 400 pièces d'artillerie de tous calibres, dont des canons de marine de 340 mm. En revanche, la *Luftwaffe* est limitée à 120 chasseurs et à 110 bombardiers, tandis que la *Kriegsmarine* voit ses moyens réduits à une dizaine de sous-marins et à une trentaine de petits bâtiments de surface.

Le débarquement de Provence

La zone choisie pour les opérations commandos, aéroportées et les débarquements s'étend, à l'est de Toulon, de Hyères à Cannes, jalonnée par le cap Nègre, Cavalaire, Saint-Tropez, Sainte-Maxime, La Nartelle, Fréjus, Le Muy, Saint-Raphaël.

Le débarquement se déroule en trois opérations successives. Au cours de la nuit de J-1 (14 août 1944), une opération de couverture est confiée à des forces spéciales américaines et françaises, et à la 1re division aéroportée alliée. Les premières troupes, qui comprennent la brigade d'élite du colonel Walker (forte de trois régiments américains et canadiens), le groupe de commandos d'Afrique du lieutenant-colonel Bouvet (750 hommes) et le corps franc naval d'assaut du capitaine de frégate Sériot, doivent débarquer sur les deux flancs du front d'attaque, afin de neutraliser des batteries et d'accomplir divers sabotages. La division aéroportée doit être parachutée aux alentours du Muy, afin de bloquer la vallée de l'Argens et couper la route nationale n° 7 aux renforts allemands. Le jour J (15 août 1944), les trois divisions d'infanterie américaines (3e, 45e et 36e DI), soutenues par la 1re division blindée française, doivent débarquer entre Sainte-Maxime et Saint-Raphaël, afin de réduire les défenses côtières, et progresser rapidement à l'intérieur des terres, pour créer une tête de pont s'étendant d'est en ouest jusqu'à Théoule, les Adrets, Bagnols-en-Forêt, Trans-en-Provence,

Le Cannet, Collobrières et le cap Léoube ; ces différents points forment les jalons d'une ligne fictive appelée « ligne bleue ». La troisième phase du débarquement, à J + 1 (16 août), porte sur le déploiement des troupes françaises de l'armée B, qui doit s'emparer des camps retranchés de Toulon et de Marseille. Le 6e corps d'armée américain, lui, doit couvrir le flanc droit des unités françaises et progresser par la vallée du Rhône.

Ce plan minutieux s'accompagne de l'action massive de l'aviation qui, plusieurs semaines durant, bombarde les positions allemandes. Au cours de la journée du 15 août et de la nuit suivante, les bombardiers alliés accomplissent plus de 1 600 sorties contre les voies ferrées, les routes, les batteries côtières, les stations radars, les défenses des plages, les troupes et les postes de commandement. L'offensive aérienne sur les communications se poursuit jusqu'au 30 août, les chasseurs bombardiers attaquent les colonnes allemandes en retraite sur les routes, en particulier dans la vallée du Rhône, entre Valence et Montélimar, où 2 000 véhicules ennemis sont détruits.

L'armada navale se compose de convois partis d'Italie du Sud, d'Afrique du Nord ou de Corse. Dans la nuit du 14 au 15 août 1944, les commandos alliés approchent de la côte provençale. Ils ont quitté le port de Propriano en Corse dans la matinée, et se dirigent vers les îles d'Hyères et le cap Nègre. La mer est calme, le ciel suffisamment clair pour que la terre soit visible à la jumelle.

La brigade alliée Walker se charge des îles. Le secteur du Levant est rapidement occupé après quelques brefs combats : à l'est de l'île, la batterie du Titan n'est en réalité qu'une position factice habilement camouflée. Sur Port-Cros, les Alliés se heurtent à une résistance plus solide, et il faudra attendre le 17 août pour que la garnison allemande capitule.

Plus à l'est, le groupe français des commandos d'Afrique doit s'emparer par surprise des deux batteries lourdes (canons de 155 mm) du cap Nègre. À minuit cinq, le commandant Rigaud est le premier soldat français à accoster, à bord d'un canot pneumatique, sur la plage du Rayol. Les commandos français escaladent les cent mètres de la falaise du cap Nègre et enlèvent la batterie principale, après un combat audacieux.

Dès quatre heures du matin, le 15 août, 535 avions de transport et 410 planeurs déposent, autour du Muy, à La Motte, à Sainte-Roseline et à Roquebrune, près de 10 000 parachutistes alliés, avec 213 canons ou mortiers et 220 jeeps. Soutenus par les maquis de la région, les paras alliés s'emparent de plusieurs objectifs, libèrent Le

Muy, Draguignan, Saint-Tropez, et capturent l'état-major allemand chargé de la défense du littoral de Bandol à Menton.

Le moment est venu pour le 6e corps d'armée américain de débarquer. Depuis l'aube, 1 000 avions alliés ont déversé 800 tonnes de bombes sur les défenses allemandes, tandis que les 400 canons lourds de la flotte alliée tirent 16 000 obus. Les trois divisions américaines, appuyées par la 1re division blindée française, débarquent avec succès et progressent sur les plages de Cavalaire, de Pampelonne, de La Nartelle, de La Garonnette, du Dramont, d'Anthéor. Les divisions alliées percent les défenses des 242e et 148e divisions allemandes d'infanterie (DI). Dans la nuit du 16 au 17 août, le 6e corps d'armée américain occupe une tête de pont de 30 kilomètres de profondeur et de 40 de largeur. Plus de 130 000 hommes ont débarqué, avec 18 000 véhicules et 7 000 tonnes de ravitaillement. On dénombre 5 300 prisonniers allemands et 1 300 soldats alliés tués ou blessés.

Le 16 août 1944, le premier échelon français de l'armée B débarque sans interruption sur les plages de Sainte-Maxime à Cavalaire. Le général de Lattre de Tassigny se souvient de ce moment particulièrement émouvant :

> « Toutes ces divisions, avec leurs traits propres qui confèrent à chacune une si nette individualité, communient dans une ferveur identique. La France est là... Encore quelques heures et ses fils venus pour la libérer se jetteront dans ses bras.
>
> « Il faut pourtant patienter encore durant tout un jour. Mais le 16, à 17 heures, la minute attendue fiévreusement arrive enfin. Dans le lointain, on aperçoit la forêt des Maures qui brûle. D'un seul élan, sur tous les navires, tandis que montent les couleurs, la Marseillaise éclate, la plus poignante qu'on ait jamais entendue. Les torpilleurs de notre escorte et les croiseurs de l'amiral Jaujard qui depuis vingt-quatre heures soutiennent de tous leurs feux les premiers assauts de nos alliés, défilent, les équipages rangés à la bande, à contre-bord de mon bâtiment. Dans la splendeur lumineuse de cette soirée d'été provençale, avides, les yeux embués, le cœur étreint, tous regardent la terre qui leur apporte le premier sourire de la France retrouvée[1]. »

1. Général de Lattre de Tassigny, *Histoire de la première armée française*, éditions Plon, 1950.

Un fait nouveau bouleverse le planning de l'opération. Dès le 16 août, le général Wiese, qui commande les troupes allemandes du Sud-Est, reçoit l'ordre de se replier en direction de la Bourgogne et de la Franche-Comté. Deux divisions doivent cependant défendre Toulon et Marseille jusqu'à la dernière cartouche et en détruire toutes les installations portuaires.

Pendant que le 6e corps d'armée américain exploite le succès du débarquement en direction de la vallée du Rhône et de la route des Alpes, le général de Lattre, sans attendre le débarquement de la totalité de son armée, prend le risque d'attaquer presque simultanément Toulon et Marseille. Il veut faire vite, afin de ne pas laisser uniquement les Américains libérer le sud-est de la France.

Les batailles de Toulon et de Marseille

La garnison allemande de Toulon, positionnée dans 30 forts, avec 200 pièces d'artillerie et de nombreux bunkers, aligne 18000 hommes, issus de la 242e DI, de la *Kriegsmarine* et de la *Luftwaffe*. L'ensemble est sous les ordres de l'amiral Ruhfus. Le général de Lattre n'a que 16000 soldats, venus de la 3e DIA, de la 1re DFL, de la 9e DIC, du bataillon de choc et des commandos d'Afrique, une trentaine de chars et 80 canons de moyen calibre.

Malgré la faiblesse de ses moyens, le général de Lattre accomplit l'exploit de conquérir cette immense place forte en trois phases principales, marquant le déroulement de la bataille. D'abord la phase d'investissement (20 et 21 août) avec le groupement du général de Monsabert et le groupement du général de Larminat, formant un large demi-cercle d'Hyères à Bandol. Vient ensuite la phase de démantèlement (22 et 23 août), marquée par la progression difficile de la 1re DFL et de la 9e DIC à travers la ceinture extérieure orientale de la ville, que viennent soutenir commandos et tirailleurs de la 3e DIA. Arrive enfin la phase de réduction définitive des défenses intérieures, l'œuvre principale de la 9e DIC, et qui se termine le 27 août à 23 h 45 par la reddition de l'amiral Ruhfus et de ses dernières troupes.

Les exploits des troupes françaises sont nombreux. Dès le 18 août, un groupe des commandos d'Afrique, fort seulement de 60 hommes, s'empare de la batterie de Mauvanne, armée de quatre canons de 150 mm de marine, tue une cinquantaine d'artilleurs allemands et fait une centaine de prisonniers. La résistance allemande est presque partout acharnée : 15 blindés du 5e régiment de chasseurs d'Afrique sont détruits lors d'un raid vers l'arsenal de Toulon. Le 23, l'enlèvement du massif du Thouar cause la mise hors de combat (tués ou blessés) de 300 hommes de la 1re DFL. Le même jour, des éléments de pointe de la 9e DIC s'emparent du château de Font-Pré, où sont capturés 4 canons de 105 mm, 2 de 155 mm, 3 pièces antichars de 25 mm et 37 mm, sans oublier 120 soldats allemands. Le fort de la Poudrière n'est conquis qu'après des combats au corps à corps.

> « L'intérieur de l'ouvrage [la Poudrière], raconte le général de Lattre, n'est plus qu'un immense charnier couvert de décombres, où règne une épouvantable odeur de mort et que dévorent les flammes qui font à tout instant sauter des caisses de munitions. Deux cent cinquante cadavres jonchent le sol, alors que le nombre de prisonniers ne se monte qu'à 180 – dont plus de 60 sont grièvement blessés. C'est un spectacle dantesque qui, d'un seul coup, réveille en moi les plus tragiques souvenirs de Douaumont et de Thiaumont en 1916[2]. »

Malgré les bombardements aériens et les tirs de l'artillerie navale, la presqu'île de Saint-Mandrier résiste toujours, avec ses puissants canons de 340 mm. L'amiral Ruhfus s'y trouve à l'abri dans les galeries bétonnées. Il capitule après plusieurs déluges de bombes et d'obus alliés.

La bataille de Toulon, marquée par huit jours de luttes sanglantes, coûte 2 700 tués ou blessés aux troupes françaises, dont une centaine d'officiers. Chez les Allemands, on dénombre un millier de tués. 17 000 sont faits prisonniers et les Alliés s'emparent d'un butin de 200 canons. Le plus grand port de guerre de France est ouvert aux forces alliées pour servir de base à de nouvelles batailles.

À Marseille, le général allemand Schaefer, commandant de la 244e DI, aligne 13 000 hommes, 200 pièces d'artillerie de 75 à 220 mm. La prise de cette importante et puissante place forte est confiée à la 3e DIA du général de Monsabert, dont les effectifs, incomplets, ne dépassent pas 10 000 hommes, en comptant un groupement blindé d'appui de la 1re DB française.

> « À Marseille, écrit Paul Gaujac, poussés par Monsabert qui contrevient aux ordres de l'armée B, cuirassiers, goumiers et

2. *Ibid.*

tirailleurs pénètrent dans la ville, dégagent les FFI en mauvaise posture et obtiennent la reddition des Allemands avec un minimum de pertes.

> « Après de violents combats autour d'Aubagne, les fantassins nord-africains s'infiltrent en effet par la montagne à travers un dispositif auquel l'ennemi n'a pas eu le loisir d'apporter la même densité qu'à Toulon et dont les arrières sont menacés par le soulèvement des FFI déclenché le 21 août. Utilisant la tactique maintes fois éprouvée en Italie, les tirailleurs pénètrent par les faubourgs Est le 23 à l'aube et, traversant l'agglomération sous les ovations de la foule, parviennent au Vieux-Port, suivis bientôt des blindés [...]. S'ensuivent alors des combats de rue au cours desquels les points d'appui – dont celui de Notre-Dame de la Garde – sont réduits un à un[3]. »

La reddition du général Schaefer intervient quelques heures après celle de Ruhfus, le dernier bastion se rendant le 29 août 1944 dans la soirée. La bataille de Marseille se termine par la mise hors de combat de 825 hommes tués ou blessés dans les rangs français, contre 2 000 soldats allemands tués et 11 000 prisonniers.

Du 15 au 29 août 1944, le débarquement de Provence et les conquêtes de Toulon et de Marseille ont mis hors de combat 4 700 soldats français, tués ou blessés. Contre les troupes françaises, l'ennemi allemand déplore 5 000 tués et 30 000 prisonniers, dont 700 officiers. Deux de ses divisions sont détruites. L'avance française sur l'horaire prévu est d'une telle ampleur qu'elle va se répercuter sur toute la campagne.

Par la libération de Toulon et Marseille, les Alliés disposent en Méditerranée d'une immense base navale qui double celle de Normandie et contribue à approvisionner toutes les troupes engagées sur le théâtre européen. Les deux ports du Midi assurent pendant huit mois le débarquement de 14 divisions et le déchargement moyen de 18 000 tonnes de ravitaillement par jour.

3. Paul Gaujac, *La bataille de Provence*, 1943-1944, éditions Lavauzelle, 1994.

L'exploitation par la vallée du Rhône

Le général de Lattre décide alors de participer à la libération du sud-est de la France. Il s'affranchit des instructions limitées du général Patch (commandant la VIIe armée américaine), qui veut le cantonner à des missions subalternes. Les troupes françaises prennent une part décisive à la poursuite, sur 700 kilomètres, de la XIXe armée allemande. L'armée B est coupée en deux. À l'ouest, le groupement du général du Vigier remonte la rive droite du Rhône et explore les Cévennes et les monts du Lyonnais ; à l'est, la 3e DIA et la 2e DIM qui formeront bientôt, avec la 9e DIC, le corps d'armée du général Béthouart, progressent par les Alpes avant d'amorcer la réunion de l'armée à l'est de la Saône. Au centre de l'éventail, le 6e corps américain avance sur Lyon par la Nationale 7 et la route Napoléon. Après avoir franchi le Rhône dans la région d'Arles, le corps d'armée du général de Monsabert libère Montpellier, puis progresse en direction de Lyon par la bordure orientale du Massif central. La ville est libérée le 2 septembre par la 1re DB, la 1re DFL, les maquis locaux et les troupes américaines. Simultanément, le corps d'armée du général Béthouart relève les troupes américaines face aux Alpes, poursuit son avance le long du Jura en direction de la trouée de Belfort.

> « Progression régulièrement entravée, raconte Philippe Masson, par les difficultés logistiques, le manque de munitions et la pénurie d'essence. Le ravitaillement est entravé par les sabotages et les bombardements des voies de communication, en particulier dans le secteur de Montélimar où la route doit être déblayée au bulldozer dans une odeur effroyable de cadavres en décomposition[4]. »

À plusieurs reprises, aux abords de Beaune, de Nuits-Saint-Georges ou de Dijon, la 11e *Panzerdivision*, couvrant la retraite de la XIXe armée allemande, contre-attaque, afin de ralentir la progression des troupes alliées. Des combats ont lieu dans la région d'Autun, où la brigade allemande Bauer, forte de 5 000 soldats, est capturée par les troupes FFI et des éléments de pointe de l'armée de Lattre.

4. Philippe Masson, *Histoire de l'armée française de 1914 à nos jours*, éditions Perrin, 1999.

Le plan du général de Lattre finit par se réaliser. La jonction avec les forces alliées venues de Normandie s'accomplit à l'ouest du plateau de Langres, le 12 septembre 1944, entre un groupe de reconnaissance de la 2e division blindée du général Leclerc et un autre de la 1re DFL.

Le capitaine Simon, officier de la 1re DFL, se souvient de ce moment historique, quand la division Leclerc rencontre l'armée d'Afrique :

> « Je n'ai pas oublié l'immense joie de voir les premiers blindés de la division Leclerc venir à notre rencontre, nous qui venions de Provence, après de durs combats. Le bras Leclerc, venu de Normandie, tendait la main au bras de Lattre, partie d'Italie, de Corse et d'Afrique du Nord. Cette rencontre incarnait à nos yeux la victoire éclatante de l'armée française sur le nazisme, la fin des années sombres de l'Occupation[5]. »

Dès le 8 septembre 1944, les troupes FFI venues du Sud-Ouest, dont le célèbre corps franc Pommiès, luttent dans la région d'Autun avec le groupement Demetz de l'armée de Lattre. L'armée américaine Patch est engagée vers les Basses Vosges et en Lorraine. Elle est intégrée avec l'armée B, devenue Ire armée française, dans le 6e groupe d'armées du général américain Devers. Les deux corps d'armée du général de Lattre effectuent leur jonction et prennent position devant les Hautes Vosges et la trouée de Belfort, tout en assurant la couverture des Alpes du Nord.

Trois semaines d'efforts incessants et de victoires ont conduit les troupes françaises de la Provence jusqu'au Jura et au pied des Vosges. Vingt-cinq départements français, près du tiers territoire national, ont été libérés. Si on y ajoute tout le grand Sud-Ouest, plus de la moitié de la libération du territoire national est l'œuvre exclusive des forces françaises (maquis, armée de Lattre et division Leclerc). Les Ire et XIXe armées allemandes ont laissé 100 000 prisonniers aux mains des troupes françaises depuis le débarquement de Provence. Durant la même période, du 15 août au 19 septembre 1944, l'armée française du général de Lattre déplore 6 000 hommes hors de combat (tués ou blessés).

5. Archives de la Fondation de la France libre, Paris.

Cependant, fin septembre 1944, la progression des troupes françaises s'essouffle. Les difficultés logistiques s'accumulent et surtout, on assiste au rétablissement de l'armée allemande, qui s'appuie sur des positions solides, établies dans les montagnes des Vosges et devant Belfort. Le temps se dégrade, avec des pluies diluviennes et une chute des températures, annonçant un hiver rude et précoce.

9

Heinz Stahlschmidt, l'« ange gardien » de Bordeaux

De juillet 1940 à juillet 1944, le port de Bordeaux représente un lieu stratégique pour l'Allemagne : il facilite les échanges économiques avec l'Espagne, le Portugal et le Japon. De plus, une importante base sous-marine, avec son immense bunker, permet aux submersibles de l'Axe d'attaquer les convois alliés. Dès l'automne 1940, une trentaine de sous-marins italiens participent à la bataille de l'Atlantique aux côtés de leurs alliés allemands de la *Kriegsmarine*. En 1941, la 12e flottille sous-marine allemande s'installe également à Bordeaux-Bacalan. La base aérienne de Beutre-Mérignac, près de Bordeaux, accueille diverses escadrilles de la *Luftwaffe*. Une importante antenne de la *Gestapo* et du *SD* prend ses quartiers au Bouscat, en banlieue bordelaise, afin de lutter contre la Résistance locale. Les casernes de Bordeaux et ses environs voient se succéder diverses unités de la *Wehrmacht*. Les plages des environs sont étroitement surveillées par des patrouilles et des bunkers sont construits en quantité.

Le 16 août 1944, la situation des garnisons allemandes de Bordeaux devient précaire, après la progression des troupes alliées en Normandie et le succès du débarquement franco-américain en Provence. Les 30 000 soldats allemands et italiens présents en Gironde et dans les départements voisins risquent l'encerclement, d'autant que les nombreux maquis du Sud-Ouest multiplient les sabotages et les embuscades. Ces puissantes unités de la Résistance sont rapidement en mesure de converger sur Bordeaux pour y mener une bataille finale contre l'occupant.

Le commandement allemand envisage de quitter rapidement Bordeaux, notamment pour rejoindre les Vosges et le Grand Reich, tout en laissant de puissantes garnisons dans les réduits fortifiés du Médoc, de Royan et de La Rochelle, permettant ainsi de fixer des troupes françaises et alliées sur un nouveau front, à savoir celui de l'Atlantique.

Se pose alors la question du sort du port stratégique de Bordeaux. Les directives allemandes sont claires à ce sujet : détruire les quais sur une dizaine de kilomètres et couler les nombreux navires s'y trouvant accostés, afin de rendre le port inutilisable pour les Alliés, quitte à sacrifier, lors des explosions, la vie de 3 500 civils bordelais qui n'auront pu être évacués à temps.

Comment se fait-il alors que les quais aient été épargnés de la destruction, pourtant programmée, et que l'occupant se soit limité à saborder les navires proches ?

Un artificier allemand va jouer un rôle imprévu dans cette affaire.

Cependant, durant des décennies, certains notables de la ville, voulant faire oublier leur passé douteux sous l'Occupation, se sont attribué le titre de « sauveurs du port de Bordeaux ». Ils seraient intervenus auprès des autorités allemandes pour empêcher la destruction des quais et des immeubles environnants, sauvant ainsi la vie de 3 500 civils, et permettant la relance économique de la cité. De son côté, une partie de la Résistance bordelaise a cherché à s'attribuer ce fait d'armes qui ne lui appartient pourtant pas.

La polémique a duré pendant des décennies, jusqu'à la publication d'un article retentissant dans le journal *Sud-Ouest Dimanche* par le journaliste Christian Seguin, le 31 janvier 1993. Il faisait enfin la lumière sur cette affaire, en mettant en avant le rôle capital joué par un artificier allemand, jusque-là inconnu, à savoir Heinz Stahlschmidt, sous-officier de la *Kriegsmarine*, devenu ensuite Henri Salmide par sa naturalisation française.

L'Allemand qui a sauvé Bordeaux de la destruction

Heinz Ludwig Stahlschmidt voit le jour le 16 novembre 1919 à Dortmund, en Westphalie. Son père, Albert Reinhard Franz Stahlschmidt (1888-1937), catholique, dirige une entreprise de plomberie. Heinz l'accompagne en France en 1935 et en 1936, à l'occasion des foires internationales à Paris.

> « Mon père, raconte-t-il, était très sévère, mais il m'a appris la tolérance, les bonnes manières, le respect ainsi que l'ordre. Ancien combattant de 14-18, il espérait que l'Europe vivrait désormais en paix, tout en affichant une fibre patriotique. Je l'accompagnais sur les chantiers, alors que mon frère, Albert Johann Karl (1915-1992), pouvait suivre seul des études supérieures, car mes parents n'avaient pas les moyens de me permettre de faire de même. Surtout que mon père est décédé accidentellement le 22 septembre 1937, renversé par un véhicule. J'avais 18 ans à l'époque. Ma mère, Alma Auguste Lüke (1896-1976), protestante, a dû prendre un emploi à la Poste, suite à la mort de mon père.

> « Bon élève, je réussis, le 22 mars 1938, l'épreuve pratique d'installateur en plomberie. La Marine militaire allemande offrait la possibilité d'accomplir un service militaire de quatre années, permettant de suivre des cours pour devenir mécanicien. Je suis devenu marin le 10 septembre 1938. Après des semaines d'instruction militaire dans la caserne d'Eckernförde-Carlshöhe, près de Kiel, j'ai obtenu le grade de caporal breveté mécanicien le 1er octobre 1939[1]. »

Heinz Stahlschmidt embarque à bord du croiseur lourd *Blücher*, en tant que matelot mécanicien, à destination de la Norvège en avril 1940. Le 9, ce puissant navire est torpillé dans le fjord d'Oslo. Beaucoup de ses camarades périssent ce jour-là. Il doit sa survie grâce à un rouleau confectionné avec sa vareuse, lui permettant de conserver la tête hors de l'eau.

Le 25 juin 1940, Heinz Stahlschmidt se trouve à bord d'un navire de pêche norvégien, le *Portland*, transformé en bâtiment de guerre de surveillance côtière par la marine allemande. Baptisé V1107, il heurte une mine et coule au large de Stavanger. Dix-sept des 21 membres d'équipage survivent à l'explosion, dont Heinz, légèrement blessé.

Le 18 août 1940, il peut enfin goûter aux joies de la permission dans sa famille. Le 2 septembre, il se trouve à bord du transporteur de

1. Entretiens de l'auteur avec Henri Salmide (Heinz Stahlschmidt) en mai 1993 et consultation de ses archives personnelles.

troupe *Pionier* qui est coulé par le sous-marin britannique *Sturgeon* : seuls 422 des 760 membres de l'équipage survivent à ce torpillage, dont de nouveau Heinz Stahlschmidt.

> « J'ai survécu à trois naufrages en six mois, dit-il. Heureusement que j'étais un très bon nageur. Déjà à 17 ans, je suis resté huit heures et demie à nager dans un lac ! Pour ces trois naufrages, j'ai reçu trois décorations, dont la croix de fer de 2e classe. Je suis également promu quartier-maître de deuxième classe, en même temps que déclaré inapte à servir en mer. Début 1941, je rentre en Allemagne en attendant d'être affecté dans un service à terre, en tant que marin-mécanicien.
>
> « Envoyé en France à Ouistreham, en Normandie, le 1er février 1941, je rejoins le phare et les entrepôts militaires des environs. Souffrant des amygdales, je rentre à l'hôpital militaire allemand de Caen le 28 février 1941, où l'on me diagnostique une "amygdalite purulente". Soigné par un médecin allemand connaissant mon frère, je quitte l'hôpital le 3 mars 1941. Ce médecin providentiel fait le nécessaire pour me faire envoyer dans une région favorable à mon rétablissement, à savoir Bordeaux-Bassens, en Gironde.
>
> « J'arrive à Bordeaux en avril 1941. Ma santé étant devenue fragile suite aux naufrages dans les eaux glacées de Norvège, je suis de nouveau hospitalisé, cette fois à l'hôpital militaire Robert-Picqué à Villenave-d'Ornon. J'en ressors guéri le 8 juillet 1941[2]. »

Affecté à la logistique et l'intendance de la *Kriegsmarine*, se trouvant à la Bourse maritime sur les quais bordelais, il est chargé de ravitailler les navires en carburant, lubrifiant, nourriture, équipement, outillage et munitions. Entouré de vétérans de la Grande Guerre de 14-18, il fait figure de « jeune premier » avec son physique de beau gosse.

En novembre 1941, Heinz Stahlschmidt se rend en Allemagne pour devenir adjudant. Sa formation se poursuit en Hollande à Vlissingen et en Belgique à Ostende. Ayant également la possibilité de devenir artificier, il accomplit trois stages à Cuxhaven en Allemagne. Brillamment classé à la seconde place à la fin des examens,

2. *Ibid.*

il a la possibilité de choisir son affection. Sans hésiter une seconde, il choisit Bordeaux.

De retour dans la capitale girondine en mai 1942, avec le grade d'adjudant artificier, il s'occupe sur les quais des hangars maritimes A, B, C et D, remplis de matériels divers, dont des mines, essentiels pour les navires allemands chargés de sécuriser l'accès au port contre d'éventuels commandos britanniques.

> « Pour circuler parmi les installations du port, écrit Erwan Langeo, Heinz Stahlschmidt dispose de plusieurs laissez-passer permanents qui lui sont indispensables, de jour comme de nuit. Ses fonctions d'artificier lui procurent une liberté supplémentaire, celle d'aller et de venir dans les différents secteurs surveillés ! C'est également valable en cas d'alerte aérienne pour lesquelles il doit rejoindre son service. Il est moins soumis au couvre-feu que ses camarades à bord des navires ou même dans les autres pièces. En contrepartie de ses obligations, il obtient la permission de minuit lors de ses jours de repos.
>
> « Pour compléter son équipe, il est aidé par une dizaine de requis français avec qui il entretient de bons rapports. Il fait la connaissance de Jean Ducasse en mai 1943. Celui-ci était boulanger, veuf avec deux enfants. Le STO l'a conduit sur les quais[3]. »

En février 1943, l'adjudant artificier Heinz Stahlschmidt se rend de nouveau en Allemagne, mais cette fois pour suivre les cours d'officier de réserve. Il revient à Bordeaux le 30 avril 1943. Envoyé à Roque de Thau, près de Blaye, il se charge de la maintenance d'un dépôt de mines, puis retourne à Bordeaux au début de l'année 1944.

Durant sa longue période à Roque de Thau, Heinz Stahlschmidt fait la connaissance d'Henriette Buisson, âgée de 22 ans, dont il tombe amoureux, et sympathise avec son père, Henri Buisson.

De retour à Bordeaux fin mai 1944, l'adjudant artificier Heinz Stahlschmidt participe au minage du port de Bordeaux, sous les ordres du lieutenant Alfred Kunze. Cette mission se prolonge jusqu'à la fin du mois de juin 1944. Les quais de Bassens, près de Bordeaux, sont également minés dans les mêmes conditions.

3. Erwan Langeo, *Mardi 22 août 1944, Bordeaux 1940-1944, l'Allemand qui a refusé de détruire Bordeaux*, éditions Erwan Langeo, 2019.

> « L'ambiance n'était plus la même qu'auparavant, raconte Heinz Stahlschmidt, Les Alliés avaient débarqué le 6 juin 1944. Ça sentait la fin de la guerre…
>
> « Chaque matin, je prenais mon journal, un paquet de cigarettes et discutais avec les dockers français, en particulier avec Jean Ducasse au bar de *L'Ancre d'Or*. J'entretenais avec lui de bonnes relations depuis 1942, ainsi qu'avec M. Beausoleil, le propriétaire du bar, sans oublier le coiffeur du coin. Nous discutions souvent de l'avenir de la guerre. On en venait au sort du port de Bordeaux, risquant d'être détruit par des mines, dont j'avais en grande partie la responsabilité. Je devinais qu'ils avaient des liens avec la Résistance. Le 10 août 1944, je leur ai proposé de les aider à sauver le port de Bordeaux de la destruction. Durant la même période j'ai acheté, aux abattoirs près de la gare Saint-Jean, un poste radio pour écouter clandestinement les informations et les messages venus de Londres. Je savais qu'en France nous étions victimes de la propagande officielle qui n'annonçait que des bonnes nouvelles pour l'Allemagne, alors que la guerre tournait vraiment au vinaigre pour Hitler[4]. »

La destruction du port de Bordeaux et de sa région est prévue dans l'ordre d'opération du 19 août 1944 du général allemand Karl Sachs, commandant du 64e corps d'armée, dans un document confidentiel donnant les précisions suivantes :

> « Toutes les installations économiques et toutes les voies de communication doivent être détruites. Les destructions préparées seront exécutées à tout prix. Tout chef local est habilité à donner l'ordre d'exécution en cas de rupture de liaison avec l'autorité supérieure. Sont concernés : les ponts de la Garonne jusqu'à Agen, ceux de la Dordogne jusqu'à Bergerac, ceux du Lot jusqu'à Villeneuve-sur-Lot et ceux de l'Isle jusqu'à Périgueux[5]. »

Un autre ordre d'opération du 19 août 1944 du général allemand Albin Nake, commandant de la 159e division d'infanterie, présente les détails des destructions à opérer dans Bordeaux et ses environs.

---

4. Entretiens de l'auteur avec Henri Salmide (Heinz Stahlschmidt) en mai 1993 et consultation de ses archives personnelles.
5. Archives du centre national Jean Moulin, Bordeaux.

Cette mission repose sur le 15e bataillon du génie de la 159e DI, dont une section doit s'occuper des deux ponts de Bordeaux, une seconde section doit intervenir sur les deux ponts de Saint-André-de-Cubzac et la dernière section sur les deux ponts de la Dordogne à Libourne. La mise à feu doit débuter durant la nuit du 26 au 27 août pour les ponts de Bordeaux, et la nuit suivante pour les autres. Le lieutenant-colonel Würzer, rattaché au 9e régiment de grenadiers de la 159e DI, est chargé de l'ordre de la mise à feu pour le secteur de Bordeaux et de Saint-André-de-Cubzac, tandis que le général de brigade Botho Elster, futur commandant de la colonne Elster, doit se charger du secteur de Libourne.

> « Pour les quais de Bordeaux, écrit Erwan Langeo, la mise en place des artifices doit commencer le 24 août à partir de 17 heures et la mise à feu, d'abord prévue pour le 24 août à 20 heures, est reportée au 25 à 12 h 30.
>
> « Les destructions seront effectuées par des équipes du *Sperrwaffenkommando* de la rue du Couvent, commandées par le capitaine Hans Bünner et protégées par trois compagnies de sécurité du pont [...], commandées par le lieutenant Eric Mäge. Ces derniers doivent boucler le périmètre des quais ainsi que les rues adjacentes[6]. »

Le vendredi 11 août 1944, Heinz Stahlschmidt confirme au docker Jean Ducasse que le port de Bordeaux sera détruit très prochainement. Il lui propose également d'ouvrir la porte du bunker, sur les quais de Bordeaux, en face de la Raze, où se trouvent les détonateurs et les moyens d'allumage devant permettre la destruction. Ducasse se dépêche d'en informer son voisin William Dupuy, qu'il sait membre actif de la Résistance locale. Ce dernier demande à rencontrer Heinz Stahlschmidt

Le lundi 14 août 1944, Jean Ducasse emmène Heinz Stahlschmidt chez William Dupuy, au 58 allée Calypso, au Bouscat, près de Bordeaux. Il informe les deux Français qu'il cherche un homme disposé à enclencher le dispositif d'autodestruction qu'il aura préalablement installé, afin de détruire le bunker et son contenu, à savoir

6. Erwan Langeo, *Mardi 22 août 1944, Bordeaux 1940-1944, l'Allemand qui a refusé de détruire Bordeaux*, *op. cit.*

l'ensemble du dispositif d'allumage prévu pour détruire le port de Bordeaux. Il affirme que l'opération est sans risques.

Au moment de partir, la femme de William Dupuy, alsacienne de naissance et parlant couramment l'allemand, apparaît et déclare à Heinz Stahlschmidt que cette démarche courageuse est inutile et ne trouvera aucune suite auprès de son mari. Celui-ci, non germanophone et persuadé que son épouse confirme sa capacité de trouver un résistant pour passer à l'action, assure à son visiteur allemand qu'il peut compter sur lui ! Or, c'est exactement l'inverse de ce que son épouse vient d'affirmer !

Dupuy, cependant, fait tout son possible. Il rencontre un certain capitaine Guthux, officier de la Résistance locale, afin de communiquer avec le général Moraglia, un des chefs de la Résistance de la région. Dupuy tente également de contacter la Résistance de Dordogne, plus que méfiante au sujet de la proposition d'un adjudant artificier de la *Kriegsmarine* – ce qui peut se comprendre, à l'époque. Dupuy rencontre également Antoine Cayrel, maire du Bouscat, et dont le fils Jean-Claude est le chef d'un groupe de FTP stationné près de Latresne. Mais ces diverses démarches de William Dupuy n'aboutissent pas. La Résistance locale, victime de nombreuses arrestations et d'infiltrations de la *Gestapo*, se méfie de la proposition d'un sous-officier allemand.

Le jeudi 17 août 1944, Heinz Stahlschmidt rencontre de nouveau Ducasse et Dupuy au Bouscat, pour les informer que la destruction programmée du port de Bordeaux doit débuter le 24 ou le 25 août. Dupuy, dépité, déclare qu'il n'a trouvé personne au sein de la Résistance, excepté un docker, collègue de Ducasse et ancien légionnaire, qui réclame la somme de 100 000 francs pour agir.

Le samedi 19 août, Heinz Stahlschmidt prend de nouveau le risque de se rendre au Bouscat, afin de parler une nouvelle fois avec Dupuy et Ducasse. Il hausse le ton en apprenant que ses deux interlocuteurs comptent uniquement sur lui pour mener à bien cette mission. Il s'entretient ensuite avec Mme Dupuy qui lui dit toute son admiration pour son courage, et lui confirme qu'il pourra compter sur elle pour se réfugier à son domicile, après la destruction du bunker.

Le 21 août, les nouvelles démarches de William Dupuy arrivent à la connaissance du capitaine des pompiers Saldou, un des chefs de la Résistance bordelaise. Celui-ci comprend qu'il faut passer à l'action au plus vite pour sauver le port de Bordeaux de la destruction, avec l'aide d'Heinz Stahlschmidt. Il rencontre le général Moraglia et ils se rendent compte tous les deux que l'attaque du bunker est une opération difficile, l'ouvrage étant protégé en permanence par 40 soldats allemands, cantonnés à proximité. Saldou approuve cependant la possibilité d'engager, comme le propose Ducasse, le docker, ancien légionnaire, moyennant le versement d'une somme de 100 000 francs.

Le mardi 22 août 1944, Heinz Stahlschmidt rencontre de nouveau William Dupuy, mais cette fois sur les quais, et comprend tout de suite qu'il n'a trouvé personne de fiable pour détruire le bunker.

> « J'étais atterré, raconte Heinz Stahlschmidt. J'étais donc le seul à me soucier de la vie des probables 3 500 riverains qui allaient mourir par la suite des explosions sur les dix kilomètres de quais de chaque côté de la Garonne [...]. Par manque de moyens de transport, les dépôts de Saint-Médard-en-Jalles et de Roque de Thau ont été dynamités respectivement les 20 et 21 août 1944. Le dépôt de Sainte-Hélène avait été complètement vidé. Seul restait donc le dépôt d'explosifs des quais de Bordeaux [...]. William Dupuy m'a alors mis au courant des dispositions prises par le capitaine Saldou, à savoir la somme de 100 000 francs réclamés par un docker recruté par Ducasse, mais qui s'est finalement désisté.
>
> « J'ai refusé l'argent qu'on me proposait et qui ne trouvait pas sa place dans la mission terriblement morale que je m'étais initiée voilà déjà huit jours ! En revanche, si je sentais le vent tourner dans mon service avec mes collègues, j'ai exigé d'être protégé par la Résistance et souhaité la liberté après la guerre[7]. »

Le 22 août 1944, vers 15 heures, Heinz Stahlschmidt apprend de la bouche du lieutenant Alfred Kunze, un de ses supérieurs, qu'il doit quitter Bordeaux pour se rendre à Royan dès le lendemain. Heinz Stahlschmidt se rend compte qu'il doit agir vite. Il comprend que la Résistance bordelaise ne peut se permettre d'attaquer le bunker, défendu par une garnison de 40 soldats bien armés et pouvant être soutenus rapidement par 300 autres. Le capitaine Saldou ne peut réunir qu'un commando d'une dizaine de résistants, dans une ville encore occupée par les Allemands : la mission est tout simplement

7. Entretiens de l'auteur avec Henri Salmide (Heinz Stahlschmidt) en mai 1993 et consultation de ses archives personnelles.

suicidaire. Seul Heinz Stahlschmidt, sous le couvert de son uniforme allemand, peut passer à l'action.

> « J'ai décidé d'agir seul, raconte Heinz Stahlschmidt. J'avais en ma possession un sauf-conduit me permettant de me mettre à l'abri et je savais où me cacher une fois que je serais passé à l'acte [...]. Ce fatidique 22 août 1944, prétextant un contrordre, j'ai renvoyé vers 18 h 30 les requis civils qui travaillaient à proximité au chargement des mines sur les chalands. Ils semblaient tous se douter que quelque chose de grave allait se produire, car aucun n'a posé de questions et n'a traîné les pieds pour disparaître !
>
> « Alors que mes hommes, sous la conduite de sous-officiers continuaient le travail, j'ai pénétré dans le bunker pour préparer huit charges explosives [...]. Je suis ressorti pour voir si tout était normal à l'extérieur. Je suis repassé par mon bureau dans le hangar A pour prendre quelques effets personnels quand j'ai aperçu une bicyclette pour femme abandonnée contre un mur. Entre-temps, le couvre-feu était entré en vigueur et plus personne ne traînait sur les quais. Je suis alors revenu sur mes pas, j'ai ouvert de nouveau la porte du bunker et enclenché la mise à feu aux quatre coins des deux pièces. Je suis alors sorti en fermant la porte blindée. J'ai ensuite enfourché le vélo et je suis sorti par le portail n° 17, face à la bourse maritime, pour me diriger vers le Bouscat.
>
> « J'ai entendu l'explosion à 20 h 15, lorsque j'étais parvenu à la place Longchamps, au-delà du jardin public. C'est là que ma chaîne a déraillé. J'ai alors continué à pied. Parvenu barrière du Médoc, j'ai même offert à un cycliste de lui acheter sa bicyclette, mais ce dernier a disparu sans demander son reste. J'ai remonté l'avenue de l'Ermitage (actuelle rue Robert-Schumann) jusqu'à la rue Calypso. J'ai été accueilli par Mme Dupuy et sa fille qui m'ont caché à la cave. William Dupuy n'est arrivé que bien plus tard dans la soirée[8]. »

La destruction du bunker a des retombées considérables. Le commandement allemand, persuadé que la Résistance est à l'origine

8. *Ibid.*

de cette action, décide de traiter avec elle : l'évacuation des troupes allemandes stationnées dans l'agglomération bordelaise s'effectuera sans être entravée par les maquisards. À cette unique condition, des représailles massives ne seront pas exercées sur la population et la cité. Le port de Bordeaux est sauvé de la destruction par Heinz Stahlschmidt, ainsi que la vie des 3 500 Bordelais habitant près des quais.

Le 26 août 1944, l'entretien du commandant FFI Rougès avec le capitaine allemand de corvette Kühnemann ne fait que persuader l'occupant de la puissance de la Résistance bordelaise. Rougès annonce que des forces alliées considérables encerclent la ville. En réalité ce sont 3 000 résistants, modestement armés, qui font face à 9 000 soldats allemands bien équipés. On compte encore, dans le département de la Gironde, 30 000 soldats allemands. Il est vrai que de nombreux maquis du Sud-Ouest, qui regroupent environ 40 000 hommes, font route vers la ville. Après l'entrevue et la signature d'un accord dans les locaux d'un ancien cercle, cours du XXX-Juillet, le commandant FFI Rougès, muni d'un laissez-passer, regagne son maquis sur la rive droite de la Garonne. Ce sera le seul contact direct entre un membre de la Résistance et les Allemands, qui devront avoir quitté la ville le 27 août à minuit.

L'évacuation est plus longue que prévu. Le 28 août à 4 h 30, les dernières troupes allemandes quittent Bordeaux par la route de Carbon-Blanc. À 6 h 30, les colonels FFI Adeline et Druilhe, escortés par des maquisards, entrent dans la cité et se dirigent vers le quartier général de la région militaire, rue Vital-Carles. Ils occupent ensuite l'hôtel de ville. Les colonnes FFI défilent devant une foule immense. Des kermesses et de joyeuses manifestations s'organisent un peu partout.

Le 23 août 1944, le lendemain de l'explosion du bunker, Heinz Stahlschmidt est pris en charge par André Moga, valeureux résistant, résident au 100 cours de l'Yser. Il y reste caché jusqu'à la Libération. La famille Moga est très connue dans le monde du rugby de Bègles : Marceline, la mère, accueille le sauveur du port de Bordeaux comme un de ses fils. Les Moga protègent le nouveau venu de pseudo-résistants, des résistants de la dernière heure qui veulent éliminer « le Boche ». Il vient, pourtant, de sauver le port, et la vie de 3 500 Bordelais.

Une nouvelle vie et une reconnaissance tardive

Du 28 août au 15 novembre 1944, bénéficiant enfin de la protection des chefs FFI locaux, dont le capitaine Saldou, Heinz Stahlschmidt participe activement aux déminages de divers endroits de la ville, ainsi que dans les environs, notamment à la base aérienne de Beutre-Mérignac, à la base sous-marine de Bacalan, au Cap Ferret et ailleurs. Rendu à la vie civile le 7 mars 1946, il intègre le corps des sapeurs-forestiers de la Gironde le 1er avril 1947, avec le grade de caporal-chef, grâce à l'aide de la famille Moga. Il intègre ensuite le corps des sapeurs-pompiers du port autonome de Bordeaux et termine sa carrière au grade d'adjudant-chef. Il emménage avec Henriette Buisson, la jeune femme rencontrée à Roque de Thau, en avril 1944, qu'il épouse le 28 juin 1949. Ayant obtenu la nationalité française sous le nom d'Henri Salmide en décembre 1948, il reçoit la médaille d'honneur des sapeurs-pompiers le 19 juillet 1978. Il prend sa retraite le 13 novembre 1978, à 60 ans. Décoré de la médaille de la ville de Bordeaux le vendredi 19 mai 1995 par Jacques Chaban-Delmas, il reçoit également, le 7 décembre 2000, la Légion d'honneur au grade de chevalier des mains d'Adrien Claude Tisné, président de l'Union départementale des anciens combattants et des anciens combattants volontaires de la Résistance.

En le faisant chevalier de la Légion d'honneur, l'ancien résistant Adrien Claude Tisné parle ainsi :

> « Enfin aujourd'hui apparaît sur la Gironde un grand arc-en-ciel aux couleurs mêlées des drapeaux allemands et français, entrelacées avec le bleu étoilé du drapeau européen, surmontant 56 ans d'oubli. Il restera dans l'Histoire que Heinz Stahlschmidt a sauvé Bordeaux, l'une des plus belles villes de France et empêché la mort de plusieurs milliers d'innocents[9]. »

De son côté, à l'occasion de cette remise de la Légion d'honneur, Henri Salmide (ex-Heinz Stahlschmidt) a tenu le discours suivant, ce 7 décembre 2000, à l'hôtel de la préfecture de Bordeaux, en présence de nombreuses personnalités, dont le consul d'Allemagne, et d'amis proches, comme une partie de la famille Moga :

---

9. Cité par Erwan Langeo, *Mardi 22 août 1944, Bordeaux 1940-1944, l'Allemand qui a refusé de détruire Bordeaux*, *op. cit.*

« Tout arrive à qui sait attendre. Oui, mais à condition de pouvoir devenir assez vieux. Si on éprouve un réel contentement, ce n'est plus la même joie. Quoique dans mon cas, l'acte qui me vaut, 56 ans après les faits, cette haute distinction n'ait pas été accompli dans l'espoir d'une récompense. En fait, quand je revis les onze jours précédant le 22 août 1944, je ressens à nouveau l'angoisse de ce temps.

« En prenant connaissance du plan de destruction de Bordeaux et notamment de son port, j'ai mesuré l'étendue de cette folie meurtrière où plus de 3 000 civils risquaient de périr. Il fallait agir. La discipline me commandait d'obéir, mais ma conscience me dictait la désobéissance. Il s'agissait d'empêcher ce crime contre l'humanité et contre la ville de Bordeaux que j'avais appris à aimer et à estimer. Il fallait faire exploser les détonateurs, les amorces et les explosifs entreposés dans le bunker près de la rue Raze, sur les quais. Je l'ai fait.

« Au-dessus de la discipline, il y a eu la conscience. Certes, toute ma vie a été perturbée par ce geste. Mais je ne regrette rien, bien que longtemps j'aie souffert de cette situation dans l'ombre et la méconnaissance, ni Français, ni résistant.

« Mais aujourd'hui en étant reçu dans l'Ordre de la Légion d'honneur par un Français, combattant volontaire de la Résistance et de l'armée du Rhin et du Danube, je constate que je n'ai pas tout perdu.

« En paix avec ma conscience, je suis réconforté par l'estime de nombreuses personnes. Des Girondins, de beaucoup de mes compatriotes d'origine ; c'est un bouquet de marque d'amitié et de reconnaissance[10]. »

Au milieu de la barbarie, cet Allemand, devenu ensuite Français par naturalisation, a défendu le principe d'humanité, entre la destruction et la mort : il a choisi la vie.

Considéré comme traître et déserteur par la marine allemande, il est rayé de la liste des anciens combattants éligibles à une pension. Le

10. *Ibid.*

siège social de Bordeaux Port Atlantique, installé à Bacalan depuis 2012, porte le nom d'Henri Salmide, avec la plaque suivante à l'entrée du bâtiment principal :

> « Le port de Bordeaux exprime toute sa reconnaissance à Heinz Stahlschmidt, naturalisé Henri Salmide. Son action héroïque du 22 août 1944 qui sauva des milliers de vies humaines, évita la destruction des installations portuaires et des quais de Bordeaux. »

J'ai eu la chance de rencontrer plusieurs fois cet homme d'une grande droiture. Il me dira avoir agi selon sa conscience chrétienne : il ne pouvait pas accepter que le port de Bordeaux soit détruit alors que la guerre était perdue pour l'Allemagne. C'est André Moga qui, sur son lit de mort, convoquera la presse en 1992 pour qu'on rende enfin justice à cet homme oublié par l'histoire. Henri Salmide (Heinz Stahlschmidt) est décédé à Bordeaux le 23 février 2010.

10

Maurice Roche, l'« ange gardien » de Tulle

Pourquoi les Francs-tireurs et partisans français (FTPF) ont-ils imprudemment attaqué la garnison allemande de Tulle les 7 et 8 juin 1944, alors que la puissante division *Waffen-SS* Das Reich, qui se trouvait dans le sud-ouest de la France, a reçu l'ordre d'anéantir les maquis du Limousin ?

Comment se fait-il que la répression allemande y ait été finalement moins terrible qu'à Oradour-sur-Glane, alors que la garnison allemande de Tulle a subi de lourdes pertes, ce qui aurait dû normalement entraîner de terribles représailles sur la population ? En effet, à Oradour-sur-Glane et ses environs, aucun soldat allemand ne tombe sous les balles des maquisards, alors que 44 sont tués et 37 sont blessés à Tulle contre les FTPF.

Pour répondre à ces deux questions qui font toujours polémique de nos jours, il convient de suivre en détail le déroulement des faits, en tenant compte de documents et témoignages souvent inédits. Apparaît alors l'action héroïque et méconnue de Maurice Roche.

La division *Waffen-SS* Das Reich

Depuis la fin février 1944, la 2e division blindée *Waffen-SS* Das Reich est cantonnée en divers endroits du sud-ouest de la France.

Cette division, formée en 1939, aligne à ses débuts trois régiments d'infanterie motorisée (régiments Deutschland, Der Führer et Germania). Elle participe en avril 1941 à l'invasion de la Yougoslavie, puis lutte sur le front soviétique de juin 1941 à août 1943. Division d'infanterie motorisée à l'origine, elle devient une *Panzerdivision* (division blindée) à part entière en 1942. En juillet 1943, elle subit de très lourdes lors de la bataille de Koursk, avec 8 000 soldats tués ou blessés sur un effectif initial d'environ 18 000 hommes.

Afin de reconstituer ses effectifs en hommes et en matériel, la division Das Reich stationne d'abord au camp militaire de Souge en février 1944, au sud de Bordeaux, puis fixe son quartier général à Montauban en mars 1944, tandis que les régiments et les bataillons occupent divers camps ou casernes à Valence-d'Agen, Castelsarrasin, Caussade, Grenade, Nègrepelisse, Caylus, Toulouse, Moissac et dans une trentaine d'autres localités de la région. Plus de 9 000 jeunes recrues, âgées pour la plupart de 17-18 ans, viennent remplacer les lourdes pertes de l'année 1943, dont un quart d'Alsaciens. Les vétérans du front soviétique soumettent les jeunes recrues à une instruction à la fois militaire et politique, afin d'en faire des guerriers fanatisés qui ne reculeront devant rien pour écraser l'adversaire, sans épargner, si nécessaire, les civils. Déjà, sur le front soviétique, cette unité a massacré des populations civiles et des prisonniers de l'Armée rouge.

Depuis le 23 octobre 1943, le général Heinz Lammerding commande cette division d'une main de fer. Né le 27 août 1905 à Dortmund, il accomplit des études universitaires d'ingénieur en génie civil de 1923 à 1928. De 1928 à 1933, il occupe un poste de cadre au département de l'urbanisme de la ville de Dortmund. Depuis 1931, il est membre du Parti nazi et s'engage dans la *SA*, groupe paramilitaire du national-socialisme en rivalité avec la *SS*. Promu directeur de l'école du génie de la *SA* en 1933, il rejoint la *SS* en 1935 avec le n° 247062, comme lieutenant au sein d'un bataillon de génie d'assaut. En 1937, promu au grade de capitaine, il approfondit son expérience militaire à l'école d'officiers de Braunschweig. En 1939, devenu commandant, il forme et dirige le bataillon de génie de la division *Waffen-SS* Totenkopf. Durant la campagne de France de mai-juin 1940, Lammerding conduit le bataillon du génie de cette division, qui massacre de nombreux civils et prisonniers militaires. Malgré les atrocités commises, il est décoré de la Croix de fer de 2e classe le 23 mai 1940, puis de la Croix de fer de 1re classe le 22 juin pour bravoure au combat.

En juin 1941, promu au grade de lieutenant-colonel, Lammerding participe à la campagne de Russie, en tant que chef d'état-major de la division *SS* Totenkopf. En 1943, nommé au grade de colonel et placé sous les ordres du général von dem Bach-Zelewski, commandant d'un corps d'armée *Waffen-SS*, il est chargé de lutter contre les partisans soviétiques. À ce titre, il donne l'ordre de massacrer de nombreux civils et d'incendier des villages. Décoré de la Croix allemande en or et élevé au grade de général, il reçoit également la Croix de chevalier à la demande de Himmler en personne.

Ses divers états de service, notamment sur le front soviétique, prouvent que Lammerding est un officier nazi fanatique et sans pitié, habitué à exercer des actions criminelles massives contre les civils. Ainsi, sous les ordres d'un chef aussi implacable, la division Das Reich mène dès le mois de mai 1944 des opérations particulièrement féroces contre la Résistance française locale et les populations, en fonction des directives du maréchal Keitel de 1941 et de 1942. Il s'agit d'aguerrir les jeunes recrues au combat contre les maquis, ainsi que d'anéantir en eux tout sentiment de compassion à l'encontre des civils pris en otages.

Ainsi, dans les départements du Lot et du Lot-et-Garonne, où les maquis sont nombreux et puissants, Lammerding et ses *Waffen-SS* multiplient les crimes de guerre. Souvent, suite à une embuscade ou à un sabotage de la Résistance, Lammerding ordonne d'encercler la localité la plus proche pour y massacrer des civils et y brûler des habitations.

Le 2 mai 1944, suite à un sabotage ferroviaire dans la nuit du 29 au 30 avril, un détachement de la division Das Reich, renseigné par un espion sarrois, un certain René Bauer, attaque, près de Montpezat-de-Quercy, le maquis de Garennettes. Les maquisards opposent une résistance acharnée et parviennent à se dégager. Les *Waffen-SS* se vengent sur les fermes voisines, en y mettant le feu. Le même jour, un autre détachement de la Das Reich encercle Montpezat-de-Querçy, pille et incendie des habitations, torture et tue plusieurs habitants, puis repart avec des otages. Le bilan de cette opération sanguinaire se termine avec 5 civils tués et 15 autres déportés. Deux jours plus tard, à Belfort-du-Quercy, au prétexte de la recherche d'un « terroriste », six personnes sont arrêtées et déportées dans les camps de concentration. Quatre d'entre elles ne reviendront pas.

Le 11 mai 1944, le 1er bataillon du régiment *Waffen-SS* Der Führer (aux ordres du commandant Adolf Diekmann), rattaché à la division Das Reich, arrête de nombreux civils dans les villages traversés de

Lauzès, Orniac, Blars et Grèzes. Entre Livernon et Assier, un affrontement oppose les *Waffen-SS* et des maquisards. Une fois de plus, les maquisards parviennent à se dégager. Les *Waffen-SS* se vengent sur le village de Latronquière, en pillant et brûlant les maisons. Quarante civils sont arrêtés, dont quinze meurent ensuite en déportation. Quinze personnes sont arrêtées également à Sousceyrac. Les *Waffen-SS* capturent le résistant André Pezat, qui décède sous les coups de ses bourreaux. Ils investissent ensuite plusieurs villages, dont Cardaillac, Gorses, Molières, et y commettent pillages, arrestations, tortures et déportations. Une autre colonne atteint Le Bourg, où treize civils sont arrêtés et déportés – quatre y laisseront la vie.

Le 12 mai 1944, dans la matinée, au village de Lacapelle-Marival, tous les hommes de 16 à 60 ans sont regroupés sur la place centrale. Soixante-treize sont arrêtés et acheminés avec tous les autres prisonniers du 11 mai vers Cahors, où ils sont enfermés dans les caves à charbon du lycée Clément-Marot. Le lendemain, ils sont amenés à la caserne de Montauban où ils arrivent à 14 heures. Plusieurs jours durant, ils subissent violences, tortures et exécutions sommaires. À partir du 21 mai, les survivants sont déportés en Allemagne. La majorité ne reviendra pas. Les *Waffen-SS* rejoignent ensuite Terrou pour y faire de nouveaux prisonniers. Mais les hommes, prévenus à temps, se cachent dans les forêts. Les *Waffen-SS* pillent alors les maisons et se rendent à Saint-Céré, où 37 personnes sont prises et incarcérées à Maurs.

Ce même tragique 12 mai 1944, la ville de Figeac est encerclée par divers détachements de la division Das Reich : 448 habitants sont rassemblés dans la cour de la gendarmerie ou emprisonnés à l'hôtel Tillet, place des Carmes (devenue place du 12-mai-1944). Ils sont regroupés avec d'autres prisonniers : plus de 800 civils sont enfermés à la caserne des Dragons de Montauban. Les *SS* torturent et fusillent un grand nombre des détenus, tandis que 540 autres sont déportés à Neuengamme et Dachau. La même division massacre des civils et pille les villages de Lunan et Saint-Félix.

Le 21 mai 1944 à l'aube, divers éléments de la division Das Reich encerclent le village de Lacapelle-Biron et arrêtent 47 personnes. Des patrouilles capturent aux alentours d'autres civils, portant ainsi le groupe de prisonniers à 118 adultes, qui sont tous déportés dans les camps de concentration de Dachau et Mauthausen. Puis deux colonnes, venant de Villefranche-du-Périgord, encerclent le village de Frayssinet-le-Gélat, pendent trois femmes, en abattent une autre et fusillent 11 hommes, dont l'instituteur.

Le 1er juin 1944, des résistants sabotent la voie ferrée à Capdenac-Gare. En représailles, les *Waffen-SS*, basés à Caylus, fusillent neuf civils, raflés à Limogne-en-Quercy, Cadrieu et Frontenac. Le 3, des maquisards mitraillent deux voitures allemandes. Les *Waffen-SS* massacrent alors 19 habitants, arrêtés à Linac, Viazac et Bagnac-sur-Célé. Le 7 juin, des *Waffen-SS* de la Das Reich épaulent la *Gestapo* d'Agen dans une opération contre le corps franc Pommiès (CFP) – cette célèbre unité de la Résistance du Sud-Ouest déjà évoquée –, au château de Laclotte à Castelculier, puis à Saint-Pierre-de-Clairac. Le CFP, habile dans la guérilla mobile, parvient à se replier. Le 8, les *Waffen-SS* se vengent une fois de plus sur les civils, en abattant un vieillard à Issendolus, puis se dirigent au hameau de Gabaudet, où 44 personnes sont massacrées et 70 déportées.

Ainsi, dans le Lot-et-Garonne, le Lot et la Dordogne, la division Das Reich a déjà multiplié les massacres contre les civils en l'espace seulement d'un mois, sans parvenir à anéantir les maquis locaux qui, habiles dans la guérilla, poursuivent avec efficacité les sabotages et les embuscades.

Les chefs de la Résistance du Limousin ne peuvent donc ignorer la présence de cette division, qui ne recule devant rien pour arriver à ses fins. Le colonel Georges Guingouin, chef des FTP de la Haute-Vienne, demande aux autres chefs FTP de la Corrèze et de la Creuse d'éviter d'attaquer les villes, pour épargner des représailles massives des nazis contre la population. Il s'en tient à une habile guérilla dans les campagnes, paralysant les déplacements des troupes allemandes. Mais il n'est pas écouté par la direction centrale du Parti communiste français, qui entend s'emparer de plusieurs villes, après le débarquement des Alliés en Normandie le 6 juin 1944. Les conséquences de cette décision irresponsable vont être terribles pour les civils.

La Das Reich doit anéantir les maquis du Limousin et du Massif central

Le 6 juin 1944, la division Das Reich aligne 17 283 hommes, 117 chars de combat, 41 canons automoteurs d'assaut, 11 pièces d'artillerie automotrice, 22 canons antichars tractés, 38 pièces de DCA, 30 canons d'infanterie, 249 blindés de combat d'infanterie, 98 motocyclettes, 1 821 camions. C'est donc une unité puissante que la Résistance doit redouter.

Le 8 juin 1944, le maréchal von Rundstedt, commandant en chef de l'armée allemande sur le front Ouest, ordonne à la division Das Reich d'anéantir les maquis du Limousin et du Massif central, puis de rejoindre ensuite la Normandie :

> « Le développement des bandes dans le Limousin et le Massif central pendant ces derniers jours exige l'emploi immédiat et impitoyable de forces plus importantes. J'ordonne de mener des actions de grande envergure contre les bandes dans le sud de la France avec la plus extrême vigueur et sans ménagement. Le foyer d'agitation qui persiste dans cette région doit être définitivement éteint. Le résultat de l'entreprise est de la plus haute importance pour l'évolution de la situation à l'Ouest. Dans ce genre d'opération, un demi-succès ne sert à rien. Il faut écraser les forces de résistance au moyen d'attaques rapides et enveloppantes. Pour le rétablissement de l'ordre et de la sécurité, les mesures les plus énergiques devront être prises afin d'effrayer les habitants de cette région infestée, à qui il faudra faire passer le goût d'accueillir les groupes de résistance et de se laisser gouverner par eux. Cela servira en outre d'avertissement à toute la population[1]. »

L'action répressive de la division Das Reich ne va pas se limiter au Limousin, mais s'étendre jusqu'aux Pyrénées jusqu'à la fin juillet 1944, où des compagnies pillent et massacrent. Une partie de la Das Reich, qui doit rejoindre le front de Normandie au plus vite par voie ferroviaire, se heurte à de nombreux obstacles. En effet, dès avril 1944, 82 wagons porteurs de chars appartenant aux régiments Deutschland et Der Führer sont détruits à Montauban par la Résistance. Le 6 juin 1944, la Résistance sabote également 104 locomotives et 24 lignes ferroviaires que devait utiliser la Das Reich pour ses déplacements. Ainsi, cette *Panzerdivision* de la *Waffen-SS* se trouve rapidement paralysée dans son ensemble par les actions armées de la Résistance, du fait des nombreux sabotages ferroviaires et des embuscades.

Le 10 juin 1944, le général Lammerding adresse le rapport suivant, à l'un des adjoints du maréchal von Rundstedt, le général Krüger :

> « Le manque de transports adéquats, les longues distances à parcourir sur un terrain défavorable, la dispersion des unités

1. Archives militaires allemandes, Fribourg-en-Brisgau.

sur plus de 300 kilomètres et l'absence de mesures préparatoires, d'ordre opérationnel et de ravitaillement, ont démesurément affaibli la puissance de la division durant les huit derniers jours : 60 % des chars sont hors de service ainsi que 30 % des blindés d'infanterie. La majorité des véhicules hors d'état de service ne peuvent fonctionner qu'après la réception des pièces de rechange toujours attendues malgré des demandes réitérées. La division a été contrainte d'établir six points d'appui dans la région Figeac-Tulle-Brive-Cahors qui exigent une forte protection d'infanterie du fait l'accroissement considérable des bandes terroristes, qui multiplient les embuscades et les sabotages.

« La possibilité de réquisition de véhicules supplémentaires dans cette région est négligeable, car il est prévisible que les terroristes nous gagneront de vitesse. Par ailleurs, notre ravitaillement en carburant dépend d'un convoi pour le moment invisible. Seuls les éléments sur roues de la division peuvent faire mouvement comme prévu. La réparation des chars et des blindés d'infanterie exigera quatre jours, même si les pièces demandées parviennent à la division dans la matinée du 11 juin. De toute façon, la dislocation complète du réseau ferroviaire, par les terroristes, interdirait probablement un embarquement plus rapproché. Aussi, poursuivre des longues progressions dans ce type de terrain ne pourra s'effectuer qu'à un prix élevé. La zone Figeac-Clermont-Ferrand-Limoges-Gourdon est totalement aux mains des terroristes. Les garnisons et postes allemands sont cernés, dans beaucoup de cas assiégés, souvent réduits à l'effectif d'une compagnie, et les forces gouvernementales françaises ont été totalement paralysées par les terroristes. La paralysie des positions allemandes est tout à fait scandaleuse. Faute d'une répression brutale et déterminée, la situation dans cette région finira par constituer une menace dont les proportions n'ont pas encore été évaluées. Un nouvel état communiste est en train de naître ici, un état qui gouverne sans opposition et qui coordonne ses attaques.

« La tâche d'éliminer ces dangers doit être transférée aux divisions régionales. La division Das Reich est d'ailleurs d'avis que les forces locales sont tout à fait capables de maintenir l'ordre à condition d'être sévèrement invitées à se ressaisir, d'obtenir des transports et d'être commandées avec énergie. Leur isolement actuel est une invite au terrorisme. Des mesures spécifiques indispensables ont déjà été signalées par la division Das Reich.

« Étant donné la situation d'ensemble, la division Das Reich demande en termes pressants :

« a) D'empêcher que des avant-postes allemands soient totalement coupés.

« b) La fourniture de pièces de rechange vitales au mouvement vers la Normandie.

« c) Que l'on tienne compte des difficultés particulières de la division dans sa phase actuelle de remise en état, ainsi que de ses problèmes d'équipements et de fournitures lors des instructions opérationnelles à venir[2]. »

Une partie de la division Das Reich n'arrive dans la région de Caen, en Normandie, que le 16 juin 1944, avec 76 chars disponibles seulement. Les sabotages ferroviaires, les embuscades de la Résistance, ainsi que les attaques aériennes alliées ont fortement ralenti sa progression, sans oublier que 8 300 soldats sur les 17 283 combattants de cette division sont toujours retenus dans le Sud-Ouest dans une lutte féroce contre les maquis.

Depuis le 8 juin 1944, une partie de la division Das Reich fait mouvement en direction du Limousin. Les éléments blindés de reconnaissance tombent dans de nombreuses embuscades, tendues par les maquis, notamment à Groléjac, Rouffignac, Cressensac et Bretenoux.

La tragédie de Tulle

Malgré les ordres formels du lieutenant-colonel Guingouin de ne pas attaquer les villes, le 7 juin 1944 à l'aube, la ville de Tulle est le lieu d'une véritable bataille. Elle oppose 150 soldats allemands d'une compagnie du 3e bataillon du 95e régiment de sécurité, des agents du *SD* et des *feldgendarmes* (soit environ 300 hommes au total) à environ

2. *Ibid.*

700 maquisards FTP. Les 600 miliciens et gardes mobiles de Vichy quittent la ville dès 16 heures, sans participer au combat.

Dans la nuit du 7 au 8, les maquisards, privés des renforts attendus, doivent se retirer sur les hauteurs, tandis que la garnison allemande, après avoir massacré 18 gardes-voies des chemins de fer, se regroupe en trois lieux : l'école normale au nord, la manufacture d'armes et l'école de Souilhac au sud.

Les combats reprennent le 8 juin 1944 dès 6 h 30. L'attaque principale des maquisards vise l'école normale, bastion principal des troupes allemandes. Face à la résistance acharnée des Allemands, les FTP sont contraints de mettre le feu à l'édifice vers 15 heures, à l'aide de grenades incendiaires. Vers 17 heures, les Allemands tentent une sortie, tout en faisant croire à une reddition : en effet, si l'un d'entre eux agite un chiffon blanc, d'autres portent des grenades déjà dégoupillées. Craignant, à juste titre, un piège, les maquisards ouvrent le feu sur les premiers soldats allemands, fauchés à bout portant, avec les grenades qui explosent, ce qui explique les blessures terriblement mutilantes observées ensuite sur certains cadavres. Finalement, le reste de la garnison allemande de l'école normale est capturé, tandis que d'autres FTP encerclent la manufacture d'armes et l'école de Souilhac, qu'ils doivent attaquer le lendemain.

Alors que les blessés allemands et français sont emmenés à l'hôpital, le chef FTP Jean-Jacques Chapou, dit Kléber, se rend à la préfecture et demande au préfet Trouillé de continuer à assurer la direction de l'administration. Pour la Résistance, à l'exception des deux derniers bastions à conquérir le lendemain, la ville de Tulle est donc, en apparence, libérée. Les pertes allemandes sont lourdes avec 44 tués, une soixantaine de disparus, en partie faits prisonniers, et 37 blessés. Les résistants déplorent une dizaine de tués et une trentaine de blessés.

Le 8 juin 1944, à 21 heures, les premiers blindés de la division Das Reich arrivent à Tulle, prenant par surprise les maquisards qui, sans armes lourdes, doivent quitter la ville vers les hauteurs. Les *Waffen-SS* installent leur premier poste de commandement dans le quartier de Souilhac, près de la manufacture d'armes, puis prennent possession le lendemain, en fin de matinée, de l'hôtel Moderne. Le commandant *Waffen-SS* Kowatsch, l'officier le plus élevé en titre du moment, fait patrouiller ses soldats dans la ville. L'ensemble aligne une compagnie de reconnaissance, deux batteries d'artillerie, une compagnie d'état-major, des blindés du régiment Der Führer. La veille de son entrée dans Tulle, la colonne motorisée allemande a tué le lieutenant Le

Tourneur d'Ison, chef d'un maquis de l'armée secrète, qui tentait de rejoindre son poste de commandement.

Le 9 juin, de bonne heure, les *Waffen-SS* fouillent le centre-ville et découvrent les corps des 44 soldats allemands tués les 7 et 8 juin, certains affreusement mutilés par l'explosion de leurs propres grenades, lors de la tentative de sortie de l'école normale. Un lieutenant de la Das Reich se rend à la préfecture, où il menace de fusiller le préfet Trouillé, après avoir découvert des armes et des munitions abandonnées par les forces vichystes. Prenant le préfet Trouillé pour « un terroriste », il l'insulte copieusement. Cependant, Trouillé échappe de peu à l'exécution, en indiquant qu'il a un rang équivalent à celui de général et en exigeant de parler à un officier supérieur. Il parvient également à convaincre le lieutenant nazi de l'accompagner à l'hôpital, où il rencontre un infirmier allemand qui déclare que le préfet Trouillé a défendu les blessés que certains FTP voulaient achever. Les Allemands hospitalisés confirment les faits. Le lieutenant nazi serre la main du préfet, en le priant de l'excuser pour la méprise, puis le fait conduire au commandant Kowatsch, qui lui déclare :

> « Votre geste, concernant les soins apportés aux blessés allemands, ne sera pas négligé par le commandement qui en tiendra compte dans la répression inévitable du crime commis contre nos camarades de la garnison de Tulle[3]. »

Il lui annonce que la rafle de tous les hommes de 16 à 60 ans a déjà commencé. Le commandant Kowatsch prend directement les ordres par radio auprès du général Lammerding en personne.

Les *Waffen-SS* ratissent les quartiers et les rues, entrent dans les logements, examinent les hommes qu'ils font ensuite sortir, tout en déclarant aux femmes qu'il s'agit d'un simple contrôle d'identité, afin d'éviter les évasions éventuelles des victimes.

> « Encadrés par les *SS*, raconte Jean-Louis Bourdelle, nous descendons le quai de Rigny. Un groupe plus important s'amalgame au nôtre. Nous gagnons lentement Souilhac : des autochenilles, des tanks sont en bon ordre, rangés le long des trottoirs. Notre groupe se joint à d'autres ; d'autres groupes

3. Archives municipales, Tulle.

> se joignent au nôtre ; et comme l'inquiétude rapproche, les mains se serrent. Nous marchons la tête haute, dissimulant au mieux notre angoisse[4]. »

Les membres des chantiers de jeunesse, rassemblés dans la caserne des Enfants de troupe, sont dirigés vers la manufacture d'armes, où au total 5 000 personnes sont finalement regroupées.

Conformément à un accord passé entre le commandant *SS* Kowatsch et les autorités locales, les personnes indispensables à la reprise de l'activité normale de la ville sont libérées. On remarque la présence du maire, le colonel Bouty, accompagné des chefs de divers services, de l'inspecteur d'Académie, en compagnie des officiers allemands. Les autorités françaises obtiennent la libération de 3 500 des 5 000 personnes arrêtées.

Une seconde sélection des otages est effectuée par le chef gestapiste local, Walter Schmald, qui, caché dans une maison lors des deux jours de combat précédents, persuade les officiers *Waffen-SS* de la division Das Reich que les maquisards se trouvent parmi la population de la cité : ce qui est faux ! Il est accompagné de Paula Geissler, interprète de l'occupant, qui participe au tri et fait libérer 16 ingénieurs de la manufacture ou des hommes qu'elle connaît bien, dont le fils d'un pharmacien. Schmald juge les otages sur le visage et les vêtements. Mais c'est le commandant Kowatsch qui supervise le dernier tri. Conformément aux ordres venant du général Lammerding en personne, finalement 120 otages sont retenus pour être pendus :

> « Quarante-quatre soldats allemands ont été assassinés de la façon la plus abominable par les bandes communistes. Pour les maquis et ceux qui les aident, il n'y a qu'une peine : le supplice de la pendaison. Quarante-quatre soldats allemands ont été assassinés par les maquis, cent vingt maquisards ou leurs complices seront pendus. Leurs corps seront jetés dans le fleuve[5]. »

Vers 15 heures 30, Kowatsch, en réponse à une dernière intervention du préfet qui demande que les exécutions n'aient pas lieu par pendaison, dit avec calme :

4. Jean-Louis Bourdelle, *Départs (souvenirs de l'année 1944),* éditions de La Rue Mémoire 1945.

5. Archives municipales, Tulle.

> « Nous avons pris en Russie l'habitude de pendre, nous avons pendu plus de cent mille hommes à Kharkov et à Kiev, ce n'est rien pour nous[6]. »

Il demande ensuite au maire, le colonel Bouty, d'annoncer à un groupe de prisonniers épargnés qu'ils vont assister aux exécutions. Avant que ces derniers soient conduits sur la place de Souilhac, Bouty leur déclare :

> « J'ai une nouvelle bien pénible à vous annoncer : vous allez assister à une exécution. Je vous demande le plus grand calme. Ne faites pas un geste, ne dites pas une parole[7]. »

À leur arrivée, les prisonniers découvrent sur plusieurs centaines de mètres des cordes terminées par un nœud coulant, accrochées aux arbres, aux réverbères et aux balcons. Les préparatifs ont été assurés, dès la fin de la matinée, par l'officier *Waffen-SS* Wulf, chef de bataillon de reconnaissance et par son adjoint, l'officier *Waffen-SS* Hoff, chef de la section de pionniers, avec des soldats *Waffen-SS* volontaires.

Afin de sauver plusieurs autres condamnés à mort, diverses personnalités locales interviennent auprès des officiers *SS*, dont notamment Vogel, directeur de l'usine de La Marque, Laborie, directeur adjoint de la manufacture d'armes de Tulle, Lajugie, ingénieur en chef des Ponts et Chaussées, et l'abbé Espinasse. Si bien que le nombre des condamnés à mort par pendaison passe de 120 à 99.

Nous allons voir plus loin le rôle décisif joué par Maurice Roche en faveur des otages et de la population.

> « Les victimes désignées pour la pendaison, raconte un témoin du drame, sont conduites sur les lieux de leur exécution par groupe de dix. Chacun d'eux se trouve bientôt au pied d'une échelle, entre les mains de deux des bourreaux. Deux *SS* se tiennent près de chaque corde. L'un d'eux gravit les barreaux de l'échelle en même temps que le condamné. Dès que ce dernier atteint la hauteur voulue, le *SS* lui passe le nœud coulant, le serre, et le second *SS* enlève brutalement l'échelle du supplicié. Dans certains cas, les bourreaux, tous volontaires, se suspendent aux

6. Cité par Pierre Trouillé, *Journal d'un préfet pendant l'occupation*, éditions J'ai Lu, 1968.
7. Archives municipales, Tulle.

> jambes de leur victime, le frappent ou l'achèvent à la mitraillette ou au pistolet. Parfois, pour accélérer l'exécution, les nazis poussent leur victime à coups de crosse et avec des cris terribles donnent des coups de pied à l'échelle qui tombe[8]. »

Suite à l'intervention du colonel Bouty auprès d'un officier allemand, l'abbé Espinasse est autorisé à offrir son ministère à ceux qui vont mourir. Il assiste aux premières exécutions :

> « Dans un cas, la victime mal pendue sans doute, s'agite par spasmes ; alors, je vois le soldat qui venait d'ôter l'échelle s'en servir pour frapper le supplicié jusqu'à son immobilisation complète. Je constate que le peloton d'exécution presse la marche des condamnés, et non sans violence ; je vois encore un soldat brisant, d'un geste rageur, la crosse de son fusil sur le dos d'une victime qui a un mouvement d'horreur et d'arrêt à la vue des premiers pendus. Pouvons-nous imaginer la scène ? Des hommes immobiles sous la contrainte, des soldats en dessous des potences, des groupes d'otages conduits au supplice[9]. »

Paula Geissler, amazone interprète de l'occupant, et un groupe de *Waffen-SS*, assistent joyeusement aux pendaisons en vidant de bonnes bouteilles à la terrasse du café du Tivoli, au son d'un phonographe.

Les corps des suppliciés sont dépendus en début de soirée par des membres de chantiers de jeunesse, sous les ordres des *Waffen-SS*. Ils sont ensuite enterrés sur le site de la décharge publique, à Cueille, sans aucune procédure d'identification, avec une brève cérémonie improvisée et écourtée par les nazis, durant laquelle l'abbé Espinasse, en présence du préfet en uniforme et de son directeur de cabinet, bénit les corps.

Le 10 juin 1944, les négociations entre les autorités locales, les officiers *Waffen-SS* de la Das Reich et le chef gestapiste Schmald, reprennent au sujet des otages, toujours retenus et condamnés à la déportation : 311 hommes adultes et 660 jeunes des chantiers de jeunesse sont transférés de Tulle à Limoges. Après un nouveau tri, où la Milice joue un rôle important, 162 membres des chantiers de jeunesse sont libérés, tandis que 149 otages sont transférés à Poitiers,

8. *Ibid.*
9. Jean Espinasse, *Tulle, 9 juin 1944*, éditions La Table Ronde, 1994.

puis à Compiègne, d'où ils partent vers Dachau le 2 juillet : 111 ne reviendront pas de la déportation.

La répression se poursuit à Tulle pendant les semaines qui suivent les pendaisons. Du 11 juin au 31 juillet 1944, le laboratoire de la manufacture d'armes devient un centre de torture, où opèrent les miliciens et les gestapistes. Le 21 juin, le préfet Trouillé y voit trois jeunes miliciens verser de l'acide sur les plaies du visage d'un homme qu'ils viennent de frapper à coups de nerf de bœuf. Tulle subit également une nouvelle rafle, le 21 juin, durant laquelle 80 personnes sont envoyées en travail forcé en Autriche.

De nombreux criminels nazis épargnés par la justice

Walter Schmald, le chef gestapiste de la région, est finalement capturé par la Résistance, le 15 août 1944, lors de la libération de Brive. Coupable de nombreux crimes avérés, il est fusillé par les maquisards le 22 août, sans avoir fait l'objet d'un procès. Otto Weidinger, un des commandants du régiment Der Führer, est interrogé au sujet du massacre de Tulle durant sa détention de 1947 à 1951. L'homme, habile et rusé, ne fait l'objet de poursuite que pour son adhésion volontaire à la *Waffen-SS*. Finalement acquitté, il écrit après sa libération plusieurs livres sur la division Das Reich, considérés en France comme négationnistes et révisionnistes.

Une enquête, portant sur le massacre des 18 gardes-voies à Tulle, est clôturée le 25 mars 1948 et permet le procès qui s'ouvre à Bordeaux le 29 mars 1949, où comparaissent 10 membres du 95e régiment allemand de sécurité. Deux officiers inculpés, Franz Reichmann et Willi Schlewski, sont condamnés à quinze ans de travaux forcés, tandis que l'officier Jean Retzer écope d'une peine de dix ans. Quatre soldats également inculpés sont reconnus coupables, mais finalement libérés sous l'excuse d'avoir agi sur ordre. Schlewski et Retzer sont finalement libérés le 18 septembre 1952, puis Reichmann le 25 janvier 1953.

L'information judiciaire ouverte le 18 juin 1947 sur les pendaisons de Tulle aboutit à un rapport rédigé par le commissaire de police criminelle Félix Hugonnaud, qui démontre l'entière responsabilité du général *SS* Heinz Lammerding, à l'encontre duquel trois mandats d'arrêts successifs sont décernés, en vain…

Le procès des pendaisons de Tulle s'ouvre à Bordeaux le 4 juillet 1951, et le verdict est prononcé le lendemain. Seulement cinq personnes y sont accusées : Paula Geissler, l'interprète de l'occupant, et quatre officiers de la Das Reich, Heinz Lammerding, Aurel Kowatsch, Heinrich Wulf et Otto Hoff, directement impliqués dans ce massacre. Curieusement, le tribunal omet de mettre en accusation la centaine de soldats *Waffen-SS* également coupables et clairement identifiés. Finalement, Lammerding et Kowatsch (ce dernier est tué en mars 1945 à la frontière hongroise) sont condamnés à mort par contumace. Hoff et Wulf écopent de dix ans de travaux forcés et Paula Geissler de trois années de prison.

Après un appel devant le tribunal de Marseille, la peine de Hoff est réduite, le 27 mai 1952, à cinq ans, déjà accomplis par la détention. Si bien que ce criminel nazi est libéré le jour du jugement d'appel. Wulf, gracié par le président de la République Vincent Auriol, est également libéré en mai 1952.

Lammerding fait l'objet d'une demande d'extradition du gouvernement français auprès des troupes britanniques d'occupation en Allemagne de l'Ouest, fin janvier 1953, qui lancent bien un mandat d'arrêt à son encontre le 27 février 1953. Or, bénéficiant d'étranges protections de divers notables allemands, Lammerding n'est finalement jamais inquiété par la justice. Il ose nier toute responsabilité dans le massacre de Tulle, alors qu'il a bien signé un document ordonnant les pendaisons. De plus, contrairement à ses mensonges habituels, la présence de Lammerding à Tulle, le 9 juin 1944 à midi, est certifiée par le médecin militaire de la garnison allemande, à savoir le Dr Schmidt. Lammerding reprend librement ses activités d'ingénieur en génie civil à Düsseldorf jusqu'à sa retraite et décède d'un cancer généralisé à l'âge de 66 ans en 1971. Ses funérailles attirent plusieurs centaines d'anciens officiers et soldats *Waffen-SS*, dont Otto Weidinger.

L'action héroïque de Maurice Roche

Il convient désormais de s'attarder sur un homme qui a joué un rôle clé durant cette période, dont le comportement mérite le plus profond respect et la plus grande admiration pour son courage, voire son héroïsme. Pour cela, il est nécessaire de revenir au 9 juin 1944, lors des discussions du préfet Trouillé avec les officiers nazis, dont le commandant *SS* Kowatsch, à la préfecture, puis à l'hôpital de Tulle. Suite aux combats des 7 et 8 juin 1944, qui ont causé la mort de 44 soldats allemands et en ont blessé 37 autres, le commandant Kowatsch déclare que la ville sera totalement détruite et incendiée, tandis que 3 000 civils seront pendus ou fusillés et 2 000 autres déportés. Comment alors expliquer que la répression se soit finalement « limitée » à 99 pendus et 149 déportés, dont 111 ne seront pas revenus ?

Maurice Roche, secrétaire général de la préfecture de la Corrèze depuis octobre 1943, se trouve aux côtés du préfet Trouillé lors des discussions capitales avec les officiers nazis le 9 juin 1940. Son fils, Gérard Roche, écrit :

> « En raison de sa parfaite connaissance de la langue allemande et de l'Allemagne pour y avoir largement séjourné, notamment en 1932 et 1933, il a joué un rôle déterminant en apaisant la colère des *SS* et en limitant l'ampleur de leurs réactions[10]. »

En effet, sa connaissance de la langue allemande lui offre la possibilité de parler longuement avec les chefs militaires nazis. C'est lui qui permet au préfet Trouillé et aux autres autorités locales d'entamer des pourparlers avec les officiers *SS*. Son expérience professionnelle lui permet d'aller au-delà de son rôle d'interprète et de discuter également au nom de l'administration. Grâce à son courage, il évite que Tulle subisse le même sort qu'Oradour-sur-Glane, village qui sera totalement détruit par la division Das Reich le 11 juin 1944, avec 642 civils (hommes, femmes et enfants) massacrés, alors que la Résistance des environs n'a mené aucun combat important contre cette unité *SS*.

On peut imaginer le courage de cet homme face à des officiers nazis, découvrant les corps de 44 soldats allemands tués dans Tulle par les FTPF. La soldatesque nazie, alors aveuglée par la haine, veut massacrer plusieurs milliers d'habitants de Tulle et incendier la totalité de la cité. Mais qui est donc Maurice Roche ?

Né à Montluçon le 13 novembre 1914, Maurice Roche fait de très brillantes études à Paris. Licencié en droit, diplômé de l'école des sciences politiques, licencié en philosophie et diplômé d'art et d'archéologie, il parfait sa culture et ses connaissances lors de voyages à travers toute l'Europe et l'Afrique du Nord. Mobilisé en 1939, il participe à la campagne de mai-juin 1940 avec courage, au sein de la IXe armée française. Un de ses frères d'armes est le colonel André Brouillard, futur Pierre Nord dans la Résistance et officier de

10. Lettre de Gérard Roche, fils de Maurice Roche, du 12 mars 2021, adressée à l'auteur.

renseignements au 2e Bureau. Démobilisé le 26 juillet 1940, Maurice Roche entre ensuite dans la carrière préfectorale en novembre 1940 comme chef de cabinet intérimaire du préfet de l'Allier. Reçu au concours de chef de cabinet de préfet le 16 février 1942, il occupe le poste de chef de cabinet du préfet de l'Allier le 16 mars 1942, puis celui de la Sarthe le 26 mars 1943. À cette occasion, il rencontre plusieurs fois le colonel Rémy (Gilbert Renault), agent secret de la France libre, fondateur et chef de la célèbre Confrérie Notre-Dame, l'un des réseaux les plus efficaces et les plus importants de la Résistance intérieure. Nommé en octobre 1943 secrétaire général de la préfecture de la Corrèze, Maurice Roche est maintenu avec éloges par la Résistance dans ses fonctions après la Libération, en raison de son attitude hautement patriotique durant l'Occupation. En effet, le comité départemental de libération (CDL) le maintient dans ses fonctions, avec l'accord du lieutenant-colonel FFI Antoine Lecherbonnier, commissaire aux opérations régionales des FTP, cosignataire de la reddition de la garnison allemande de Tulle le 17 août 1944. Dès son arrivée en Corrèze en octobre 1943, Maurice Roche établit des liens secrets avec la Résistance locale. En réalité, il est en contact avec le colonel Rémy depuis avril 1943.

Dans un document exceptionnel et inédit, Maurice Roche raconte son action décisive à Tulle durant l'été 1944 :

> « En ma qualité de secrétaire général de la Corrèze, j'ai été amené, le 9 juin 1944, à entrer en contact avec des membres de l'armée d'occupation.
>
> « J'ai remarqué les inscriptions suivantes sur les manches des militaires : Das Reich, Totenkopf et Der Führer. Les officiers auxquels nous eûmes à faire ne déclinèrent pas leur identité. Ils paraissaient ne pas se soucier de la faire connaître. Toutefois, un commandant *SS*, nommé Kowatsch, participa aux discussions du matin, au cours desquelles nous pûmes éviter l'incendie de Tulle et empêcher la fusillade de 3 000 otages.
>
> « Ce fut lui également qui annonça la condamnation à la pendaison de 120 Tullistes, chiffre qui fut finalement ramené à 99. Cet officier, de 25 à 30 ans, d'une taille de 1 m 80 environ, avait une allure svelte est distinguée. Son visage était glabre et rond. Il fermait fréquemment les yeux. Il prétendait transmettre les ordres d'un chef suprême qui soi-disant ne se trouvait pas

à Tulle et avec lequel son unité était en contact par fil [...]. Il alla même jusqu'à déplorer ce qu'il était obligé de nous dire et, le lendemain, il facilita de nombreuses libérations.

« J'ai remarqué également un adjudant s'occupant du secrétariat du quartier général, nommé Ficher. Il ne jouait pas un rôle prépondérant.

« Enfin, au cours d'une de mes visites, j'ai aperçu un général grand et blond avec lequel il fut absolument impossible d'entrer en relations. Il ne paraît pas avoir séjourné longtemps à Tulle.

« Pour en revenir à la terrible journée du 9 juin 1944, je fus appréhendé à 6 heures du matin à mon domicile par les *SS* dans des circonstances assez dramatiques. Je m'habillai et, déclinant mon identité, je protestai en les priant de me conduire à leur chef. Nous parvînmes jusqu'à la place Maschat, où arrivait le préfet Trouillé, également sous escorte et qui, dans l'hôtel de la Préfecture, venait de connaître de durs moments. Il avait été brutalement saisi et avait échappé de peu au peloton d'exécution. On avait, en effet, trouvé des grenades et des munitions abandonnées la veille par les troupes du maintien de l'ordre de Vichy de passage, et on exigeait des explications immédiates.

« Nous déclarâmes à un officier *SS* qu'il n'y avait plus de maquisards en ville, que les blessés allemands avaient été correctement soignés, et nous constatâmes une légère détente que la visite à l'hôpital et l'interrogatoire desdits blessés améliorèrent encore. Nous fûmes ensuite questionnés sur la présence éventuelle des gens du maquis en traitement à l'hôpital et, bien qu'il y en eût une trentaine à ce moment, nous ne les fîmes évidemment pas connaître.

« On nous invita à monter dans une automitrailleuse qui nous conduisit au poste de commandement provisoire de l'unité de Souilhac. Au carrefour des rues, les Tullistes étaient rassemblés par petits groupes à la suite des rafles effectuées dans les maisons : ils nous saluaient tous, croyant sans doute arrivée notre heure dernière et la leur par surcroît.

« Après nous avoir fait attendre vingt minutes environ dans un escalier, on nous conduisit dans un petit appartement où le préfet fit à un capitaine *SS* un nouvel exposé que je traduisais et que je commentais largement en allemand. Un long moment après cet entretien, et après l'arrivée d'un officier supérieur, on nous déclara que l'on renonçait à l'incendie de Tulle, à la fusillade de 3 000 otages, que désormais aucunes représailles n'auraient lieu et que les hommes arrêtés seraient libérés après vérification des papiers.

« Le commandant allemand nous prescrivit de faire connaître à la population divers communiqués et nous rentrâmes à pied à la préfecture. Les heures suivantes furent consacrées, dans la fièvre, aux interventions multiples du préfet, du chef de cabinet et de moi-même en faveur des otages et au règlement de différents problèmes intéressant les administrations désorganisées par l'absence forcée de certains de leurs membres.

« Tard, dans l'après-midi, le commandant *SS* que nous avions vu le matin et qui nous avait annoncé sa visite en priant de l'attendre sans quitter la préfecture, se présenta, accompagné d'un interprète et apprit au préfet que par ordre des autorités supérieures, siégeant loin de Tulle, 120 "terroristes" (je reprends sa propre expression) avaient été condamnés à la pendaison.

« Le préfet se montra stupéfait de constater que la promesse du matin, d'après laquelle aucunes représailles ne devaient avoir lieu, n'était pas tenue et éleva une protestation énergique et solennelle. On lui répliqua qu'on ne pouvait pas transgresser les ordres de l'autorité suprême et qu'on entendait punir ainsi les atrocités commises sur les cadavres de soldats allemands, le vol de leurs vêtements et la détention de grenades à gaz. On supposa plus tard que ces grenades avaient dû appartenir aux gardes mobiles de Vichy ayant quitté la ville : quant aux atrocités, le docteur Schmidt, médecin allemand, affirma, lorsqu'il en eut la possibilité, qu'elles n'avaient pas eu lieu.

« M. Trouillé (le préfet) essaya alors, avec le maximum d'éloquence, de faire annuler cette décision, réclamant une intervention par fil auprès du général en chef. Il ajouta que les personnes arrêtées n'avaient pas pris part au combat de la veille, que ce combat avait d'ailleurs été loyal, que les cadavres n'avaient pas été mutilés, que les grenades à gaz ne pouvaient appartenir au maquis : bref, qu'on allait commettre une effroyable injustice. J'intervenais de mon côté, en allemand, dans le même sens.

« L'officier répliqua catégoriquement que toute intervention était impossible, que, d'ailleurs, les exécutions, à l'instant où il parlait, étaient terminées. Il ne précisa pas l'endroit exact où elles avaient eu lieu, mais déclara, par contre, qu'il était interdit, à qui que ce fût, d'approcher, et que l'armée allemande se chargerait de l'inhumation.

« On voulait mettre fin à ce qu'on aurait jugé être de nouvelles complications de la part de l'autorité préfectorale. Le commandant allemand semblait gêné ; il avait eu l'occasion de commenter favorablement auprès de l'officier supérieur la plaidoirie du matin tendant à éviter l'incendie de la ville et la fusillade de 3000 personnes. Le lendemain, il devait permettre de nombreuses libérations.

« Peu après, je me rendis au quartier général de la division Das Reich, l'hôtel Moderne, pour obtenir, contrairement à la déclaration antérieure, que les autorités françaises puissent ensevelir les cadavres des victimes. Au cours de négociations, qui durèrent environ 1 h 30, je demandai instamment la remise des corps aux familles, priant en particulier qu'on ne les jetât pas dans la rivière pour ne pas ajouter à la douleur des parents et pour des raisons qu'il est inutile d'exprimer ici, tant elles sont évidentes. Les Allemands décidèrent alors que je pouvais diriger l'inhumation qui devrait avoir lieu dans une fosse commune, et ordonnèrent de choisir un terrain près de la route de Brive.

« Je recherchai aussitôt, avec les plus grandes difficultés, des moyens de transport. Le colonel Bouty, président de la délégation de Tulle, très affecté par le souvenir d'une phase de l'exécution à laquelle il avait assisté impuissant et ému jusqu'aux larmes en me décrivant l'attitude courageuse des martyrs, soutenus par l'abbé Espinasse, mit à ma disposition une voiture municipale. Il me précisa l'endroit où le massacre avait eu lieu, car nous avions pu croire un instant qu'il s'était déroulé dans l'école de Souilhac. J'avais, par ailleurs, fait appel à M. Castagné, négociant en vins, qui, pendant toute la soirée, prêta son concours le plus dévoué. Accompagné du Dr Menantaud, médecin-inspecteur départemental de la santé, du colonel Monteil, je me fis conduire près de la Manufacture, où se trouvaient enfermés sous une étroite surveillance des centaines de Tullistes et tous les jeunes gens des Chantiers de Jeunesse.

« M'étant écarté de mes compagnons, j'avançai seul sur les lieux du supplice, où l'épouvantable vision des jeunes gens pendus aux balcons, aux réverbères, aux supports des lignes électriques, s'offrit à moi sur plusieurs dizaines de mètres, de la route de Brive à la place de la Gare.

« J'étais en uniforme et je saluai militairement ces malheureux. Tous avaient les mains liées derrière le dos. L'expression des visages était en général calme et mains détails d'éléments vestimentaires d'adolescents saisis en plein essor ajoutaient à la tristesse de la scène. Quelques corps gisaient ensanglantés sur le trottoir ; il s'agissait vraisemblablement de victimes qui, dans les spasmes de l'agonie, ayant brisé la corde qui les suspendait, avaient été achevées à coups de mitraillettes.

« Je retournais aussitôt à la Manufacture, où les jeunes des Chantiers mirent un point d'honneur, à un moment où ils auraient pu se montrer abattus, à m'accueillir, sous la direction de leur chef, avec le maximum de tenue, rectifiant la position, saluant et manœuvrant réglementairement. J'entamai alors une longue conversation avec un officier allemand et ses compagnons pour pouvoir constituer deux équipes de 50 et de 15 hommes, l'une chargée de dépendre les corps, l'autre de creuser la fosse et d'ensevelir les cadavres [...].

« Le lendemain, nous réclamâmes des libérations massives des otages et nous réussîmes à faire abandonner l'idée d'une déportation générale, idée que certains Allemands voulaient imposer.

« Pendant la matinée, m'étant rendu de nouveau à la Manufacture, je rencontrai le commandant Kowatsch, qui me demanda de l'accompagner pour procéder à l'examen des situations. J'envoyai aussitôt le docteur Pouget, médecin de l'usine, en motocyclette, alerter le préfet, le maire et tous les chefs de service pour qu'ils viennent m'assister. Lorsqu'ils arrivèrent, j'avais obtenu la sortie de près de 150 personnes [...]. Je cherchai à obtenir une sortie continue et rapide et je me portai garant de tous ceux qui, pleins d'angoisse, se présentèrent à la porte. À un certain moment, l'officier allemand déclara: "Encore dix." Au lieu de dix, en "truquant" le pointage, je fis sortir trente-deux détenus [...].

« Au cours de la même journée, j'obtins la cessation du pillage de la ville, pillage dont s'étonnait hypocritement le commandant allemand [...]. Pendant les jours suivants, patrouillant en automobile et en uniforme à la recherche des états-majors allemands, je discutais seul avec les commandants des unités qui se succédaient rapidement à Tulle et qui, tous, se proposaient d'infliger de nouvelles sanctions à la population. Le 13 juin, en particulier, je pus éviter la canonnade de la ville alors que toutes les pièces étaient en batterie sur les collines. J'obtins, ce même jour, pour la deuxième fois, après une protestation solennelle, la cessation du pillage des magasins et des appartements et la libération de six prisonniers.

« Dans la nuit du 20 au 21 juin, tous les hommes de 18 à 45 ans ayant été, à nouveau, rassemblés par les Allemands, dans la cour de la Manufacture d'armes, je me rendis, seul, en uniforme auprès du commandant allemand et obtins, après une discussion qui se prolongea jusqu'à 2 heures du matin, la mise en liberté immédiate de tout le personnel sanitaire, des boulangers, et de tous ceux qui étaient indispensables à la vie de la population.

« Le lendemain, de 9 heures à 17 heures, ayant refusé d'aller prendre le repas, puisque les prisonniers ne pouvaient être tous ravitaillés, je restai, sans arrêt, en compagnie du préfet Trouillé, auprès de captifs que la pendaison menaçait encore, discutant pied à pied pour obtenir l'élargissement de presque tous les Tullistes. Deux cents parmi ceux-ci, que je fis personnellement sortir en dehors du contrôle grâce à l'appui d'un officier allemand à qui je m'étais spécialement adressé, comprenaient de nombreuses personnes suspectes à la *Gestapo* et rangées à part: les Allemands avaient en main un nouveau rapport de la *Gestapo* sur le soi-disant massacre de la garnison le 8 juin. Ils nous firent connaître leur intention d'effectuer encore une déportation massive, et si nous n'étions pas restés là pour les harceler, je suis persuadé qu'ils auraient profité de ce rassemblement monstre pour envoyer en Allemagne le maximum d'habitants. Le personnel de la préfecture qui constituait l'avant-dernier carré, et sur lequel on voulait faire un prélèvement de 50 % de l'effectif, fut enfin sauvé de justesse après une heure de discussion en allemand avec le lieutenant Korten.

« Au début juillet 1944, j'eus encore l'occasion, le préfet étant absent, d'intervenir auprès du commandement allemand en faveur des Tullistes que la *Gestapo* se proposait de pendre encore. Je me précipitai, en uniforme, et obtins des garanties en décrivant la grande douleur des habitants. Tous les officiers nazis considéraient en effet Tulle comme la capitale du "Maquis", comme un repaire de "terroristes" et de "complices".

« Le 7 juillet enfin, j'intervins une nouvelle fois, personnellement, auprès des autorités allemandes pour que la commune de Feyt, sur le territoire de laquelle une unité allemande avait été anéantie, ne soit pas soumise aux représailles aériennes, précisant qu'il n'y avait eu là opération militaire de la part d'éléments mobiles et que toute sanction à l'égard de la population ne pouvait qu'ajouter au sentiment d'horreur des habitants. Mes démarches furent couronnées de succès.

« La connaissance de la langue allemande me fut du plus sérieux secours, comme je l'ai déjà dit, pour obtenir les résultats mentionnés. Je pouvais développer des théories, contre-attaquer sur-le-champ, déjouer les ruses de commentateurs mal avisés et faire face à la dispersion du commandement, aux ordres multiples et contradictoires qui en résultaient[11]. »

La Résistance a reconnu pleinement le courage exemplaire de Maurice Roche. Le 12 septembre 1944, Jean Lafus, président du comité local de Libération écrivait :

« En maintenant M. Maurice Roche, secrétaire général de la préfecture de la Corrèze, dans les fonctions qu'il occupait précédemment, le comité départemental de la Libération nationale

11. Archives de Gérard Roche, fils de Maurice Roche.

a voté à ce fonctionnaire une motion d'éloges pour sa conduite qu'il avait toujours tenue à l'égard des forces de la Résistance. Le comité local de Tulle est d'autant plus heureux de s'associer à cet hommage qu'il n'oublie pas l'attitude courageuse du secrétaire général de la Corrèze, qui, dans les journées tragiques de juin et d'août 1944, s'est dépensé sans compter pour la sauvegarde des vies et des biens des habitants de la ville, montrant ainsi qu'il était de ceux qui remplissent leur devoir sans défaillance, en assurant jusqu'au bout toutes les obligations de leur charge[12]. »

Le 12 mai 1949, Maurice Roche est promu au grade de chevalier de la Légion d'honneur, par le président de la république Vincent Auriol, avec la citation suivante :

> « Fonctionnaire de haute valeur qui a rendu de grands services au commandement local FFI en Corrèze. Les 8 et 9 juin 1944 à Tulle, grâce à sa parfaite connaissance de la langue allemande et bien que sur le point d'être fusillé, il a réussi, par une intervention énergique auprès du commandant de la division Das Reich, à limiter les représailles sur la ville. Le 19 août suivant, après la reprise de Tulle par une colonne allemande, il a été de nouveau chargé d'entrer en contact avec les autorités ennemies, obtenant cette fois l'abandon de toutes représailles. Il s'est acquitté de sa mission avec autorité et courage, sans souci de sa sécurité personnelle[13]. »

Cette promotion comporte également l'attribution de la croix de guerre avec palme.

Le 19 juin 1952, le lieutenant-colonel Hounau, ancien commandant du corps franc FFI de Tulle, rédige l'attestation suivante en faveur de Maurice Roche :

> « Monsieur Roche a maintes fois, au péril de sa vie, protégé les patriotes et maquis de Corrèze, dès son arrivée fin octobre 1943 jusqu'à la Libération. Il a défendu, contre les exactions allemandes, plusieurs villages et collectivités en janvier et avril 1944, dont Treignac et Maussac, ainsi que la population de la ville de Tulle reprise en juin 1944 par la division Das Reich,

12. *Ibid.*
13. *Ibid.*

après l'attaque par le maquis FTP de la garnison allemande. Bien que sur le point d'être fusillé, il réussit à rétablir la situation et à éviter les plus graves représailles.

« Il prit une part importante dans la conduite des négociations qui provoquèrent la capitulation de la nouvelle et puissante garnison allemande de Tulle en août 1944, dont il conduisit les plénipotentiaires aux Forces françaises de l'intérieur, épargnant ainsi des pertes sanglantes aux Français.

« Cette capitulation de l'ennemi fut préparée pendant plusieurs semaines par le secrétaire général Maurice Roche, lors de discussions en langue allemande qui comportaient de gros risques, étant donné son activité secrète en faveur de la Résistance.

« Trente-six heures après cette capitulation, M. Roche, maintenu en fonction par la Résistance, demeura à son poste pour faire face à une forte colonne de secours allemande qui, après avoir subi de graves pertes le long de son parcours, occupa Tulle à nouveau. Après plusieurs heures de discussion et après avoir failli être abattu, il réussit, grâce à une ferme attitude et à la connaissance de la langue, à subjuguer le commandant allemand, évitant ainsi de graves représailles[14]. »

Le célèbre colonel Rémy, compagnon de la Libération, résistant de la première heure et fondateur du puissant réseau La Confrérie Notre-Dame, rédigeait le 22 octobre 1966 le courrier suivant à l'adresse de Maurice Roche :

« Je ne sais si j'ai bien traduit dans le livre *Les Balcons de Tulle* l'admiration que je ressentais pour la manière dont vous avez su, dans des circonstances atroces et dangereuses, tenir tête aux *SS*, bourreaux de nos compatriotes[15]. »

Fait chevalier de la Légion d'honneur et décoré de la Croix de guerre 39-45, Maurice Roche reçoit également la Croix du combattant volontaire de la Résistance. Sous-préfet de Lesparre le 16 juillet 1945, il est délégué en avril 1946, puis confirmé en mai 1947 dans

14. *Ibid.*
15. *Ibid.*

les fonctions de secrétaire général de la préfecture d'Indre-et-Loire. Il quitte Tours en 1950 pour devenir secrétaire général de la Loire-Inférieure, puis du Bas-Rhin en 1954. Promu préfet de la Savoie en 1961, de l'Ardèche en 1963, puis préfet hors cadre en 1967, il est nommé membre du comité socio-économique du développement à la recherche scientifique et technique. Le 14 juillet 1968, il est élevé au grade d'officier de la Légion d'honneur. En 1970, il occupe le poste de délégué général aux actions commémoratives au ministère des affaires culturelles. Il décède le mardi 12 avril 1983, à l'âge de 68 ans.

Voici comment un homme courageux a pu éviter que Tulle subisse le même sort qu'Oradour-sur-Glane.

11

Richard Bong et Ivan Kojedoub, deux as alliés méconnus

On connaît les exploits des pilotes de chasse britanniques et allemands de la Seconde Guerre mondiale, ainsi que ceux de la France libre. Mais que sait-on des victoires aériennes d'autres pilotes alliés, comme l'Américain Richard Bong et le Soviétique Ivan Kojedoub ? Deux as méconnus du grand public, qui méritent l'admiration et l'attention.

Richard Bong et la guerre aérienne contre les Japonais

Né le 24 septembre 1920 à Poplar dans le Wisconsin, Richard Bong est le fils d'un fermier. Passionné d'aviation, en 1941, il devient élève pilote à Tulare, puis à Gardner Field et Luke Field, en Californie, où il est très bien noté. En janvier 1942, il est officiellement pilote de chasse dans le corps de réserve, puis instructeur. Le 2 mai 1942, il suit à Hamilton Field un stage de formation de combat sur le Lockheed P38 Lightning, chasseur bimoteur à long rayon d'action. Construit à plus de 9 923 exemplaires, cet excellent appareil atteint la vitesse maximale de 635 km/h et dispose comme armement d'un canon de 20 mm et de deux mitrailleuses de 12,7 mm. Il devient le chasseur préféré de Bong et obtient toutes ses victoires à son bord. En juillet

1942, il passe avec cet avion sous le célèbre Golden Gate de San Francisco et se fend d'un looping autour de l'arche centrale.

En septembre 1942, le lieutenant Bong rejoint le 9e escadron de chasse du 49e groupe de combat aérien en Australie. Il commence aussitôt un entraînement intensif en vue de la lutte contre l'aviation japonaise. Il combat pour la première fois le 27 décembre 1942, alors que son unité est désormais basée à Laloki, en Nouvelle-Guinée. L'engagement, qui oppose douze P38 à vingt-cinq bombardiers et chasseurs nippons, se déroule au-dessus de la base de Dobotura, occupée par les Japonais. Les P38 américains abattent quinze avions ennemis, dont deux sont à mettre l'actif de Richard Bong.

Le général américain Kenney se rend de Brisbane à Laloki pour féliciter les pilotes. Il demande à voir le rapport de Bong : « Suivez ce garçon, dit-il au général Whitehead. Ce sera l'as américain de cette guerre ou je me trompe fort[1]. »

Bong poursuit la guerre aérienne à bord de son P38, au-dessus de la côte nord de la Nouvelle-Guinée, le long de laquelle les forces militaires américaines progressent lentement, en repoussant les Japonais.

> « Les missions étaient très variées et, le plus souvent, difficiles en raison du climat et de la nature du pays, écrit Georges Blond : une jungle, des montagnes élevées au détour desquelles l'ennemi surgissait inopinément. Les Japonais se montraient combatifs. Les chasseurs américains prenaient l'air en hâte pour se porter au-devant de leurs formations, décollaient avec des bombardiers pour aller attaquer les bases japonaises. Certaines de ces attaques, comme celles qui eurent lieu au-dessus de Rabaul, dans l'archipel des Salomon, étaient livrées à très basse altitude, à la hauteur des navires qui se trouvaient dans les ports et sur les rades. Les aviateurs voyaient les navires prendre feu et couler, les réservoirs d'essence exploser, tandis que la DCA japonaise tirait furieusement et que les rapides Zero volaient autour d'eux comme des guêpes. Les Zero étaient extrêmement maniables, mais fragiles ; leurs pilotes faisaient preuve d'une audace indiscutable. Les Américains en abattirent beaucoup, subissant eux-mêmes des pertes moins sévères[2]. »

1. National Archives, College Park.

2. Georges Blond, *Les princes du ciel, les grands exploits aériens de la Seconde Guerre mondiale*, éditions Fayard 1963.

Au début de janvier 1944, le lieutenant Richard Bong totalise 19 victoires aériennes sur des avions japonais de divers types, souvent moins rapides que son chasseur P38. Il devient l'un des trois as américains du Pacifique, en compagnie du colonel Neel Kearby (19 victoires) et du lieutenant-colonel Tommy Lynch (16 victoires). Un autre pilote, descendu en parachute et repêché lors d'un combat aérien au-dessus de Rabaul, revendique 11 victoires, 8 de moins que Bong. Cet homme à petite moustache noire est le capitaine Tommy McGuire. De son côté, Bong ressemble à un chérubin : adolescent blond et rose, la face ronde enfantine, de grands yeux bleus innocents et parfois rêveurs.

En février 1944, après une courte permission, Bong retrouve son unité de chasse, basée près de Lae, toujours en Nouvelle-Guinée. Son chef de groupe le fait appeler et lui déclare :

> « Notre service de renseignement a réussi à décrypter un message ennemi qui annonce qu'un avion japonais arrivera ce soir à 18 heures précises à Wewak, transportant un personnage officiel important. Comme vous pouvez le voir sur la carte, Wewak se trouve sur la côte, à 724 kilomètres d'ici. Vous allez décoller immédiatement avec le lieutenant-colonel Tommy Lynch pour tenter d'intercepter cet avion[3]. »

Tommy Lynch et Richard Bong foncent à pleine vitesse aux commandes de leurs P38, arrivent à Wewak à 17 heures 58. L'avion nippon vient de se poser et roule le long de la piste. Le lieutenant-colonel Tommy Lynch attaque le premier. Son piqué amorcé, il s'aperçoit qu'il a oublié de disposer son appareil de visée : son attaque est manquée. « À toi, Bong ! » crie-t-il dans son microphone. Bong pique à son tour et tire une unique rafale. L'avion japonais explose d'un coup. Personne n'a eu le temps d'en sortir. Cent soldats nippons, qui se sont avancés sur la piste pour accueillir les visiteurs, sont jetés à terre par le souffle de l'explosion. Lynch et Bong en profitent pour leur lâcher quelques rafales, puis filent.

À leur retour, le général Kenney les convoque à son bureau :

— Nous avons entendu un échange fiévreux de messages radio entre Tokyo et Wewak aussitôt après votre attaque, leur dit-il. L'avion

3. National Archives, College Park.

japonais contenait deux généraux et tout un état-major. Maintenant, faites-moi votre rapport.

Lynch raconte. Bong se contente d'approuver.

— Si l'avion était au sol à l'instant de l'explosion, il ne peut compter pour votre score, dit le général Kenney à Bong.

— Je le sais parfaitement, Sir.

Le général ajoute :

— Mais êtes-vous absolument certain qu'il était au sol ? Il avait peut-être rebondi un peu après l'atterrissage ? S'il était seulement à un pouce au-dessus de la piste, il vous sera compté.

Lynch se contente de sourire, Bong écoute très sérieusement et déclare sans hésiter et sans la moindre expression de désappointement :

— Non, Sir. Il touchait le sol. Il était même complètement arrêté[4].

Cette foncière honnêteté, allant de pair avec un courage exemplaire, caractérise parfaitement Richard Bong.

Le 22 avril 1944, lors du dernier bombardement de Hollandia en Nouvelle-Guinée, Bong abat son 27e avion ennemi, battant ainsi le record d'Eddie Rickenbacker, l'as américain de la Première Guerre mondiale avec ses 26 victoires homologuées.

— Je ne veux pas que cette belle cruche aille trop souvent à l'eau, dit le général Kenney à son chef d'état-major. Voilà une bonne occasion pour l'envoyer quelque temps aux États-Unis.

Il convoque aussitôt l'intéressé.

— Bong, j'ai décidé de vous faire nommer commandant. Vous allez partir en permission dans votre Wisconsin et vous ferez admirer vos galons neufs à votre fiancée. Je pense que vous serez également acclamé un peu partout comme l'as des as américain de cette guerre, ce que vous n'avez pas volé. Ensuite, que diriez-vous d'un petit séjour dans une école de tir ? Vous m'aviez vous-même parlé de cette idée.

— Oui, Sir, je suivrais volontiers un cours de tir, dit Bong. Je vous remercie beaucoup, Sir.

Paradoxe peu connu, Richard Bong est un mauvais tireur. Il parvient à descendre des avions japonais en tirant presque à bout portant, ce qui exige un cran extraordinaire. De plus, sa virtuosité acrobatique lui permet de se dégager des situations les plus difficiles.

— C'est donc entendu, conclut le général Kenney. Avez-vous autre chose à demander ?

4. Archives de l'US Air Force, Arlington.

— Je voudrais vous dire un mot au sujet de cet avion que j'ai abattu le 12 avril au-dessus de Hollandia, Sir. Il ne m'a pas été compté parce que je suis le seul à l'avoir vu tomber…

— Oui, eh bien ?

— J'ai marqué sur une photo l'endroit précis où il est tombé dans l'eau tout près de la côte. C'était un monoplace du type que nous appelons Oscar. J'ai atteint l'aile gauche et le pilote, ainsi que le moteur de l'avion. Mais l'avion n'a pas brûlé. J'ai pensé qu'on pourrait peut-être le retrouver, maintenant que Hollandia va être à nous.

— Entendu Bong. Je m'en occuperai[5].

Quelques jours après, le général Kenney fait plonger un scaphandrier à l'endroit exact indiqué par Bong. L'avion est bien là. C'est effectivement un modèle Oscar, portant onze balles dans l'aile gauche, le pilote touché à la tête et au cou ; deux cylindres du moteur sont détruits. L'appareil ne porte nulle part la moindre trace de flammes. Il est porté au crédit de Bong, c'est sa 28e victoire.

Son entraînement de tir terminé, le commandant Bong rejoint le sud-ouest du Pacifique. Le général Kenney le convoque une nouvelle fois à son QG, installé désormais à Hollandia :

— Eh bien, comment s'est passé votre séjour au pays ? demande le général.

— Très bien, Sir. Je vous remercie beaucoup de m'avoir permis de suivre ce cours de tir. Je suis effrayé à l'idée de la quantité de munitions que j'ai gaspillées pour abattre 28 avions. Je pense que je serai dorénavant plus économe. J'aimerais, si vous le permettez, me rendre compte de mes progrès en reprenant tout de suite ma place dans une escadrille de chasse.

— Voici ce que vous allez faire, dit le général Kenney. Vous allez entreprendre une tournée dans les différentes bases de chasse des environs et vous communiquerez aux pilotes l'enseignement que vous avez reçu, sans oublier votre expérience. Si vous apprenez à seulement une centaine d'entre eux à abattre un avion japonais d'une seule rafale, vous ferez un meilleur travail qu'en combattant vous-même. Je vous nomme donc instructeur.

Bong ne semble qu'à moitié satisfait.

— Je vous autorise cependant à voler avec vos élèves s'ils sont commandés pour une mission, poursuit le général Kenney. Mais ne recherchez pas le combat pour vous-même. Observez les résultats

5. *Ibid.*

obtenus par vos élèves, voyez s'ils ont assimilé vos leçons. Ne combattez que si vous êtes attaqué. Nous sommes d'accord?

— Oui, Sir[6].

Le lendemain, le général Kenney reçoit la visite du capitaine Tommy McGuire, le pilote à petite moustache noire qui a été descendu et repêché lors de la grande attaque sur Rabaul:

— Sir, dit McGuire, je viens vous demander de lever l'interdiction de voler qui m'est imposée par les médecins.

— S'ils vous ont interdit de voler, ils doivent avoir une bonne raison. Il me semble que vous avez plutôt mauvaise mine.

— J'ai eu la malaria, Sir, mais maintenant, je vais beaucoup mieux. Voici pourquoi je voudrais recommencer à voler tout de suite: quand je suis arrivé sur ce théâtre de guerre, au printemps de 1943, Richard Bong avec huit victoires et moi zéro, naturellement. J'ai commencé à descendre des Japonais, mais chaque fois que j'en descendais un, ou deux, Bong en faisait autant. Quand il a eu dix-neuf victoires, j'en avais onze. Toujours à huit derrière, et cela a continué. Quand il a été envoyé aux États-Unis, il en était à vingt-huit, moi à vingt. Je me suis dit: « Voilà une bonne occasion. Ce serait bien le diable si, pendant son séjour là-bas, je ne rattrape pas mon retard. » À ce moment-là, je suis tombé malade. Je ne suis sorti de l'hôpital qu'hier, avec interdiction de voler pour dix jours. Je suis toujours à huit derrière et, d'ici dix jours, Dieu sait combien Bong aura descendu de Japonais!

— Ne vous inquiétez pas, dit le général Kenney. Je viens de nommer Bong instructeur. Il s'est engagé à ne combattre qu'en cas de légitime défense. Il ne pourra donc pas augmenter son score d'ici un moment. Vous avez tout votre temps. Prenez vos dix jours de repos et tout ira bien[7].

Or, le 10 octobre 1944, le général Kenney adresse au général Arnold, commandant en chef l'aviation américaine, le message suivant:

> « Au cours du bombardement de ce jour sur Balikpapan, le commandant Richard Bong accompagnait les chasseurs d'escorte avec mission d'observer les résultats de l'instruction de tir qu'il a commencé à donner aux jeunes pilotes depuis son retour des États-Unis. Il s'est trouvé en état de légitime défense et a dû abattre deux avions ennemis. Quoique regrettable, ce fait

6. National Archives, College Park.

7. *Ibid.*

> porte son score officiel à trente avions ennemis abattus en combat aérien. J'ai invité Bong à continuer à se montrer prudent[8]. »

La réponse du général Arnold ne se fait pas attendre :

> « Félicitations au commandant Bong pour sa maîtrise dans l'art si important de l'autodéfense. Je suis sûr que votre recommandation produira l'effet désiré[9]. »

Les deux messages sont affichés dans diverses bases aériennes du Pacifique, si bien que McGuire en a connaissance. Trois jours plus tard, il reçoit l'autorisation de voler. Il prend part à une mission et abat deux avions nippons, portant son score à vingt-deux. Huit de moins que Bong !

Le 25 octobre 1944, le général Kenney arrive en avion à Tacloban, dans l'île de Leyte, aux Philippines, où doit s'installer son nouveau QG. Le général MacArthur l'accompagne. Les spécialistes du génie reconstruisent la base aérienne prise aux Japonais. Leur travail est souvent entravé par des attaques aériennes nippones. Cependant, le 27, le général Kenney peut télégraphier au général Whitehead, en Nouvelle-Guinée : « Logement disponible pour 34 chasseurs P38[10]. »

Les appareils se posent à midi. Kenney et Mac Arthur interrompent leur déjeuner pour aller accueillir les pilotes. Le dernier qui descend de son chasseur est le commandant Richard Bong. Kenney l'appelle et MacArthur lui serre la main.

— Qui vous a dit de venir ici ? lui demande Kenney.

— J'ai la permission du général Wurtshith et du général Whitehead, répond calmement Bong.

— Vous ont-ils dit que vous pouviez combattre ?

— Non, Sir. Mais puis-je le faire ?

Kenney hausse les épaules tandis que les officiers présents rient de bon cœur.

— Nous sommes ici dans un tel pétrin, ajoute Kenney, que tout homme capable de piloter un P38 doit être autorisé à combattre. C'est oui.

— Bien, Sir[11].

8. *Ibid.*
9. *Ibid.*
10. Archives de l'US Air Force, Arlington.
11. *Ibid.*

À 17 heures, cinq avions japonais sont signalés. Cinq P38 décollent pour les intercepter, dont celui de Richard Bong. Ce dernier abat un appareil nippon. Le lendemain, le 28 octobre, il décolle avec mission de rechercher dans le voisinage des endroits propres à l'installation de nouvelles bases aériennes. Lors de cette mission, il rencontre deux chasseurs japonais, qu'il descend en deux rafales !

Le 30 octobre, McGuire se pose à son tour à Tacloban avec son unité de chasse. Lors d'un vol, ces P38 affrontent une patrouille aérienne ennemie et abattent six adversaires, dont l'un est à porter au compte de McGuire.

À peine descendu de son appareil, il questionne l'entourage :

— Mon score est de 23 victoires, dit-il. À combien en est Bong ?

— À 33, lui est-il répondu[12].

Il rectifie le lendemain en descendant deux avions japonais de plus. Bong, 33 ; McGuire, 25. Huit de moins.

Toute l'aviation américaine du sud-ouest du Pacifique se passionne désormais pour ce match extraordinaire entre les deux pilotes. Richard Bong n'y fait jamais allusion, ne semble s'apercevoir de rien, tandis que McGuire, le challenger, en parle plus volontiers.

> « Le fait que les pilotes japonais, écrit Georges Blond, étaient maintenant moins expérimentés que ceux de la première période de la guerre permettait aux deux as d'accroître assez rapidement leurs scores respectifs : 34 à 26, 38 à 30. Ce jeu ne cessait cependant pas d'être dangereux. Non seulement les P38 attaquaient des formations de Zero et des bombardiers japonais, mais ils participaient à des attaques à basse altitude contre des convois, contre des troupes et des positions d'artillerie, exposés au feu d'une DCA parfois très nourrie. Les Japonais employaient maintenant des avions suicides kamikazes, conduits par des pilotes médiocres, mais parfaitement insouciants de la mort. L'aviation et la marine américaines subissaient des pertes[13]... »

Le 12 décembre 1944, six chasseurs P38 sont positionnés en demi-cercle sur le terrain de Tacoblan. Devant une garde d'honneur formée de douze pilotes ayant chacun au moins douze victoires aériennes, se tiennent le commandant Richard Bong : il va recevoir des mains du

12. National Archives, College Park.

13. Georges Blond, *Les Princes du ciel, op. cit.*

général MacArthur la prestigieuse médaille d'Honneur du Congrès (*Congressionnal Medal of Honor*).

À l'heure prévue, MacArthur pénètre sur le terrain d'aviation, s'avance vers Bong, s'arrête à quelques pas de lui. Bong salue son supérieur hiérarchique. MacArthur lui rend le salut et vient poser ses deux mains sur les épaules du pilote. Puis recule de quelques pas pour élever la voix :

— De toutes les vertus militaires, celle qui soulève la plus grande admiration est le courage. Le Congrès des États-Unis s'est réservé l'honneur de décorer ceux qui, parmi tous, apparaissent comme les braves entre les braves. C'est dans cette haute et noble catégorie, commandant Bong, que vous entrez maintenant, tandis que j'épingle sur votre poitrine la Médaille d'Honneur. Portez-la comme le symbole de l'invincible courage que vous avez dépensé dans le combat. Mon cher garçon, puisse le Dieu miséricordieux continuer à vous protéger, telle est la prière de votre commandant en chef[14] !

Deux mille militaires de toutes les armes, ainsi que divers correspondants de guerre, assistent à la cérémonie. Richard Bong, décoré et pressé de toutes parts, parvient cependant, par un mouvement habile, à se faufiler dans cette foule et à se réfugier chez le colonel commandant son groupe de chasse :

— Sir, j'ai oublié de déjeuner ce matin, lui dit-il. Auriez-vous quelque chose pour moi[15] ?

Le surlendemain, à la fin de l'après-midi, le général Kenney apprend que Bong et McGuire ont de nouveau abattu chacun un avion ennemi. La nouveauté est cependant de taille : les deux pilotes ont combattu ensemble, bien qu'ils soient rattachés à deux escadrilles différentes. Désireux d'obtenir quelques détails, le général Kenney prend sa Jeep et file vers la tente de McGuire. Il entre aussitôt et trouve les deux pilotes en train de prendre une douche.

— C'est moi qui m'excuse, dit Kenney. Je m'assieds pendant que vous vous rhabillez. Mais dites-moi un peu ce que vous avez fait ce matin.

Comme d'habitude, McGuire parle le premier :

— Voici, Sir. Les pilotes de l'escadrille de Bong trouvent qu'il leur porte la guigne : dès qu'ils rencontrent des avions japonais, Bong en abat un ou deux, les autres s'enfuient et il ne reste plus rien pour ses camarades. Alors, il est venu ce matin me demander s'il ne pourrait

14. National Archives, College Park.
15. *Ibid.*

pas voler avec mon escadrille. Après avoir un peu hésité, j'ai répondu oui. Je devais partir pour un survol des aérodromes japonais des environs, j'ai offert à Bong de m'accompagner. Nous avons décollé avec chacun un équipier. Nous n'avions d'abord rien trouvé et nous allions rentrer lorsque j'ai aperçu un groupe d'avions Oscar. Je pensais que Bong ne les avait pas vus. J'ai dit en phonie à mon ailier de me suivre, ou plutôt je le lui ai murmuré, pour que Bong n'entende pas. J'ai piqué sur les Japs, d'une rafale j'en ai abattu un. Je me suis alors retourné dans l'intention de foncer sur le second Japonais. Mais ce diable de Bong était déjà sur lui. J'ai vu le Jap exploser et Bong revenir à mon côté en battant des ailes. Résultat, je suis encore à huit victoires derrière lui. À la fin de la guerre, il ne sera pas difficile de me trouver un surnom : « Huit derrière[16] ».

Trois jours après, McGuire accepte de nouveau que Bong l'accompagne lors d'une mission de chasse du même type. Chacun d'eux abat un avion ennemi. Bong arrive ainsi à 40 victoires et McGuire à 32. Le général Kenney fait alors venir Richard Bong :

— Mon cher garçon, lui dit-il, je désire vous garder vivant. Vous avez accompli plus que votre devoir. À partir de maintenant, et jusqu'à nouvel ordre, plus de combats. C'est un ordre. Vous allez redevenir instructeur de tir, cette fois aux États-Unis. Je vous renverrai là-bas dès que j'aurai une place disponible pour vous à bord d'un avion de transport. En attendant, vous ferez l'instructeur ici.

Le général Kenney parle encore un moment, en insistant sur le fait que le premier devoir de tout combattant est de se soumettre à la discipline et que les chefs responsables sont les meilleurs juges de l'emploi de tous les pilotes.

— Allons, conclut-il en frappant sur l'épaule de Bong, ne vous désolez pas. Après ce stage aux États-Unis, nous examinerons s'il y a lieu de vous faire combattre de nouveau.

— Oui, Sir[17].

Richard Bong ne peut évidemment qu'obéir à cet ordre. Cette acceptation lui coûte beaucoup, car, bien que peu bavard, bien que réservé par nature, tout permet de penser que, comme tant d'autres champions, il attache en réalité de l'importance à son palmarès de pilote de chasse.

L'heure de McGuire semble être alors arrivée. Le 25 décembre 1944, lors d'une escorte de bombardiers au-dessus de Mabalacat,

16. *Ibid.*
17. *Ibid.*

il abat deux avions japonais. Le lendemain, son escadrille se porte au-devant d'un raid ennemi contre l'aérodrome de Clark Field. Il descend ce jour-là quatre appareils nippons, portant son score total à trente-huit victoires aériennes. « Huit derrière » est devenu « deux derrière ». Le général Kenney convoque à son tour McGuire :

— Vous avez mauvaise mine, mon garçon. Si vous vous surmenez ainsi, la malaria va vous retomber dessus. Je vais vous mettre au repos pour quelques jours.

— Sir, vous ne pouvez pas faire ça ! s'exclame McGuire.

Il se reprend :

— Excusez-moi, Sir. Mais songez que je suis seulement à deux victoires derrière Bong !

— Justement. Vous allez vous mettre au repos jusqu'à ce que Bong soit aux États-Unis. Lorsque j'aurai appris qu'il est bien arrivé là-bas, qu'il a été fêté comme l'as des as, alors je vous permettrai de voler à nouveau et de combattre. Ne trouvez-vous pas qu'il est plus sportif d'agir ainsi ? Ne sera-t-il pas plus élégant de prendre la succession de Bong comme as des as que de lui chiper sa place ?

McGuire réfléchit quelques secondes.

— Oui, Sir, dit-il. Vous avez raison. Mais Richard sera-t-il aux États-Unis ?

— Il partira dès que j'aurai une place pour lui[18].

Richard Bong monte à bord d'un avion de transport qui décolle le 29 décembre 1944, à minuit, à destination de San Francisco.

Le 6 janvier 1945, le général Kenney est informé de son arrivée. Bong est accueilli comme un héros : photographié, filmé, interviewé. Kenney invite alors McGuire à dîner et lui fait part de ces nouvelles.

— Bong a bien mérité ce succès, dit McGuire.

— Et vous vous êtes conduit sportivement, dit le général. Maintenant, vous voilà suffisamment reposé. Vous pouvez voler et combattre. Mais attention ! Ne vous laissez pas fasciner par cette idée de combattre pour le record, ou vous êtes perdu. Si vous tentez de forcer votre chance, elle peut s'enfuir. Je n'ai nullement envie d'avoir un de ces jours à écrire une lettre à vos parents. Soyez calme, combattez comme si vous n'aviez pas une seule victoire à votre actif.

— Oui, Sir, vous avez raison, dit McGuire.

Il ajoute que deux jeunes pilotes viennent d'arriver à son escadrille et qu'il a l'intention de les prendre en main.

18. *Ibid.*

— Je les accompagnerai avec le commandant Rittmayer. Nous exécuterons une petite mission au-dessus des aérodromes japonais. Nous verrons ce que ces jeunes ont dans le ventre. Une mission d'instruction, en quelque sorte[19].

— C'est parfait, dit le général Kenney. Bonne nuit, McGuire.

Le lendemain, à 7 h 45, les quatre pilotes américains décollent. Ils découvrent un avion de chasse japonais isolé au-dessus de l'île de Los Negros, à 700 mètres d'altitude.

— Suivez-moi, dit McGuire au jeune pilote qu'il a pris comme ailier.

Il fonce sur le Zero, mais ce dernier vire brusquement, pique sur la queue de l'appareil du commandant Rittmayer en le mitraillant. Rittmayer crie dans la radio :

— À moi, McGuire !

McGuire manœuvre, prend un virage extrêmement serré, si serré que son avion se brise ! Les ailes se détachent et le P38 percute au sol. Le pilote japonais tire une seconde rafale sur l'avion de Rittmayer qui prend feu et s'écrase à son tour ! Le Zero file à toute vitesse, disparaît derrière une colline. Les deux jeunes pilotes américains n'ont même pas eu le temps d'intervenir : le double drame vient de se dérouler sous leurs yeux en quelques secondes. Ils ne peuvent que revenir en rendre compte à l'escadrille atterrée. Le général Kenney doit écrire la lettre aux parents de McGuire. Le vainqueur de Rittmayer, on le saura après la guerre, était Shoichi Sugita, deuxième as japonais de la guerre avec 80 victoires homologuées.

En juin 1945, Bong se trouve à Burbank, en Californie, où il contrôle et teste de nouveaux avions de chasse. Le 6 août 1945, le jour même du bombardement atomique sur Hiroshima, il se tue dans l'accident de son avion à réaction Lockheed P80.

> « Comme son rival et ami McGuire, écrit Georges Blond, Richard Bong avait échappé à toutes les balles japonaises. Comme lui, il avait perdu ses ailes et s'était écrasé sur la terre[20]. »

19. *Ibid.*
20. Georges Blond, *Les princes du ciel, op. cit.*

Ivan Kojedoub et la guerre aérienne contre les Allemands

Ivan Kojedoub voit le jour le 8 juin 1920 dans une famille paysanne d'Obrajevka, un village de l'actuelle Ukraine. Il accomplit des études de chimie à Chostka, tout en apprenant à piloter dans l'aéro-club local. Il possède une intelligence, une mémoire et une volonté peu communes, ainsi qu'une puissance physique à toute épreuve. Il franchit sans la moindre difficulté le premier stade de son instruction de pilote. Au début de l'année 1940, il est admis dans un groupe d'instruction de la chasse soviétique. Il brille de nouveau, si bien que, à la fin des cours, on le nomme instructeur!

> « J'ai eu onze élèves, écrit-il, cela me paraissait extraordinaire. Quelques mois plus tôt, j'étais un élève comme eux, et maintenant on me confiait des hommes à qui je devais apprendre à voler sur un avion de chasse. Il fallait s'efforcer de comprendre le caractère de chacun d'eux, sa mentalité, sa capacité. Cela m'intéressait beaucoup.
>
> « En donnant mes leçons, je continuais à m'instruire moi-même et je me préparais très sérieusement à chaque leçon. Je voulais faire tout à la perfection, afin de ne pas perdre de mon autorité. Et, en effet, tous mes mouvements étaient précis comme ceux d'un automate[21]. »

Lorsque l'Allemagne hitlérienne attaque par surprise l'Union soviétique le 22 juin 1941, Ivan Kojedoub demeure instructeur. Ce n'est qu'en novembre 1942 qu'il est versé dans un régiment d'aviation de chasse, où on décide de lui confier le pilotage d'un chasseur Lavotchkine LA5, l'un des meilleurs avions russes, robuste, maniable, rapide et bien armé. Cet appareil, construit dans ses différentes versions à plus de 15 000 exemplaires, est largement utilisé comme chasseur d'interception et bombardier léger d'attaque au sol. Il atteint la vitesse maximale de 600 km/h et dispose comme armement de 2 canons de 20 mm et 200 kg de bombes. Dans sa version LA5FN, sa vitesse maximale monte à 645 km/h.

Lors de son baptême de feu, Kojedoub se trouve en patrouille tout seul. Soudain, il voit au-dessous de lui des avions. Pas de

21. Archives militaires soviétiques, Moscou.

doute, il s'agit bien de Messerschmitt 109. Son cœur bat plus vite. Les chasseurs allemands sont six. Il s'est juré d'abattre un ennemi dès son premier combat. « Il faut au moins que j'en attaque deux », se dit-il à lui-même. Mais à ce moment, il se souvient de la règle qu'on lui a répétée si souvent : « Avant d'attaquer, regarde derrière toi. » Il tourne alors la tête une fraction de seconde et voit un autre Messerschmitt qui arrive sur la queue de son avion. Il reçoit aussitôt des balles dans son aile gauche. Puis quatre autres Messerschmitt l'attaquent, l'atteignent aux ailes et au fuselage. Son avion troué de partout tient à peine dans l'air.

> « Non seulement je n'avais pas abattu un seul avion ennemi, raconte Kojedoub, mais je n'avais même pas eu le temps d'attaquer ! Je pouvais sauter en parachute, mais je désirais à tout prix atterrir et sauver mon avion. Je me sentais maintenant parfaitement tranquille. J'ai réussi à me poser et immédiatement je suis sorti de l'avion. Le commandant du régiment était Soldatenko. Il m'a dit : "Ne t'en fais pas. C'était ton baptême du feu. Ne crois pas que c'est facile d'abattre un avion. Nous allons étudier ton vol et ton atterrissage. Tu pourras en tirer une leçon." Je me suis ensuite rattrapé par la suite.
>
> « Pour atteindre les adversaires exactement à l'instant que l'on a choisi, il faut surtout ne pas perdre la tête ni s'emballer. Il faut agir très vite et en même temps calculer chaque mouvement. Mais l'enthousiasme est indispensable également. C'est lui qui excite l'esprit d'à-propos et l'ingéniosité. Et il empêche de sentir la dépense nerveuse. Il est vrai que je suis très fort physiquement, mais, comme les autres, une fois revenu au sol, j'éprouve le sentiment de l'énergie nerveuse dépensée. On se dépense davantage en un quart d'heure de combat aérien qu'une une semaine à terre. C'est pourquoi il est nécessaire de toujours partir au combat en parfaite condition physique[22]. »

Kojedoub raconte ensuite ses soirées dans les formations aériennes soviétiques :

22. *Ibid.*

> « Nous discutons de toutes sortes de questions techniques : le vol de groupe, la tactique des attaques, les risques qu'il faut prendre et ceux qu'il faut éviter. Nous travaillons tous les soirs ensemble à l'amélioration de notre tactique[23]. »

En novembre 1943, Ivan Kojedoub est envoyé au repos, puis de nouveau au front, dans la région de Kirovograd. Le 4 février 1944, il est nommé héros de l'Union soviétique et, quelques jours plus tard, il reçoit l'Étoile d'or, la prestigieuse décoration militaire soviétique. En mai 1944, il totalise à lui seul 45 victoires homologuées ! Il est nommé ensuite commandant du front aérien de Biélorussie, tout en gardant personnellement le commandement d'un groupe de chasse. Ses qualités de chef ne sont pas inférieures à ses qualités de combattant. En vérité, tout est facile à cette force de la nature. Il prend part aux batailles aériennes au-dessus de l'Allemagne, jusque dans le ciel de Berlin. À la fin de la guerre, ayant obtenu son record de 62 victoires homologuées, il est nommé pour la troisième fois Héros de l'Union soviétique. Il revendique également 330 missions, 120 duels aériens. Parmi les 62 avions ennemis abattus par cet as exceptionnel, on trouve un chasseur à réaction Messerschmitt 262, le seul descendu par un pilote soviétique durant cette guerre.

> « Quelques jours après la capitulation de l'Allemagne en mai 1945, rapporte Ivan Kojedoub, je suis parti vers mon village natal, Obrajevka. On m'attend. Tout le village est là. On me demande de dire quelques mots. Je suis terriblement ému. Je parle de notre patrie, de l'amour que nous lui portons, de mes camarades, je raconte quelques combats.
>
> « Je visite les tombes de mes parents. Mon père, qui était si fier de mes dessins d'enfant, de mes premiers succès d'aviateur, comme il serait heureux de me voir maintenant ! Je reste quelques jours au village, puis on me fait des adieux solennels. Et je repars à Moscou. Six ans se sont écoulés depuis le jour où j'ai volé pour la première fois et maintenant ma vie est vouée à l'aviation. Je veux continuer à me perfectionner, à acquérir de nouvelles connaissances. Une longue vie s'ouvre devant moi[24]. »

---

23. *Ibid.*
24. *Ibid.* Lire également Tomas Polak et Christopher Shores, *Stalin's Falcons. The Aces of the Red Star: A Tribute to the Notable Fighter Pilots of the Soviet Air Forces, 1918-1953*, Grub Street, 1999. Hugh Morgan, *Soviet Aces of World War 2*, Osprey Publishing, 1997.

En avril 1951, Ivan Kojedoub commande la 324e division aérienne, basée en Chine pour soutenir la Corée du Nord durant la guerre de Corée. Cependant, il n'obtient pas l'autorisation de participer à des missions aériennes de combat. Il décède le 12 août 1991.

12

Jean-Baptiste Piron et ses soldats oubliés de la Libération

Qui se souvient de l'épopée des soldats belges de la brigade Piron, en 1944-1945, pendant les combats de la Libération ? Sait-on seulement que cette brigade belge a existé ? Il est grand temps de lui rendre hommage pour son indéniable courage.

Jean-Baptiste Piron, un héros oublié

Jean-Baptiste Piron voit le jour le 10 avril 1896 à Couvin, en Belgique. Passionné depuis son plus jeune âge par l'armée, il est admis à 17 ans, en 1913, à l'École militaire. Il participe courageusement à la Première Guerre mondiale, où il accomplit son baptême du feu à Houtem, en tant que chef de peloton du 2e bataillon du 2e régiment d'infanterie. Il participe ensuite activement à la première bataille de l'Yser et se voit promu lieutenant en mars 1916. En octobre 1917, il est hospitalisé à Cabourg pour une appendicite. Il retourne à la guerre comme observateur aérien à la 6e escadrille de reconnaissance. Suite à un atterrissage forcé, il est blessé. À la fin du conflit, il est nommé capitaine à l'âge de 22 ans. Il poursuit sa carrière militaire, notamment au sein de l'École de guerre, puis à l'état-major du

2e corps d'armée à Anvers. Il rejoint ensuite un régiment de grenadiers en 1936, avec le grade de major.

Au début de la Seconde Guerre mondiale, en septembre 1939, Jean-Baptiste Piron intègre l'état-major du 5e corps d'armée. Suite à la défaite militaire de la Belgique en mai 1940, il est fait prisonnier par les Allemands, mais parvient à s'évader. En avril 1941, il quitte la Belgique et, après un périple incroyable *via* Marseille, l'Espagne et Gibraltar, il débarque à Greenock, en Écosse, le 6 janvier 1942.

Des soldats belges décidés à poursuivre la lutte

Depuis la fin juillet 1940, on trouve 462 soldats belges en Angleterre, décidés à poursuivre la lutte contre l'Axe. L'arrivée d'autres Belges permet la création de plusieurs unités militaires terrestres, qui s'entraînent en Grande-Bretagne. Le major Jean-Baptiste Piron entre rapidement à l'état-major des forces militaires belges de Grande-Bretagne. Il reçoit la mission de parfaire l'entraînement des troupes belges présentes sur le sol britannique.

Le 11 janvier 1944, le groupement d'infanterie prend ses quartiers vers le Kent. L'escadron blindé s'installe à Broadstairs. Les autres unités emménagent à Ramsgate et à Margate. Début février, les unités effectuent des exercices d'embarquement avec parcours en mer et débarquement sur une plage. Le 31 mars voit la création d'un peloton luxembourgeois au sein de la batterie d'artillerie du groupement Piron. Le 30 avril, la batterie d'artillerie accomplit des tirs à South Down Plain, près d'Alfriston, et se classe première parmi tous les régiments alliés. Le 6 mai, le groupement s'installe sous tente dans la région de Great Yarmouth.

La brigade Piron au combat

À la veille du débarquement en Normandie, le groupement, plus connu sous le nom de brigade Piron, s'articule autour d'un état-major (colonel Piron), du 1er groupe motorisé d'infanterie (major Wintergroen), du 2e groupe motorisé d'infanterie (major Waterloos), du 3e groupe motorisé d'infanterie (major Nowe), d'un escadron d'auto-blindées (major de Selliers), d'une batterie d'artillerie (lieutenant-colonel De Ridder), d'une compagnie du génie (capitaine Smekens).

Le 4 août 1944, les 500 véhicules de la brigade Piron sont chargés et les 2200 hommes embarquent à bord de quatre liberty-ships de 10000 tonnes (le *Gladstone*, le *Paul-Benjamin*, le *Henry-Austin* et le *Finlay*). Dans la soirée, les navires appareillent et rejoignent le convoi qui se forme dans Whitstable, dans l'estuaire de la Tamise. Cette nouvelle vague de débarquement de troupes alliées comprend également la brigade néerlandaise Princesse Irène du lieutenant-colonel de Ruyter van Steveninck, la 2e division blindée française du général Leclerc de Hauteclocque, la 1re division blindée polonaise du général Maczek et la brigade blindée tchécoslovaque du général Liška.

Le 6 août 1944, le convoi lève l'ancre pour la traversée de la Manche. Le 8 août, vers 10 heures, le débarquement de la brigade commence à Arromanches pour les véhicules et à Courseulles pour le personnel. L'ensemble de l'unité est équipé de matériels britanniques : les casques et les uniformes sont anglais, ainsi que l'armement.

> « Ici, raconte le colonel Piron, prit place un incident qu'il me faut raconter. J'avais comme aide de camp un Dinannais, le capitaine Georges Houbion. Il avait rejoint l'Angleterre au début de 1942, après avoir subi une longue captivité dans les geôles espagnoles et au camp de Miranda. Sa santé en était restée fortement ébranlée, ce qui n'entamait en rien sa constante bonne humeur et son enthousiasme. Le panneau du Landing Craft à peine rabattu, il sauta à l'eau pour parcourir les quelques mètres qui le séparaient de l'estran. Là, il s'agenouilla, prit en main une poignée de sable et l'embrassa avec ferveur. Ce geste spectaculaire eût pu paraître ridicule. Nul d'entre nous ne songea cependant à en rire, tellement il exprimait ce que tous nous ressentions. Nous retrouvions, sur cette plage de France amie, un sol voisin du nôtre. Nous l'avions quitté depuis de longs mois, avec l'espoir, enfin satisfait, de participer un jour à la Libération [1]. »

La brigade fait mouvement et arrive dans la nuit à Douvres-la-Délivrande et à Plumetot, où elle s'installe en bivouac. L'état-major passe la nuit au château de Ranville. La brigade passe sous le commandement de la 6e division aéroportée britannique du général Gale, qui dépend de la Ire armée canadienne du général Crerar.

1. Archives de la fédération royale nationale de la brigade Piron, Bruxelles.

Le 9 août dans la soirée, la brigade Piron relève la 5e brigade britannique de commandos dans l'estuaire de l'Orne. En face d'elle, une division allemande d'infanterie et la 12e division *SS* de panzergrenadiers. Les deux jours suivants sont marqués par quelques opérations de reconnaissance. Le 13, la brigade est en ligne de contact de l'ennemi dans les villages de Sallenelles et d'Hauger. Les cinq jours qui suivent, la batterie d'artillerie pilonne les positions allemandes.

Le 14 août, des patrouilles des deux camps s'affrontent près de Sallenelles. Une grenade éclate près du lieutenant Georges Van Der Veen, qui est grièvement blessé. Le cadet Raymond Van Remoortele le charge sur ses épaules, après avoir confié le peloton à Joseph Gillebert. Le lieutenant Jacques Wanty est blessé par balle, tandis que le sergent Dewandez doit être évacué sur l'hôpital de campagne. Le sergent Bastin, blessé lors d'une patrouille, est capturé par les Allemands. Il restera seulement quelques jours parmi eux et leur faussera compagnie en revenant dans ses lignes. Les premiers prisonniers allemands affluent au PC de la brigade.

> « Les journées des 15 et 16 août, écrit le colonel Piron, les troupes belges sont soumises à de nombreux tirs de mortiers et subissent leurs premières pertes en tués. Pour le soldat Édouard Gérard, le docteur Goldblatt ne peut rien pour lui. Au même moment, le lieutenant De Block reçoit une rafale dans la jambe. Il faudra l'amputer. Pour protéger la population, le village de Sallenelles est évacué[2]. »

Le 17 août 1944, la brigade Piron passe à l'offensive, dès 3 heures du matin, avec pour mission de s'emparer des fortes positions qui couvrent Franceville et Merville. La résistance allemande est acharnée. La route est minée et tenue sous le feu du point fort du Moulin du Buisson, dont le centre est constitué d'une casemate située au sommet d'une dune. Une douzaine de mines sont neutralisées par l'adjudant Harboort et son équipe. Mais, finalement, une mine explose, tuant un démineur et blessant mortellement Harboort, qui décédera deux jours plus tard. Après une lutte acharnée, la brigade, soutenue par son artillerie, occupe tous les objectifs assignés. Les Allemands reculent partout devant la fougue des soldats belges.

2. *Ibid.*

Le 18 août, la journée est marquée par divers combats, où la brigade Piron harcèle l'ennemi qui défend la tête de pont de la Dive. Les résistants français fournissent de précieux renseignements. La compagnie du génie démine la route de Cabourg à Bricqueville. L'artillerie progresse jusqu'à Gonneville, puis Vauville-sur-Mer. Le 21, les troupes belges entrent dans Cabourg. Le lendemain, la progression reprend. À 13 heures, la brigade entre à Villers-sur-Mer où la population lui réserve un accueil frénétique. Partout les drapeaux français, anglais et belges flottent, les cloches sonnent et la foule crie : « Vive la Belgique ! Merci ! Vive la France ! » Le soir, la Touques est bordée et Deauville occupée. La brigade Piron est la première à avoir atteint cette rivière. Le général Gale convoque le colonel Piron et son état-major pour le féliciter de la progression aussi rapide de son unité. Les ponts sont détruits et les Allemands occupent les hauteurs de Trouville d'où ils bombardent les positions belges à coups de mortiers et d'artillerie. Le lieutenant Benjamin Pinkous est mortellement blessé par un éclat de mortier. Il décédera le 24. L'artillerie belge prend position à Clarbec et riposte avec vigueur.

Le 24 août, le colonel Piron donne l'ordre de reprendre la progression. La résistance allemande faiblit. De nombreux prisonniers sont faits. La brigade belge est en flèche de 8 kilomètres sur le reste des unités alliées. Dès l'aube du 25 août, l'infanterie belge pénètre dans Honfleur, dépasse la ville, mais se trouve arrêtée à Fiquefleur par des mitrailleuses lourdes ennemies. Durant la nuit, la brigade poursuit sa progression, enfonce les défenses ennemies jusqu'à Berville, où elle s'installe dans les vergers afin de se reposer pendant deux jours. Devant s'étale le vaste estuaire de la Seine. Vers l'ouest, on perçoit Le Havre. La brigade Piron quitte la 6e division aéroportée britannique, qui doit rentrer en Grande-Bretagne, où elle sera réorganisée pour se préparer à des opérations futures. L'unité belge passe aux ordres de la 49e division britannique du général Barker.

Le 25 août, l'escadron d'auto-blindées de la brigade lance de vigoureuses reconnaissances qui déroutent davantage l'adversaire. Le 29, la brigade fait mouvement au sud de la forêt de Brotonne, puis traverse la Seine le 31. Elle se regroupe au sud de Yvetot. Le 1er septembre, la marche vers Le Havre est engagée. Les blindés de l'escadron de reconnaissance couvrent la progression de l'infanterie motorisée. La campagne de Normandie se termine pour la brigade Piron qui reçoit l'ordre de faire mouvement sur Arras.

> « Tout en roulant, écrit le colonel Piron, le commandant Houbion me régala d'andouillettes de Vire réchauffées sur le réchaud de campagne. Nous traversâmes Rouen. Tout en roulant, mes pensées se concentraient sur ces quatre semaines de combat. Notre bilan ne me semblait point trop mauvais. Mes soldats s'étaient battus valeureusement. Nous n'avions pas subi de lourdes pertes. Nos quelque 2 500 hommes avaient libéré la côte normande de l'Orne à la Seine[3]. »

De son côté, Guy Weber écrit que

> « les unités du groupement belge ont joué à saute-mouton dans cette poursuite le long de la côte fleurie, protégées en avant et sur les flancs par les auto-blindées du major de Selliers de Moranville et supportées par la batterie d'artillerie du major Deridder. Les trois héros de cette chevauchée s'appellent les majors Wintergroen, Waterloos et Nowe. Le temps a effacé leurs noms. Il convient qu'on leur rende l'hommage qui leur est dû. Tous les problèmes de ravitaillement ont été résolus par le capitaine André Bero et le lieutenant Jean Musschoot. Les mines ont été désamorcées, les ponts construits et les cratères remplis grâce au capitaine Richard Smekens. Les indispensables transmissions ont été orchestrées par le capitaine Richir. Le docteur Vermeylen a soigné nos blessés. Et cette caravane d'aventuriers s'ébranlait avec enthousiasme sous la houlette du colonel Jean Piron. Que ses détracteurs sachent qu'il fut le seul colonel belge aux combats de la Libération. La Belgique n'a pas le droit de l'oublier[4] ».

À la suite des opérations en Normandie, la brigade belge Piron reçoit la citation suivante à l'ordre des forces armées alliées :

> « Au cours de la progression de la Ire armée canadienne, de l'Orne au Havre, la brigade Piron a toujours été à l'avant-garde de la division à laquelle elle était attachée. S'est emparée, après de durs combats, de toutes les localités jalonnant la côte normande et notamment des villes de Cabourg, Villers-sur-Mer, Deauville,

3. *Ibid.*
4. *Ibid.*

Trouville, Honfleur et Bolbec. Son action lui a valu les plus hauts témoignages d'estime de la part du haut commandement allié[5]. »

Le 2 septembre 1944, la brigade Piron, désormais rattachée à la division blindée britannique des Guards du général Adair, reçoit l'ordre de se lancer sur l'axe Arras, Tournai, Hal et Bruxelles. Le 3, l'escadron de reconnaissance quitte Arras pour Douai, ouvrant la marche au reste de la brigade. Le premier véhicule passe la frontière belge à Rongy à 16 h 36. La population belge accueille ses libérateurs avec un enthousiasme et une joie immenses, surtout lorsqu'elle découvre avec stupéfaction qu'il s'agit de soldats belges. Le 4, deux pelotons belges entrent dans Bruxelles aux côtés des Britanniques de la division blindée des Guards. Par la place des Palais, la colonne des libérateurs regagne la rue Royale où le colonel Piron fleurit la tombe du soldat inconnu. L'ensemble de la brigade prend ensuite ses quartiers dans les diverses casernes de la ville. Le 8, un détachement participe à la libération de Liège. Des équipes de reconnaissance partent pour Tirlemont, Rozebeke et Saint-Trond. La colonne belge dépasse une unité américaine et atteint Ans. La population locale les prend pour des Canadiens français. Par la rive droite de la Meuse, des reconnaissances partent pour Fléron et Visé. Le même jour à Bruxelles, le maréchal Montgomery félicite le colonel Piron pour l'excellente tenue au combat de sa brigade, toujours à la pointe des opérations.

Le 11 septembre 1944, la totalité de la brigade Piron quitte la capitale, sous les ordres de la 8e division blindée britannique, avec pour mission de s'emparer de Bourg-Léopold. L'escadron d'autos blindées fonce vers Louvain, Diest et passe le canal Albert à Beringen, vers 13 h 30. Le même escadron se regroupe à l'entrée de Bourg-Léopold, ouvre les grilles du camp de prisonniers politiques du coin, libère plus de 900 prisonniers et capture les gardiens *SS*. De durs combats sont livrés dans les environs. Le 14, les positions allemandes sont enlevées. Le 16, la brigade reçoit pour mission de nettoyer le terrain jusqu'au canal d'embranchement. Les blindés s'emparent de Baelen et de Maat. Les Allemands contre-attaquent devant cette dernière localité. Durant quelques jours, sous le commandement de la 50e division écossaise, la brigade Piron s'empare, tour à tour, de Himmer et de Oostham, puis rejette les Allemands au nord du canal d'embranchement.

5. *Ibid.*

Le 17 septembre 1944, la brigade Piron passe sous le commandement du 8e corps d'armée britannique et prend position à Neerpelt. Commence alors la poussée vers la Hollande. De durs combats sont livrés, où les soldats belges démontrent une fois de plus leur grande bravoure. Le 19, le colonel Piron installe son PC à Meuve. Le 20, les troupes belges libèrent Bree, Bocholt et Kaulille. La brigade tient alors un front de 15 kilomètres et se trouve opposée aux régiments parachutistes allemands Grasmehl et Hardegg. De violents combats sont livrés. Le 22, les premiers éléments de la brigade passent la frontière hollandaise, avec pour mission de pousser vers Wessem et Maaseik.

Le 26, la brigade s'empare des villages de Thorn, Hunsel, Hel, Ophoven et de Ittervoort. Le 29, le colonel Piron passe sous le commandement du 19e corps américain. Le 30, une attaque est lancée contre Standfort. Le 1er octobre, le lieutenant Jacques, chef de section de prévôté, tombe sous les balles allemandes. Le 2, une unité de la brigade, soutenue par des chars américains, monte une opération contre Wessem, où une garnison allemande occupe l'angle formé par la Meuse et le canal. De durs combats sont livrés. Durant près d'un mois, la brigade s'installe défensivement dans cette région où il fait de plus en plus humide et de plus en plus froid.

Le 1er novembre, la brigade Piron passe sous le commandement de la 53e division galloise. Le 9, elle monte à l'assaut, afin de rejeter l'ennemi de l'autre côté du canal de Wessem. Cette opération coûte la vie à 6 soldats belges, tandis que 13 sont blessés. La réussite de cette attaque contribue largement au succès de l'offensive générale qui a lieu le lendemain. Le 14, le général de la 53e division galloise vient remercier le colonel Piron pour l'appui donné. Le 17, la brigade Piron quitte la région de Hunsel pour partir au repos à Louvain.

Le 16 décembre 1944, la brigade Piron, à l'effectif d'un simple groupement, est réorganisée en une véritable brigade sur le modèle britannique, grâce à l'incorporation supplémentaire de 2 500 volontaires. Les trois unités motorisées forment chacune un bataillon motorisé d'infanterie. Le 2 janvier 1945, la brigade commence une nouvelle instruction en Belgique, puis en Grande-Bretagne. Le 1er avril, elle fait mouvement vers la région de Lommel. Le 2, elle reçoit l'ordre de monter en ligne. Le 3, elle passe sous le commandement de la Ire armée canadienne. Engagée en Hollande, la brigade Piron installe son PC à Zetten le 14. De l'autre côté du Rhin, la troupe découvre un paysage apocalyptique qui témoigne de l'extrême violence des combats. Le 1er bataillon occupe, l'un après l'autre, Dodewaard, De

Tempel et Nieuweland. Le 16, Pannenhuis est réoccupé par l'ennemi et repris par le 3e bataillon. Les pelotons de pionniers s'activent aux périlleux travaux de déminage des itinéraires. Le 18, les troupes belges attaquent la position fortifiée d'Opheusden-Otchen. Attaques et contre-attaques se succèdent. Les pertes sont importantes dans les rangs de la brigade avec notamment, le 22 avril, les morts au combat du sergent Biesmans et des soldats Speth, Hauzeur, Van Goethem, Coopman et Martens, dans le secteur de Capelle. Le 23, la dernière attaque ennemie est facilement repoussée.

Le 7 mai 1945, la brigade Piron fait mouvement vers Culembourg. Le 9 mai, elle désarme 7 400 soldats allemands des 20e brigade et 361e division. Plus de 4 300 soldats allemands sont désarmés le 10. Le 15, elle arrive dans la région de Burgsteinfurt en Allemagne, puis occupe diverses garnisons en territoire germanique. Jusqu'au 15 décembre, elle fait de l'occupation en Allemagne.

Après la guerre, la brigade Piron est à la base de la nouvelle armée belge, qui occupe, durant toute la guerre froide, un créneau de l'OTAN, s'étendant de la frontière belge au rideau de fer. La brigade est renommée 1re brigade Libération et se trouve stationnée à la caserne de Bourg-Léopold.

Un bilan prestigieux

D'août 1944 à mai 1945, la brigade Piron déplore 118 tués et plus du double de blessés. Elle a capturé durant la même période plus de 20 000 soldats allemands, soit un bilan prestigieux qui souligne l'extrême vaillance de cette unité, toujours à la pointe des combats.

En septembre 1945, Jean-Baptiste Piron est nommé aide de camp du prince régent de Belgique. Promu général en décembre 1946, il commande la 2e division belge d'infanterie puis, l'année suivante, les troupes belges d'occupation en Allemagne. En janvier 1951, il devient chef de l'état-major des forces terrestres belges, ainsi qu'aide de camp du roi Baudouin. Il prend sa retraite en juillet 1957. Il décède le 4 septembre 1974, à l'âge de 78 ans, le jour anniversaire de la libération de Bruxelles.

13

Les Français oubliés de la Libération

Des décennies durant, on a estimé l'apport militaire français au débarquement du jour J et à la bataille de Normandie-Bretagne de juin à août 1944 à une quantité négligeable, souvent réduite aux 177 fusiliers de commandos marine du lieutenant de vaisseau Kieffer.

C'est oublier les 3 000 marins et les 12 navires de la force navale française, les 300 aviateurs et 122 appareils (chasseurs et bombardiers) de la force aérienne française, les 800 parachutistes des 2e et 3e régiments de chasseurs parachutistes (RCP) français (engagés en Normandie et en Bretagne), les 10 000 maquisards normands et 30 000 maquisards bretons, et enfin les 17 000 soldats de la 2e division blindée française du général Leclerc de Hauteclocque. Au total, 61 277 combattants français (soldats et résistants) participent à la bataille de Normandie et à celle de Bretagne (directement liée) au cours de l'été 1944.

Mission capitale des paras et des maquis français en Bretagne

Dès le 5 juin 1944, divers commandos parachutistes français des 2e et 3e RCP sont parachutés en Bretagne pour soutenir les maquis locaux et organiser les sabotages. Ils doivent fixer les importantes troupes allemandes dans ce secteur, afin de faciliter le succès du débarquement en Normandie. Mission capitale, car les 150 000 soldats allemands positionnés en Bretagne peuvent lancer une puissante contre-offensive de flanc, à même de rejeter les Alliés à la mer. Les paras français et les maquis bretons multiplient les embuscades et les sabotages en tous genres, fixant ainsi dans la guérilla près de la moitié des troupes allemandes présentes en Bretagne.

Soutenus ensuite par les divisions américaines débarquées en Normandie, les maquisards et les paras français en Bretagne accumulent les exploits militaires sur le terrain, contre un adversaire sans pitié, qui multiplie les massacres de civils innocents en représailles.

En juillet 1944, les parachutistes français y sont de plus en plus nombreux. Outre le 4e bataillon du 2e RCP, des éléments du 3e RCP, emmenés par le commandant Château-Jobert, ont sauté au-dessus du Finistère. Mission : fixer les troupes allemandes et semer le désordre. Un commando s'empare, le 4 août 1944, de la *Kommandantur* de la ville de Daoulas. Magnifique coup d'audace qui inflige 30 tués chez l'ennemi, un seul chez les Français. Une importante colonne de soldats *SS*, venant de Plougastel, s'approche : les paras français tendent une embuscade, leur causant de très lourdes pertes, puis s'évanouissent dans la nature. Le 5, ces mêmes paras français font 60 prisonniers allemands.

Le 3e RCP opère en petites unités dans divers endroits de France, encore occupés : en Bretagne, dans le Centre et en région lyonnaise pour des opérations de commandos et de guérilla, au bénéfice des maquis (80 embuscades, 46 sabotages et 45 coups de main) ; celles-ci contribuent largement au succès des armées alliées.

À Ancenis, les parachutistes français du commando du capitaine Philippe Ragueneau investissent les rues. L'un d'entre eux met la main sur un plan allemand de toute la Bretagne, où figurent les emplacements des mitrailleuses et des canons antichars. Un document capital pour la progression des Alliés, qui évitera pertes de temps et surtout pertes en hommes. Ragueneau se charge lui-même d'apporter à l'état-major allié le plan allemand. Malgré le danger, il parvient à rejoindre les lignes alliées et transmet le précieux document.

La Résistance bretonne constitue une véritable armée, dont les effectifs de 30 000 hommes, fin juillet 1944, attirent l'attention du commandement allié ; leur discipline au combat étonne, leur vaillance forcent l'admiration. Le lieutenant-colonel américain Rudder, commandant le 2e bataillon de Rangers, félicite en ces termes les maquisards bretons qui ont combattu à ses côtés :

> « Nous désirons remercier les FFI (Forces françaises de l'intérieur) pour le travail fait et qui a été une preuve de la renaissance de la tradition martiale de la France[1]. »

Les résistants bretons ne limitent pas leurs missions à des actions de sabotage ou de guérilla. Ils participent à des batailles rangées, à des opérations de siège dont parfois, même, ils assument l'entière responsabilité, sans le concours des forces alliées.

Dans le seul département des Côtes-du-Nord, entre le 10 juillet et le 4 août 1944, les FFI obtiennent des résultats spectaculaires : 2 500 soldats allemands hors de combat, 300 coupures de ligne téléphoniques et de lignes à haute tension, 200 sabotages de lignes de chemin de fer, 40 déraillements, 50 embuscades dirigées contre les convois, au cours desquelles 200 véhicules sont capturés.

En neuf jours, du 4 au 13 août 1944, 4 divisions allemandes stationnées en Bretagne et 2 divisions venant de Normandie sont détruites ou encerclées. Le 8e corps d'armée américain, les paras français et les 30 000 résistants bretons font 60 000 prisonniers. En Ille-et-Vilaine, les maquisards capturent 1 400 soldats allemands et détruisent 100 véhicules.

Le général américain Eisenhower, commandant en chef des forces alliées, a reconnu le rôle important joué par la Résistance bretonne :

> « Une mention spéciale doit être faite ici de l'aide qui nous fut apportée par les FFI (Forces françaises de l'intérieur) dans la réduction de la presqu'île bretonne. Les forces de la Résistance dans cette zone ont été portées, à partir de juin, autour d'un noyau de troupes du 4e bataillon de parachutistes français, jusqu'à un effectif total d'environ 30 000 hommes. Dans la nuit du 4 au 5 août, un état-major a été envoyé sur place pour prendre en charge les opérations. Devant l'avance des colonnes alliées, ces forces françaises tendaient des embuscades à l'ennemi battant en retraite, attaquaient les groupes isolés et les emplacements fortifiés et protégeaient les ponts. Leur tâche était, une fois que nos blindés les avaient dépassés, de nettoyer les localités où demeuraient des poches de résistance, et de défendre les lignes de communication alliées. De plus, elles rendirent à nos troupes des services inestimables, en leur fournissant des renseignements

1. Archives militaires françaises, Vincennes.

quant aux dispositions et aux intentions de l'ennemi. Enfin, et ceci n'est pas le moins important, elles avaient par leur harcèlement incessant, entouré les Allemands d'une atmosphère intenable et de danger et de haine, qui sapait la confiance de leurs chefs et le courage de leurs soldats.

« En aucune autre guerre antérieure et sur aucun autre théâtre d'opérations au cours de cette guerre, les forces de Résistance n'ont été aussi étroitement intégrées à l'effort militaire principal. J'estime que la destruction des communications ferroviaires ennemies, le harcèlement du trafic automobile allemand et la pression de plus en plus forte exercée par les forces organisées de la Résistance française sur les troupes allemandes, ont joué un rôle considérable dans notre victoire[2]. »

Fusiliers marins commandos et résistants français en Normandie

D'après l'excellent ouvrage de l'historien Benjamin Massieu, les 177 fusiliers marins commandos français du lieutenant de vaisseau Kieffer ont débarqué le 6 juin 1944, dans le secteur de Sword Beach, vers 7 h 55[3].

Le débarquement se fait sous un déluge de feu des défenses allemandes : mitrailleuses, mortiers, artillerie. Le commando français subit de lourdes pertes et se trouve rapidement face au réseau de barbelés. Il ouvre une brèche à la cisaille et parvient à quitter la plage, en direction des ruines de l'ancienne colonie de vacances de Colleville-sur-Orne. On déplore déjà 3 tués et 26 blessés dans les rangs français. Le commando français doit s'emparer du puissant système défensif allemand de Ouistreham-Riva-Bella, avec ses bunkers, son fossé et son mur antichars, son casino transformé en fortin, ses tours de *Flak* et ses barbelés. Il faut l'appui d'un char britannique, guidé par le lieutenant de vaisseau Kieffer, pour conquérir totalement cette position clé, après une lutte farouche. Vers 13 heures, les fusiliers marins commandos français progressent à l'intérieur des terres, aux côtés de leurs camarades commandos britanniques. À marche forcée, ils parviennent à établir une tête de pont de 12 kilomètres

2. *Ibid.*
3. Benjamin Massieu, *Les Français du jour J*, éditions Pierre de Taillac, 2019.

de profondeur, avec les parachutistes britanniques de la 6e division aéroportée. Ils repoussent héroïquement plusieurs contre-attaques allemandes, jouant ainsi un rôle clé dans le succès du débarquement des Alliés en Normandie. On dénombre déjà une dizaine de tués et une trentaine de blessés dans les rangs français.

La Résistance normande se distingue également, avec ses 10 000 membres qui multiplient les sabotages et les embuscades sur les arrières des troupes allemandes.

La forte densité de l'occupation allemande en Normandie a rendu délicate l'implantation des maquis (Guillaume le Conquérant, La Marseillaise, Montcalm…). Pourtant, les opérations de la Résistance du Calvados sont importantes dès le début des opérations : 8 ponts et 100 véhicules sont détruits. En outre, il convient d'ajouter de très nombreux sabotages de voies de chemin de fer et d'innombrables ruptures de câbles téléphoniques. Les parachutistes alliés sont guidés par les habitants et les résistants locaux, hors des champs de mines et des pièges multiples. La célèbre Henriette Henry sauvera ainsi de nombreuses vies.

> « Ce rôle, rapporte le commandement allié, a été considérable le long de la côte, lors du passage de rivières, à Caen en particulier et dans les coins difficiles du bocage. En tout cas, de nombreuses attestations données par des officiers d'unités anglaises, canadiennes et belges à des FFI semblent le prouver abondamment[4]. »

Les FTP (francs-tireurs et partisans) se distinguent dans la région de Vire. Les groupes du SOE d'Antoine et des détachements FTP truffent de mines les grands itinéraires des environs de Lisieux et d'Orbec. Les groupes Michel et Normandie tendent des embuscades à Évrecy, Bény-Bocage et Sourdeval. Le chef d'équipe Jean Renaud-Dandicolle, résistant bordelais ayant rejoint le SOE, combat avec une grande efficacité dans la région de Cesny-Bois-Halbout : il sabote de nombreuses voies ferrées.

Dans la Manche, les parachutistes alliés sont également recueillis et guidés par les résistants locaux. Le chef départemental Yves Gresselin fait saboter les voies ferrées entre Cherbourg et Carentan, Cherbourg et La Haye-du-Puits, Lison et Coutances, Folligny et Granville ;

4. Archives militaires françaises, Vincennes.

d'autres sabotages ferroviaires interviennent à Saint-Sauveur-le-Vicomte, Saint-Lô, La Haye-Pesnel, ainsi que la destruction des câbles de télécommunication à longue distance. Les groupes FTP sabotent et mitraillent dans la région de Cherbourg, Valognes, Carentan, Coutances et Avranches. Des groupes de l'OCM font de même dans les secteurs des Pieux, de Sainte-Mère-Église, Chef-du-Pont et Villebaudon. Libération-Nord agit dans le secteur de Montmartin, Saint-Laurent-de-Terregatte et Cérences.

> « Les résistants de tous les groupes, rapporte Marie Granet, sont extrêmement actifs : ils aident l'armée américaine, lui fournissent des renseignements, participent aux combats... Henri Moroge, sa femme et Lefranc regroupent dix-neuf "paras" tombés dans les marais de Tribehou, les conduisent à Graignes, où ils retrouvent d'autres "paras", en tout cent cinquante : ils résisteront aux Allemands jusqu'au 11 juin. Moroge guide ensuite l'armée américaine... Mauger passe les lignes le 19 et le 20 juin pour porter des renseignements aux Américains, puis les guider... Lecrès, lui aussi, passe plusieurs fois les lignes entre Bricquebec et Port-Bail, pour porter des renseignements aux Anglais (spécialement sur les défenses de Cherbourg) ; il fait le coup de feu et avec des camarades (Luce et Harassé), il fait douze prisonniers[5]. »

Les lignes téléphoniques allemandes sont coupées dans le secteur de Mortain par divers groupes, dirigés par André Bedon et Louis Pinson. D'autres sabotages ont lieu aux environs d'Avranches, où la voie ferrée Lison-Damballe est coupée. Des câbles souterrains sont sectionnés et quatre lignes aériennes détruites. Des arbres abattus bloquent les routes. À Barenton, le groupe Les Courtils, commandé par le chef de brigade Dauvergne, arrache les pancartes allemandes et coupe des fils. Les groupes de Saint-Hilaire-du-Harcouët, que dirigent Louis Blouet et Jacques Navier, abattent un sapin qui barre la route entre Juvigny-le-Tertre et Le Poiton. Le 8 juin, cet obstacle stoppe une colonne allemande de trente camions, et en fait une cible idéale pour l'aviation alliée qui va la détruire entièrement.

Dans l'Eure, le maquis Surcouf, commandé par les résistants Baudot, Leblanc, Lesage et Vesque, liquide la *Feldgendarmerie* de Pont-Audemer, coupe les lignes téléphoniques environnantes,

5. Archives du centre national Jean-Moulin, Bordeaux.

multiplie les sabotages et les embuscades. La section Le Braz attaque l'observatoire de Saint-Georges-du-Vièvre. Deux maquisards sont tués, mais les pertes allemandes ont été lourdes : 8 soldats abattus, 6 fusils Mauser et 2 mitrailleuses récupérés. Le 7 juin, le maquis capture une quinzaine de soldats ennemis.

Dans l'Orne, le chef départemental FFI Daniel Desmeubles fait appliquer le plan Tortue avec efficacité. L'acheminement de renforts allemands vers la tête de pont se trouve retardé de plusieurs heures, plus de 150 véhicules allemands sont détruits. Le brouillage des panneaux de signalisation force un important convoi à tourner en rond, dans la région de Flers, durant une nuit entière.

Le 11 juin 1944, le maquis de Lignières-la-Doucelle lutte contre 200 soldats allemands pendant trois heures. Le chef départemental FFI, Daniel Desmeubles, est capturé, mais l'occupant perd une vingtaine d'hommes. Dans la forêt d'Écouves, plus de 400 soldats allemands sont mis hors de combat par les maquis.

Les actions efficaces de la Résistance normande se poursuivent ainsi pendant tout l'été 1944.

Premières victoires de la 2e division blindée française

La 2e division blindée (DB) du général Leclerc de Hauteclocque est la plus importante unité française engagée dans la bataille de Normandie. Formée au Maroc en août 1943, elle rejoint la Grande-Bretagne, à bord de nombreux navires entre avril et mai 1944.

Cette division aligne des Français libres de la première heure, des évadés de France, des soldats de l'armée d'Afrique. Français de la métropole ou Pieds-Noirs, Libanais, Algériens, Marocains, Noirs d'Afrique équatoriale, Indiens des comptoirs, chrétiens, juifs, musulmans, bouddhistes, traditionalistes et libres penseurs, anciens combattants des brigades internationales en Espagne, républicains espagnols, tous aspirent à la libération de la France.

La 2e DB se compose de plusieurs unités, dont un régiment de reconnaissance (1er régiment de marche de spahis marocains du colonel Rémy), un régiment d'infanterie (régiment de marche du Tchad du colonel Dio), trois régiments de chars de combat (501e régiment de char de combat du colonel Warabiot, 12e régiment de chasseurs d'Afrique du colonel de Langlade, 12e régiment de cuirassiers du colonel Noiret), un régiment de chasseurs de chars (régiment blindé de fusiliers marins du capitaine de corvette Maggiar), trois groupes d'artillerie, un bataillon du Génie, un groupe de DCA, un groupe d'escadrons de réparation, un bataillon médical... L'ensemble représente 17 000 hommes, 4 000 véhicules, dont 130 blindés légers ou automitrailleuses, 153 chars de combat Sherman M4, 44 chars Destroyer M10.

Leclerc articule sa division en trois ou quatre groupements tactiques (GT), avec pour ossature un régiment de chars de combat, un bataillon d'infanterie, un escadron de reconnaissance et un escadron de chasseurs de chars (GTD du colonel Dio, GTL du colonel de Langlade, GTB du colonel Billotte et GTR du colonel Rémy). Cette souplesse d'utilisation exige des qualités certaines de commandement, qui permettent à la 2e DB de s'adapter au mieux aux différentes missions.

La 2e DB débarque à Utah Beach, en Normandie (Cotentin), le 1er août 1944 et participe à la fin de la bataille de Normandie. Elle doit atteindre Alençon, puis Argentan, contribuant ainsi à la victoire finale par la fermeture de la poche de Falaise avec les Américains.

Audacieuse, rapide et mobile, la 2e DB prend les troupes américaines de vitesse, libère diverses localités, enfonce les positions allemandes et réduit les poches de résistance. Dans la forêt d'Écouves, la 2e DB capture 3 000 soldats ennemis et détruit un régiment de panzers. En dix jours de combat, la division du général Leclerc enregistre cependant de lourdes pertes, avec un millier de soldats hors de combats (tués, blessés ou disparus) et 75 blindés détruits ou endommagés.

14

Paris et Dompaire, deux victoires françaises de la Libération

On estime souvent que la libération de Paris vient uniquement de l'apport de l'armée américaine et de la volonté du commandement allemand de préserver la capitale française de la destruction. On oublie ainsi le rôle primordial de la Résistance intérieure et de la division blindée Leclerc dans cette défaite allemande. Il en est de même de la bataille de Dompaire, souvent tombée dans l'oubli. C'est pourtant l'un des plus importants affrontements de chars de la Libération en 1944, qui oppose des blindés français à des tanks allemands.

La libération méconnue de Paris

Le 21 août 1944, le général de Gaulle est prévenu qu'une importante insurrection vient de se déclencher dans Paris, à l'initiative des résistants communistes, dont en particulier le colonel Rol-Tanguy, ancien des brigades internationales de la guerre civile d'Espagne, devenu commandant en chef des FFI de l'Île-de-France. C'est également un soldat qui s'est battu avec courage en mai et juin 1940 contre l'armée allemande. Il commande en chef patriote, conscient de ses devoirs, et non uniquement en partisan d'une cause politique.

Aux côtés de Charles Tillon, résistant de la première heure et chef national des FTP, Rol-Tanguy prend tout le monde de court en lançant ses troupes, le 10 août 1944, dans une guérilla urbaine. Le même jour, les cheminots de la capitale se mettent en grève, suivis par les postiers. Le 15, les policiers suivent le mouvement. Le 17, le Comité national des FTP lance l'ordre de mobilisation générale, suivi, le 18, par l'état-major FFI de la région parisienne. Rol-Tanguy a pour adjoint un officier de carrière, le colonel de Marguerittes, chef FFI du département de la Seine.

Dans toute la région parisienne, les FFI alignent environ 15 000 hommes, faiblement armés : seulement 4 mitrailleuses, 83 fusils-mitrailleurs, 562 fusils, 325 revolvers ou pistolets, et moins de 200 grenades. Les forces allemandes de Paris reposent sur 18 000 hommes, 60 canons, 75 blindés et 60 avions. Le général Dietrich von Choltitz, commandant du Gross-Paris, n'a rien d'un fanatique. Il ne s'est jamais mêlé de politique, et il est réputé pour être discipliné et fidèle aux ordres reçus. Mais c'est également un homme las, victime de crises d'angine de poitrine, persuadé que l'Allemagne a perdu la guerre. Il estime même, nous l'avons vu, que Hitler est un fou qui mène l'Allemagne à la ruine.

À l'intérieur de la capitale, les Allemands ont organisé un nombre important de points d'appui, fortement défendus, d'où ils peuvent contrôler les principaux itinéraires. Paris devient donc le lieu d'une bataille d'embuscades, d'escarmouches, de guérilla propice aux exploits individuels. Des barricades se dressent un peu partout et les résistants attaquent les véhicules allemands à la grenade et à la bouteille incendiaire. Des fenêtres des immeubles, ils tirent sur les patrouilles ennemies.

Une trêve est négociée dans la soirée du 19 août 1944, grâce à l'intervention du consul général de Suède à Paris, Raoul Nordling. Cependant, des nouvelles alarmantes parviennent à Jacques Chaban-Delmas, délégué militaire national de la Résistance et représentant du général de Gaulle : la mairie de Neuilly a été reprise par les Allemands, une vingtaine d'otages ont été capturés, la préfecture de police de Paris est à bout de munitions, les chars allemands se font menaçants.

Faut-il prolonger la trêve ou la rompre ? Le lundi 21 août 1944, dans la soirée et jusque tard dans la nuit, Chaban-Delmas discute avec les principaux chefs de la Résistance parisienne dans un appartement proche de la gare Denfert-Rochereau. Il se déclare favorable au maintien de la trêve, sachant que les troupes FFI engagées dans l'insurrection armée luttent contre la montre. Il est convaincu qu'il faut gagner du temps, avant l'arrivée des Alliés, bien que la date reste inconnue. D'autres s'y opposent fermement, notamment Villon, le représentant du Front national (tendance communiste) au conseil national de la Résistance (CNR) qui se heurte à Chaban-Delmas ; celui-ci reste cependant impassible. Villon finit par présenter ses excuses.

> « Le véritable problème, rappelle Jacques Chaban-Delmas, était de savoir ce qu'il fallait choisir : l'unité de la Résistance ou le souci de préserver Paris d'une destruction assortie d'un massacre. Alexandre Parodi, représentant du gouvernement d'Alger, qui présidait les débats, opta pour l'unité de la Résistance. "Dénonçons la trêve", dit-il. Je n'avais qu'à m'incliner[6]. »

Persuadé que la trêve a évité aux Allemands d'utiliser tout leur armement lourd, Chaban-Delmas adhère finalement à l'appel aux barricades. La trêve permet surtout de joindre les Alliés, par l'intermédiaire de deux émissaires, le commandant Gallois et le lieutenant Petit-Leroy, et finalement de les convaincre de dévier leur progression vers Paris. Sur l'intervention directe du général de Gaulle, le général Eisenhower accepte de modifier ses plans et de libérer Paris au lieu de déborder la capitale par l'ouest et par l'est. Le 22 août 1944, il donne enfin l'ordre au général Leclerc de foncer sur Paris.

La 2e division blindée (DB) française s'ébranle au petit matin du 23 août, avec ses 200 chars, ses 4 000 véhicules et ses 16 000 hommes. Elle progresse en deux groupements, le premier par Rambouillet, Le Petit-Clamart et Sèvres, le second en direction d'Arpajon et de la Croix de Berny par la nationale 20. La 2e DB est soutenue à l'est par la 4e division américaine d'infanterie (DI). Leclerc et ses soldats livrent de furieux combats le long de la nationale 20. Ils se heurtent à des batteries de DCA de canons de 88 mm, transformées en pièces antichars. Les pertes de la 2e DB sont lourdes : plus de 300 tués, blessés ou disparus, une quarantaine de chars et une centaine de véhicules détruits ou endommagés. Mais la percée est effectuée avec succès, les Français capturent plus d'un millier de soldats allemands et détruisent un important matériel militaire.

6. Entretiens de l'auteur avec Jacques Chaban-Delmas en juillet 1998.

À Paris, la situation est confuse. La *Luftwaffe* quitte Le Bourget. La retraite de certaines troupes allemandes se déroule dans des conditions difficiles. Les soldats de la *Wehrmacht* sont mitraillés par les détachements FFI, tandis que d'autres militaires du Reich déménagent les bureaux et entassent dans des camions dossiers et archives. Hitler donne l'ordre au général von Choltitz de détruire la capitale. Mais ce dernier refuse d'obéir, jugeant cette décision criminelle et inutile sur un plan militaire. Dans les rues, les barricades se multiplient alors que les éléments avancés de la division Leclerc, commandés par le capitaine Drone, se rapprochent.

Dans la nuit du mercredi au jeudi 24 août, Chaban-Delmas échappe de peu à la mort devant une patrouille allemande. Il a eu juste le temps de se jeter dans l'obscurité d'une rue et de disparaître. Il se rend ensuite à l'hôtel Matignon où sont réunis les secrétaires généraux des ministères chargés de préparer l'arrivée du général de Gaulle. Chaban-Delmas leur dresse un tableau partiel de la situation militaire dans la capitale.

La nouvelle tant attendue arrive enfin: la 2e division blindée française du général Leclerc va faire son entrée dans Paris. Le capitaine Drone rejoint le centre-ville, en compagnie de 3 chars Sherman, d'une quinzaine de blindés, de 2 camions et de 150 hommes, dont des républicains espagnols qui ont rejoint la France libre. À 20 h 45, cette puissante troupe passe la porte d'Italie, franchit la Seine par le pont d'Austerlitz et longe les quais. Sur son passage, la foule crie sa joie et sa fierté. À 21 h 22, Dronne est accueilli à l'Hôtel de Ville par la Résistance qui entonne une *Marseillaise* étranglée de larmes. Chaban-Delmas est présent dans son uniforme de général de la Résistance.

Le 25 août 1944, alors que la 4e DI américaine libère les quartiers est de Paris, la 2e DB obtient à l'hôtel Meurice la reddition du général von Choltitz, suivie de la capitulation des différents points d'appui: Sénat, école militaire, quartier des Affaires étrangères… Près de la place de la Concorde, une bataille de chars se conclut par la destruction de plusieurs blindés allemands. Le lendemain, le général de Gaulle effectue une descente triomphale des Champs-Élysées, sous les acclamations de la foule.

Jacques Chaban-Delmas se souvient de la reddition du général von Choltitz et de sa première rencontre avec le général de Gaulle:

> « À l'hôtel Meurice, le général von Choltitz se rend au commandant La Horie et à ma secrétaire, Gisèle Hasseler. Peu

après, le général allemand est dirigé, sous bonne escorte, à la Préfecture de police où je me trouve avec Leclerc. Les communistes Rol-Tanguy et Valrimont sont conviés à la table des négociations à ma demande, afin de préserver jusqu'au bout l'unité de la Résistance pour accueillir le général de Gaulle. Von Choltitz, congestionné, souffre de difficultés respiratoires dues à une insuffisance cardiaque. Rol-Tanguy demande à signer l'acte de reddition au nom des FFI d'Île-de-France. Leclerc refuse dans un premier temps, je parviens à le convaincre d'accepter au nom de l'unité nationale. L'acte définitif est finalement signé à la gare Montparnasse. Soudain, vers, 16 h 30, alors que je me trouve aux côtés de Leclerc en compagnie de deux officiers, un soldat surgit en criant : “Le général de Gaulle !” Et de Gaulle, qui m'apparut immense, survint marchant vers nous à pas lents. “Alors Leclerc, où en êtes-vous ?” Leclerc s'engagea dans un bref résumé, puis s'aperçut que le Général m'avait ignoré. Il reprit : “Mon Général, vous connaissez le général Chaban.” J'étais là, au garde-à-vous, partagé entre une joie bouleversante et un respect écrasant devant l'homme en qui nous espérions depuis si longtemps. Le regard du général s'abaissa alors sur moi et croisa le mien : incrédulité, courroux à la pensée qu'il avait pu confier de si lourdes responsabilités à un si jeune homme, enfin un attendrissement évident. L'inspection dura de longues secondes ; j'étais prêt à rentrer sous terre lorsque le Général me tendit la main et, en serrant la mienne, me dit seulement – j'entendrai le son de sa voix jusqu'à mon dernier jour : “C'est bien, Chaban.” Trois mots qui achevaient de donner un sens à tout ce que j'avais fait. Le nuage de la colère soudain s'effaça. Il eut une sorte de sérénité et je crois bien, pourquoi ne pas vous le dire, que j'y ai senti de la tendresse[7]. »

Les combats pour la libération de la capitale ont été meurtriers : les FFI (AS, FTP, ORA) comptent 900 tués et 1 500 blessés, la 2e division blindée du général Leclerc, 28 officiers et 600 sous-officiers et soldats tués ou blessés. Les Allemands déplorent 3 200 tués et 14 500 prisonniers.

7. Entretiens de l'auteur avec Jacques Chaban-Delmas en juillet 1998.

> « En s'installant au ministère de la Guerre, écrit Philippe Masson, où rien ne manque, sauf l'État, de Gaulle entend bien, comme prévu, rétablir l'autorité du gouvernement. Il met fin à l'activité du CNR, élargit l'assemblée consultative par une fournée de résistants de l'intérieur et surtout il tient à exercer son contrôle sur les trop nombreux FFI qui font régner dans la capitale une atmosphère trouble, avec le cortège classique de femmes tondues, d'hommes au visage ensanglanté et d'exécutions sommaires. Le général de Gaulle obtient du commandement allié l'autorisation de garder la 2e DB jusqu'au 8 septembre. Il intègre les FFI dans une 10e DI dirigée vers la frontière du Nord-Est. Eisenhower accepte encore de faire défiler, le 29 août 1944, une division américaine à travers Paris depuis l'Arc de Triomphe jusqu'à Vincennes. Démonstration de force destinée à impressionner les communistes. De Gaulle devra cependant attendre encore jusqu'au 23 octobre 1944 pour que les Américains suivis des Anglais et des Soviétiques se décident à reconnaître le gouvernement provisoire[8]. »

Après la libération de Paris, la 2e DB française est renforcée par quatre compagnies FFI, qui forment le groupement tactique Roumiantzoff (GTR). Réintégrée comme le désirait le général Leclerc au 15e corps d'armée américain du général Haislip, la 2e DB française couvre le flanc sud de la IIIe armée du général Patton dans sa marche vers l'est. Cette délicate opération militaire est coordonnée avec la remontée du sud de l'armée française du général de Lattre, après son débarquement en Provence en août 1944. La 2e DB s'empare de Contrexéville le 11 septembre 1944 et, le 12, de Vittel où le général Leclerc libère 3 000 ressortissants britanniques et américains internés là depuis 1940. Le même jour, la jonction avec l'armée française du général de Lattre se réalise à Montbard.

8. Philippe Masson, *Histoire de l'armée française de 1914 à nos jours, op. cit.*

L'incroyable victoire de Dompaire

Entre le 12 et le 14 septembre 1944, dans la vallée de la Gitte, entre Damas et Dompaire, une terrible bataille oppose des éléments avancés de la 2e DB française, dont principalement un groupe de combat du commandant Massu et le régiment blindé de fusiliers marins (RBFM) avec ses chars Destroyer M10, à la 112e panzerbrigade, forte de 120 chars lourds Panther et Panzer IV, chargée de contre-attaquer la progression des troupes alliées.

Repérée dès les 12 septembre, la 112e panzerbrigade commet l'erreur de rester dans la vallée et de s'offrir ainsi aux coups de la 2e DB, postée en embuscade et soutenue par cinq attaques au sol de chasseurs bombardiers américains P47 Thunderbolt. Cette retentissante victoire française permet aux équipages des chasseurs de chars M10 du RBFM et aux Sherman du groupement Massu et Mijonnet de prouver une nouvelle fois leur valeur au général Leclerc: 59 Panther et 16 Panzer IV sont détruits, contre seulement 6 blindés français. L'artillerie motorisée de la 2e DB, avec ses canons automoteurs M7 Priest de 105 mm, joue également un rôle important dans cette défaite allemande.

Le 15 septembre 1944, la Moselle est franchie par le sous-groupement du commandant de La Horie (GTV) à Châtel où, dès le lendemain, il repousse une contre-attaque allemande.

Bien qu'en infériorité numérique lors de la bataille de Dompaire, en luttant à un contre trois, Leclerc maîtrise parfaitement le combat interarmes. Il utilise avec brio ses chars Destroyer M10 et Sherman, son artillerie motorisée, son infanterie et l'appui aérien. Les chars lourds Panther, supérieurs en blindage aux Sherman et surtout aux Destroyer M10, sont cependant battus à Dompaire par des tankistes français plus expérimentés que les jeunes recrues allemandes, bien que commandées par des officiers chevronnés venant du front russe. La 2e DB française reçoit les félicitations admiratives du commandement américain pour cette victoire, qui atteste une fois de plus de sa valeur militaire.

Pierre Richard, un ancien tankiste de cette division française d'élite, raconte:

> « Nos Sherman étaient inférieurs en canon et en blindage aux Panther et aux Tigre allemands. Par contre, nos tanks Destroyer M10 avaient un canon puissant, pouvant percer l'épais blindage des tanks allemands. À Dompaire, j'ai vu les corps affreusement

mutilés des jeunes tankistes allemands, des gamins, envoyés à l'abattoir pour la gloire d'un dictateur fanatique et sans pitié. Les chars allemands étaient impressionnants de puissance, mais moins mobiles que nos Sherman et nos Destroyer M10. Leclerc, Massu et Mijonnet ont fait preuve d'une grande habileté tactique lors de la bataille de Dompaire, car les Panther allemands, mieux utilisés, auraient pu nous causer de très lourdes pertes[9]. »

9. Entretiens de l'auteur avec Pierre Richard en février 1978.

15

L'énigmatique affaire de la dernière fusillade de Souge

Le 1er août 1944, 48 otages sont fusillés au camp militaire de Souge, en Gironde, près de Bordeaux. Qui sont les véritables responsables de cette exécution massive ? L'affaire de la dernière fusillade de Souge est longtemps demeurée l'une des grandes énigmes de la Libération. Grâce à une enquête poussée, il est désormais possible de connaître les véritables coupables de ce massacre.

L'incroyable retraite de la *Gestapo* bordelaise

Dans la soirée du 27 août 1944, la totalité de la police de sûreté et du *SD* (*Gestapo*) quitte, à bord de 40 véhicules, la ville de Bordeaux, sans le moindre incident. La première nuit, Friedrich-Wilhelm Dohse, un des chefs allemands de la *Gestapo*, accompagné de son équipe, bivouaque dans la région d'Angoulême. Des collaborateurs français et espagnols les accompagnent. Passant par Tours, Bourges, Nevers, Autun, Beaune, Dole, Besançon, Vesoul, Belfort, Mulhouse, Colmar et Strasbourg, ils arrivent à la frontière du Reich après un voyage de quatre jours et trois nuits. Dohse ne note aucune alerte sérieuse, excepté une embuscade dans les Vosges près de Vesoul, qui coûte la vie à un officier *SS*, le Dr Oehme. Il est enterré à Strasbourg. Près de Lahr, dans la Forêt-Noire, le groupe traverse le Rhin à l'aide de quelques ferry-boats et se repose dans une école durant une huitaine de jours.

> « Nous recevons enfin l'ordre suivant, écrit Friederich-Wilhelm Dohse: chargement du détachement entier avec tous les véhicules, de la gare de Wiesbaden-Est en direction du front de l'Est dans la région de Dantzig. Nous devons y être mis en action contre les partisans russes et polonais de ce front qui, à ce moment-là, s'étendait jusqu'à l'ancienne frontière du Reich, en Prusse-Orientale[10]. »

Lors du chargement sur le chemin de fer à Wiesbaden-Est, une attaque aérienne cause de lourdes pertes à la colonne. Après des jours entiers de voyage, interrompus par des bombardements aériens, les survivants atteignent Dantzig. Ils entrent en Prusse-Orientale, avec leurs véhicules, et sont rassemblés avec d'autres éléments de police et de la *Wehrmacht*, afin de former une nouvelle unité de combat. Des semaines passent, sans que l'unité entre en action. Peu de temps après, Dohse reçoit l'ordre de se rendre au Danemark. Il doit enquêter sur des sabotages maritimes à Copenhague.

Dohse au Danemark

> « On comptait sur mon expérience de Bordeaux, raconte Dohse, où j'avais tiré au clair plusieurs sabotages effectués dans le port. Des soldats anglais, déposés par des sous-marins, à l'embouchure de la Gironde, gagnaient le port sur des embarcations silencieuses et, à la faveur de la nuit, fixaient des charges explosives sur la coque de *raiders* (escorteurs de la *Kriegsmarine*). Comme j'avais éventé bon nombre de ces actions, j'avais été qualifié de "spécialistes en sabotages maritimes" sur les fichiers personnels à Berlin. C'était aussi facile que cela de devenir "spécialiste" de n'importe quoi. Il me fallait éclaircir des incidents semblables à Copenhague maintenant[11]. »

Dohse se rend à Copenhague au mois de décembre 1944. Au début de l'année 1945, il demande à rejoindre son détachement sur le

10. Archives du centre national Jean Moulin, Bordeaux.
11. *Ibid.*

front de l'Est mais, du fait de la débâcle, nul ne peut lui indiquer le lieu d'affectation. Finalement, il reçoit l'ordre de rester au Danemark.

Le commandement le charge alors de diriger un bureau de la police de sûreté sur l'île danoise de Fionie (siège à Odense), dans le but de lutter contre la Résistance danoise. Mais, comme la fin de la guerre est proche, Dohse s'abstient pendant ces quelques mois de toute action spectaculaire contre les Danois, se contentant de veiller sur sa propre sécurité.

Dohse capturé par les Britanniques

Le 8 mai 1945, Dohse quitte Odense en direction de l'Allemagne. Non loin de la frontière, il est capturé par les Anglais. Interné au Danemark, il est immédiatement contacté par les services secrets britanniques qui lui proposent de travailler pour eux.

Lors d'une interview en 1987, Dohse déclarera :

> « Les services secrets britanniques sont même venus voir ma femme et lui ont proposé une maison, de la nourriture, etc. Je ne sais pas combien de fois ils m'ont demandé si je voulais bien les rejoindre afin de les renseigner sur mes compatriotes, de trahir mes compatriotes si vous voulez. J'ai refusé. Ce n'était pas mon travail… J'aurais accepté contre les Russes, pas contre les Allemands[12]. »

Réclamé par la Pologne pour y être jugé, Dohse cherche un moyen d'éviter l'extradition. Les tribunaux militaires polonais ont à cette époque mauvaise réputation parmi les officiers *SS*. Il tente alors un nouveau coup de bluff, qui va lui sauver la vie. Il écrit une longue lettre au tribunal militaire de Bordeaux pour y être jugé. Les autorités françaises obtiennent facilement son extradition.

Extradition, emprisonnement et jugement de Dohse en France

> « Le transfert se passa au mois de juin 1947, écrit Dohse. La police militaire française vint me chercher, et je fus transféré par étapes

12. *Ibid.*

> différentes en Allemagne jusqu'à Bordeaux, où on m'écrouait à la prison militaire, rue de Pessac, plus tard, pendant un certain temps, au fort du Hâ et enfin de nouveau rue de Pessac, où se trouvaient des centaines de prisonniers de guerre allemands, entre autres mon commandant Luther. Dans cette prison, je servais de porte-parole et d'interprète des prisonniers allemands pour leurs avocats français. À ce propos, il me faut mentionner qu'on me traitait, pendant toute ma captivité française, d'une façon extrêmement correcte, probablement à cause de ma volonté de faire table rase du passé et de la "légende" qui était attachée à ma personne. Les enquêtes contre moi et mes camarades durèrent des années. L'accusation et le procès devant le tribunal militaire de Bordeaux eurent lieu en avril 1953[13]. »

En même temps que Dohse, comparaît à la barre des accusés celui qui a été son ancien supérieur, de 1942 à 1943, Hans Luther. En occultant certaines affaires, les avocats de Dohse, Mes Favreau-Colombier et Odin, font preuve d'une grande habileté. Le tournant du procès se déroule lors de l'intervention d'un témoin de tout premier plan : l'ancien résistant du SOE Jean Duboué. Celui-ci pleure dans les bras de Dohse et le remercie de lui avoir sauvé la vie ! Me Jean Odin n'a plus qu'à conclure :

> « Dohse ne pouvait être à la fois celui qui torture et celui qui évite les effusions de sang… Je ne crois pas que l'on puisse mettre à la charge de Dohse une seule déportation… D'autre part, il n'était pas à Saucats, lors de l'attaque du maquis, et il n'était pas en son pouvoir d'éviter les fusillades. Aucune responsabilité directe ne peut être retenue contre lui. Mais, si le souvenir de la responsabilité collective survivait en vous, vous diriez que huit ans de détention sont un châtiment suffisant[14]. »

Le tribunal condamne Dohse à une peine de sept ans d'emprisonnement. Mais, tenant compte de sa captivité de guerre, de l'internement et de la détention préventive à partir du 8 mai 1945, il est libre le jour du jugement. Hans Luther est également condamné à une peine inférieure au temps passé en détention préventive, de sorte qu'il est aussi relâché dès la fin du procès.

13. *Ibid.*
14. *Ibid.*

> « Après un court séjour à Paris et à Bonn, écrit Dohse, je rentrais heureux le soir du 1er mai 1953 dans ma famille à Kiel. À cause de cette guerre damnée, j'avais été séparé des miens pendant plus de quatre ans, à part quelques courtes interruptions. Il s'agissait maintenant de m'acclimater dans la nouvelle Allemagne démocratique encore en train de chercher son chemin, de fonder une existence qui permettait de nourrir une famille. Je réussissais avec bien des difficultés et de longues années à atteindre des buts que je m'étais imposés, sans cependant acquérir la fortune[15]. »

Après avoir exercé le métier de négociant en volailles, Friedrich-Wilhelm Dohse obtient une paisible retraite. En 1987, il est membre d'un club de gastronomie, spécialisé dans la cuisine française... Il décède quelques années après. Quant à Luther, dès son retour en Allemagne, il se consacre à défendre certains criminels nazis, puis écrit un livre sur la Résistance en France. S'il minimise la répression allemande, il porte un jugement sévère à l'encontre des résistants français. Il meurt en 1970 à Limbourg.

Le maréchal von Rundstedt, commandant en chef des forces allemandes à l'Ouest, s'intéressa longuement à l'action de la *Gestapo* en Gironde et ses environs. Il voulut décorer le lieutenant Dohse de la croix de chevalier, mais ni le commandant *SS* Machule, ni le général *SS* Oberg, chef suprême des *SS* en France, n'en étaient titulaires. Il fut donc impossible de la conférer à un simple lieutenant.

La troublante affaire de la dernière fusillade de Souge

Certains historiens estiment que le jugement de Dohse par le tribunal militaire de Bordeaux n'a été qu'une parodie. La disparition du colonel Camplan, grand résistant, n'a même pas été évoquée. Enfin, on n'a pas cherché à connaître la responsabilité de Dohse dans la dernière fusillade de Souge, en Gironde. Qui a donc donné l'ordre d'y fusiller 48 otages le 1er août 1944 ?

Le 8 juillet 1944, un rapport de police informe le préfet régional que la *Gestapo* « exécuterait 100 otages si par malheur il arrivait quelque chose à Grandclément[16] ».

15. *Ibid.*
16. *Ibid.*

André Grandclément, un des chefs de la Résistance bordelaise, arrêté en 1943, pactise avec la *Gestapo* pour obtenir la libération de ses hommes et de sa femme, moyennant la livraison aux Allemands de plusieurs dépôts d'armes parachutées en Gironde et dans les Landes par les Anglais à destination de la Résistance. Grandclément sera finalement abattu par un agent du SOE britannique durant l'été 1944.

Vingt jours après la disparition de Grandclément, M. Lille, maire de Martignas, apprend des autorités allemandes que des otages seront fusillés le lendemain. Cette exécution à Souge, commune de Martignas, a dès le début un caractère mystérieux. Dans les archives de la préfecture, un document porte cette mention : « Otages fusillés clandestinement le 29 juillet 1944[17]. »

Au début du mois d'août, le chef de bureau au cabinet du préfet régional, M. Leclercq, apprend qu'une fusillade a eu lieu à Souge. Pour avoir confirmation de cette nouvelle, Leclercq téléphone au commissaire Penot, successeur de Poinsot au SAP (service auxiliaire français travaillant avec la *Gestapo*), qui lui répond qu'il va se renseigner auprès de Dohse.

Le lendemain, le commissaire Penot déclare à Leclercq que

> « Dohse manifeste son étonnement que de pareils bruits puissent circuler en ville. Dohse dément cette information qui n'a d'autre but que de nuire au prestige de l'armée allemande. Ce bruit peut avoir sa source dans le fait qu'un car transportant 48 personnes a bien quitté le fort du Hâ… mais à destination de l'Allemagne[18] ».

Il est certain que les autorités allemandes ont tenté de cacher cette fusillade aux pouvoirs publics. Le 29 juillet 1944, venus de Bordeaux par camion, 48 otages arrivent effectivement à Souge. Mais le peloton d'exécution constitué de soldats de la *Wehrmacht* refuse d'exécuter l'ordre reçu, la fusillade doit donc être reportée au 1er août 1944. Ce sera donc, en fin de compte, un peloton formé par des gendarmes allemands qui exécutera les otages.

Une enquête du ministère de l'Intérieur, menée en 1949, nous apprend que l'officier de la *Wehrmacht*, qui commandait le premier peloton d'exécution, aurait refusé d'exécuter l'ordre reçu pour le

17. *Ibid.*
18. *Ibid.*

motif suivant : « L'ordre émanait d'une autorité n'ayant pas qualité pour prendre une telle décision[19]. »

L'ordre d'exécution ne pouvait donc par relever de l'état-major de la Ire armée allemande, seul habilité à commander les unités de la *Wehrmacht*. En revanche, la *Feldgendarmerie* pouvait collaborer avec la *Gestapo* en certaines occasions, comme le transfert de prisonniers ou l'exécution d'otages.

À l'échelon national, le général *SS* Oberg se rappelle que, en 1944, à une date qu'il ne peut indiquer, un attentat a été commis à Bordeaux contre la base sous-marine. En représailles, l'administration de la *Kriegsmarine* a voulu faire fusiller immédiatement les auteurs de cet attentat. Sans doute la mémoire du témoin Oberg est-elle défaillante car, en vérité, il n'y a eu à Bordeaux, en 1944, aucune exécution massive en réponse à des attentats commis à la base sous-marine. Mais dans sa déclaration, Oberg tient à ajouter que « si à Bordeaux, des personnes ont été désignées autrement que je viens de l'indiquer, c'est contre mon ordre et à mon insu[20] ».

Cela laisse supposer qu'Oberg n'a pas été informé de cette fusillade, du moins avant qu'elle n'ait eu lieu. Ce qui écarte l'hypothèse d'un ordre émanant de Paris.

Selon la même enquête du ministère de l'Intérieur, deux hommes seulement peuvent avoir donné un tel ordre : le commandant Machule ou le lieutenant Dohse. N'oublions pas néanmoins que Dohse était sous les ordres de Machule, et qu'il ne pouvait pas prendre seul une décision aussi grave. Il ne pouvait que suggérer à son commandant cette fusillade.

D'après les déclarations de Mme Borios, mère d'un policier résistant arrêté, il est certain que Dohse était au courant de la situation précaire de certains déportés de Toulouse. Ceux-ci se trouvaient en gare de Bordeaux et risquaient de faire partie des otages de Souge. À la fin du mois de juillet 1944, Mme Borios se rend auprès du commissaire divisionnaire Chiron pour lui demander d'intercéder auprès de Dohse en faveur de son fils, ou tout au moins pour avoir de ses nouvelles. Confiant, Chiron, en la présence de Mme Borios, téléphone à Dohse. Elle voit Chiron prendre, peu à peu, l'attitude de l'homme qui essuie une verte semonce. À l'autre bout du fil, Dohse élevait la voix et disait

19. *Ibid.*
20. *Ibid.*

qu'il était inadmissible qu'un bon Français se permît de demander une faveur pour de « pareils terroristes qui méritaient la mort[21] ».

Suite à la mort héroïque de Lucien Nouaux (chef du corps franc Marc) dans les locaux de la *Gestapo*, le tortionnaire *SS* Anton Enzelsberger aurait entendu Dohse s'écrier : « Le salaud ! Nouaux va faire fusiller tous ces hommes[22]. » Or, sur la liste des fusillés de Souge, des résistants du corps franc Marc figuraient en bonne place, dont Honoré Ducasse.

Aussi curieux que cela puisse paraître, l'enquête du ministère de l'Intérieur sur la fusillade de Souge n'a pas été évoquée lors du procès de Dohse, alors qu'il en avait été question au cours de l'instruction. Le commandant Machule, protégé en Allemagne, n'a jamais été inquiété par la justice française ! Il est important néanmoins d'indiquer que, parmi les 48 fusillés du 1er août 1944, huit n'avaient que 18 ans et un 17 ans seulement.

Dohse savait beaucoup trop de choses à l'époque au sujet de certaines trahisons dans la Résistance. La justice française l'a-t-elle couvert afin d'éviter des révélations scandaleuses ? Si Dohse a préféré être jugé en France, plutôt qu'en Pologne, c'est qu'il savait que son jugement s'établirait sur la base d'un accord tacite : ne pas trop parler, afin d'être libre plus rapidement. Lui-même affirme, dans ses Mémoires, avoir été traité d'une manière extrêmement correcte, probablement à cause de sa volonté affirmée de « faire table rase du temps passé[23] ».

Il ne fait aucun doute que la responsabilité de la fusillade de Souge relève uniquement du commandant Machule et du lieutenant Dohse. Mais Dohse n'a pas pu prendre seul une telle décision. Il a dû néanmoins donner un avis. Au regard de différents témoignages, dont ceux de Mme Borios, du commissaire Chiron et du *SS* Enzelsberger, il est permis de penser que l'avis de Dohse fut ferme et répressif.

Assez curieusement, d'autres affaires, concernant Dohse, n'ont jamais été élucidées en détail lors de son procès. Il s'agit de l'attaque du maquis Jean Dufour, dans le Médoc, le 25 juillet 1944, durant laquelle de nombreux résistants et civils ont été affreusement massacrés, dont des femmes et des enfants. Dohse a bien participé à cette action sanglante. Il est également prouvé qu'il était bien présent au massacre du maquis de Saucats, le 14 juillet 1944, contrairement aux élucubrations avancées lors de son procès.

---

21. *Ibid.*
22. *Ibid.*
23. *Ibid.*

16

Le massacre de Maillé

Comment expliquer que les responsables nazis du massacre de Maillé, en août 1944, n'aient jamais été inquiétés par la justice ? Il convient de revenir sur ce terrible drame, longtemps occulté de la mémoire collective.

Maillé au cœur de la guerre

Le village de Maillé, commune de 500 habitants en juillet 1944, se trouve à 40 kilomètres au sud de Tours et à 30 kilomètres au nord de Châtellerault. Il est surtout placé sur deux axes de communications importants pour les nazis, la voie ferrée Paris-Bordeaux d'abord, et aussi la route nationale 10 qui voit 100 000 soldats allemands battre en retraite entre mi-août et début septembre 1944. Depuis le 6 juin 1944, la ligne ferroviaire est sabotée de nombreuses reprises fois par la Résistance. L'abbé Henri Péan fédère dans la région plusieurs réseaux. Le 11 août 1944, les villageois aident un pilote canadien à se cacher. L'occupant ne parvient pas à le retrouver. Le 21 août, un parachutage d'armes est remarqué par les Allemands qui tentent de mettre la main, sans résultat, sur les containers, finalement dissimulés avec succès par les maquisards locaux. Le 24 août, au soir, des accrochages entre les FFI et des Allemands éclatent au nord de la commune de Maillé, faisant probablement des victimes dans les rangs de l'occupant. Dans la nuit, le sous-lieutenant Gustav Schlüter, du 197e régiment de sécurité, commandant du camp allemand de Sainte-Maure-de-Touraine, prévient le lieutenant-colonel Stenger, *feldkommandant* de Tours, que les maquisards viennent de tendre une embuscade près de Maillé.

La terrible répression allemande

Le 25 août 1944, vers 9 heures, une escadrille anglaise bombarde un train militaire allemand qui stationne dans le village de Maillé, ainsi qu'un convoi motorisé sur la route nationale 10. Le même jour, vers 8 heures du matin, Julien Cheippe, 46 ans, habitant près de la gare de Nouâtre-Maillé, se rend à bicyclette à son travail, l'établissement Couvy et Passas, qui fabrique des parpaings. Au moment où la région est survolée par l'escadrille britannique, il se réfugie sous les arbres du parc d'Argenson et tombe alors sur une soixantaine de soldats allemands, qui appartiennent à la 17e division *Waffen-SS* Götz von Berlichingen. Le corps de Julien Cheippe ne sera retrouvé qu'à la fin du mois, abattu de sept balles dans le dos, caché dans un trou ; les poches de ses vêtements ont été retournées et vidées de leur contenu. Les *SS* l'ont tué pour éviter qu'il puisse prévenir qui que ce soit de leur présence.

Environ 300 soldats allemands des 196e et 197e régiments de sécurité encerclent le village de Maillé, pendant qu'une centaine de *SS* de la division Götz von Berlichingen pénètrent dans la commune, afin d'y commettre un véritable massacre. Vers 9 h 30, les deux premières fermes de Maillé, la Heurtelière et le Moulin, sont en flammes : tous les êtres vivants qui se présentent sont abattus. Les nazis poursuivent ensuite leur progression macabre en direction du bourg, tout en continuant à mettre le feu à tous les bâtiments visités et à tuer tous les civils rencontrés – hommes, femmes et enfants.

> « Certains civils, écrit l'historien Sébastien Chevereau, voyant les soldats s'approcher, vont à leur rencontre les bras en l'air, avec un drapeau blanc, en criant : "*Zivil, Kamerad*". Ils ne reçoivent pour toute réponse qu'une décharge de pistolet-mitrailleur.
>
> « D'autres se cachent et font disparaître des papiers qui auraient pu être compromettants, comme des tracts lancés par des avions alliés ou ceux qui ont été distribués par les maquisards.

« Or, les assassins ne semblent pas s'intéresser à ces documents. Ils ne fouillent pas toutes les maisons, mais ils tuent tous les gens qu'ils croisent, un peu au hasard. Toutes les techniques sont utilisées pour mettre à mort : la rafale de pistolet-mitrailleur, le coup de fusil ou de pistolet, la baïonnette, la grenade, les engins incendiaires, voire les coups. Beaucoup de victimes, même des vieillards ou des enfants, sont tuées à bout portant.

« Les corps de nombreuses victimes présentent de graves blessures et des mutilations qui sont provoquées par un tir très rapproché. En effet, les balles, en broyant les masses osseuses, donnent l'impression d'une explosion.

« Le fait que des plaquettes incendiaires aient été distribuées aux *Waffen-SS* semble attester que le crime était prémédité[1]. »

Le témoignage terrible de Roger Confolent, capitaine en retraite de 55 ans et habitant de Maillé, nous donne une idée du déroulement du drame :

« Le 25 août 1944, à partir de 9 heures, j'entendais des coups de feu assez éloignés et qui semblaient se rapprocher. Comme il y avait un train qui était en souffrance à proximité du bourg, j'ai cru qu'il s'agissait de quelques escarmouches entre soldats allemands et FFI. Quelques balles sifflaient en effet, ce qui m'obligea par mesure de sécurité à faire rentrer toute ma famille, sauf l'aîné de mes fils, qui était absent.

« Vers 11 heures, est apparu tout à coup un soldat allemand en face de l'entrée de la pièce, où nous étions rassemblés à sept. (Un de mes enfants l'apercevant me cria : "Papa, voilà les Allemands".). Je m'avançai vers lui pour savoir ce qu'il voulait, quand il me mit en joue avec une extrême rapidité et me tira une salve de mitraillette, mais me manqua. Je mis aussitôt les bras en l'air et lui criai : "*Zivil Kamerad*". Il me mit de nouveau en joue et, comme il tirait une seconde salve, je me renversais à l'arrière, ce qui me valut de ne pas être touché encore cette fois-ci.

1. Sébastien Chevereau, *25 août 1944, Maillé… du crime à la mémoire*, éditions Anovi, 2012.

« Cependant que cette scène se déroulait et ceci dans un laps de temps très court, mon fils Yves qui se tenait derrière moi me dit : “Il ne comprend pas, Papa”, et passant devant moi les bras levés, il cria à son tour : “Ici *Zivil Kamerad*”. Ces paroles étaient à peine prononcées qu'il s'effondrait dans une rafale, suivie d'une autre. À partir de ce moment, le massacre commença. Un deuxième Allemand entra dans la pièce, et ce ne fut qu'un crépitement de balles. Comme il se retirait, la situation était la suivante : Yves râlait mourant à l'entrée de la pièce, René atteint de balles au poumon râlait derrière lui. J'étais tombé à côté, faisant le mort. Ma femme était étendue, blessée mortellement de plusieurs balles, et Hélène, une de mes filles, qui avait reçu une balle dans la cuisse, essayait de se sauver en passant dans une autre pièce. Malheureusement, un autre Allemand, qui avait pénétré dans la chambre de ma belle-mère et l'avait tuée, entra dans cette même pièce et lui tira une balle dans la poitrine ; elle fut tuée sur le coup. Mes deux bonnes, qui se trouvaient au premier étage et descendaient, n'eurent que le temps de rebrousser chemin, et heureusement sans être aperçues.

« Pendant ce temps-là probablement, les deux Allemands qui primitivement avaient commencé le massacre, descendirent à la cave et tuèrent de balles et de grenades ma fille aînée et mes deux fils les plus jeunes. Il se passa une certaine accalmie, puis un soldat entra encore une fois dans la pièce où j'étais tombé et envoya deux rafales sur les corps qui lui parurent remuer, achevant ma femme. Une seconde accalmie se passa pendant laquelle une de mes bonnes descendit à la cave, pour voir s'il y avait des victimes. Elle eut le malheur d'être aperçue et un soldat allemand se précipita vers elle et lui tira une balle dans le dos comme elle se baissait, ne lui faisant qu'une blessure superficielle. Elle eut la présence d'esprit de s'effondrer sur un de mes enfants déjà mort et de ne plus remuer, ce qui la sauva. Pendant ce carnage, d'autres soldats mettaient le feu au moyen de grenades incendiaires à tous mes bâtiments. J'étais dans la plus grande crainte quant au sort de mon aîné que je savais absent, mais à proximité, et je ne pouvais pas sortir, les Allemands occupant toujours les lieux. Ce ne fut que vers 15 heures, quand tout était en feu, traversant la cour, que je l'aperçus dans une flaque de sang. Il devait avoir été tué à bout portant d'une rafale, car il portait sur un de ses bras une longue brûlure semblant provenir

> de l'arme qui l'avait tué. Il portait de nombreuses traces de balles sur la poitrine et la figure.
>
> « J'ignore le motif qui a obligé les soldats allemands à prendre de telles mesures contre une population qui, depuis quatre ans, s'était toujours montrée très correcte envers eux.
>
> « Je n'aurais jamais pu concevoir une telle férocité chez des hommes envers des êtres désarmés (hommes, femmes, enfants sans distinction) innocents.
>
> « Je crois savoir que ces soldats faisaient partie d'une formation de *SS*[2]. »

Vers 14 heures, après le départ des *SS*, un canon allemand de 88 commence un tir lent et méticuleux durant plus d'une heure sur le village : 80 obus tombent sur cette commune de 60 maisons, déjà presque toutes en flammes.

Vers 17 h 30, un train militaire allemand s'arrête dans la gare. Ses occupants en descendent et découvrent le massacre. Le maire, Eugène Bruneau, sort alors dans la rue pour parlementer avec le commandant du convoi. Quelques minutes après cette entrevue, l'abbé André Payon intervient à son tour auprès des officiers allemands présents, afin que les blessés puissent être évacués. Il n'obtient pas gain de cause, mais on lui accorde une demi-heure pour que toute la population non massacrée quitte le village. À l'appel du prêtre et du maire, quelques rescapés seulement osent fuir.

Le bilan de cette terrible journée est effrayant : 124 morts, dont 44 enfants de moins de 14 ans, 52 habitations détruites. La petite Danielle Martin, âgée seulement de 6 mois, fait partie des victimes, ainsi que Jacques Brunet (8 mois), Jean Champigny (4 ans), Jacques-Michel Beck (1 an), Lucien Charpentier (1 an), Michel Charret (1 an), Gérard Creuson (4 ans), Jean Fournier (6 ans), René Gouard (3 ans), Michel Guerrier (3 ans), Éliane Guiton (6 ans), Arlette Guiton (4 ans), Jackie Guiton (2 ans), Hubert Ménanteau (3 mois). La famille Guiton est décimée, avec 10 personnes massacrées. Sur 124 tués, on compte 37 hommes, 39 femmes, 48 enfants de moins de 15 ans, dont 26 de moins de 5 ans et 2 nouveau-nés[3].

---

2. Archives départementales d'Indre-et-Loire, Tours.
3. Archives de la Maison du Souvenir, Maillé.

Le matin du 26 août 1944, les soldats allemands, qui encerclent toujours le village, en libèrent les accès. Les secours peuvent dès lors évacuer les blessés vers l'hôpital de Sainte-Maure-de-Touraine et, pour les plus gravement touchés, à l'hôpital provisoire de Montbazon. Les corps retrouvés sont installés dans une chapelle ardente improvisée dans un baraquement construit dans le bourg par l'occupant. Les obsèques sont organisées dès le 27 août, puis les victimes sont enterrées dans une fosse commune au cimetière de Maillé, ou dans des caveaux pour les familles survivantes qui ont eu le temps de s'organiser. Les survivants et les témoins vivent un véritable traumatisme.

La Maison du Souvenir de Maillé est ouverte en 2006 et inaugurée par le président de la République française le 25 août 2008. À travers plus de 250 documents, l'exposition permanente présente Maillé avant la guerre, sous l'Occupation, retrace l'histoire de la Résistance en Touraine et en France, puis le massacre du 25 août 1944, l'entraide qui a suivi, la lente reconstruction de la commune.

Des coupables jamais réellement inquiétés

D'après un document des archives départementales, découvert après 1995, le sous-lieutenant allemand Gustav Schlüter a été condamné à mort par contumace par le tribunal militaire de Bordeaux en 1952, lors d'un procès sans témoin. Il est cependant mort chez lui en Allemagne en 1965, sans être inquiété.

Les responsables *SS* de la division Götz von Berlichingen n'ont jamais été inquiétés par la justice. C'est l'une des dernières importantes unités *SS* à avoir été créées. Heinrich Himmler vient en personne, le 10 avril 1944 à Thouars, pour y remettre symboliquement à son commandant le nom de sa division, à savoir Götz von Berlichingen, nom d'un chevalier allemand mort en 1562. L'emblème de cette division *SS* est un poing de fer, rappelant que le chevalier avait perdu sa main au combat et l'avait remplacée par une prothèse de bois recouverte de fer. Forte d'environ 17 000 hommes, cette division *SS* stationne principalement à Thouars et Saumur, ainsi que dans des communes proches comme Châtellerault et Tours. Elle participe à la bataille de Normandie au cours de l'été 1944, tout en laissant en Indre-et-Loire plusieurs compagnies, appelées à lutter contre la Résistance et à exercer des actions destructrices contre les civils. L'historien allemand Peter Lieb estime qu'il est très probable que les responsables du massacre de Maillé, le 25 août 1944, soient des hommes du bataillon de réserve de la division *SS* Götz von Berlichingen. En octobre 1944, cette division lutte en Lorraine, en Sarre en janvier 1945 et en Franconie en avril 1945. Lors du massacre de Maillé, la division est commandée par le général Otto Binge.

Le commandant du bataillon de réserve de cette division *SS*, directement impliqué dans la tuerie de Maillé, est le commandant Julius Schumacher, né le 18 avril 1913 à Kirlach, dans le Bade. Officier de police, il entre au parti nazi en 1933. Il intègre la *SS* l'année suivante.

> « Au début de la guerre, écrit Sébastien Chevereau, il est appelé au sein de la gendarmerie militaire de la *Wehrmacht*. En juin 1942, il devient chef du 414e détachement de gendarmerie militaire du 14e corps blindé, basé sur le front de l'Est. Il sert l'année suivante en Italie. Au printemps 1944, il est nommé en France et subordonné au commandant des unités de ravitaillement de la division *SS* Götz von Berlichingen. À la mi-août, il prend donc le commandement du bataillon de réserve divisionnaire, à la suite de la blessure de Walter Siems. Il aurait été tué en octobre de la même année, lors de la retraite des armées allemandes de France[4]. »

La justice allemande a déclaré, le 9 octobre 2008, qu'il était pratiquement sûr que le massacre de Maillé avait été perpétré par le bataillon *SS* de réserve de la division von Berlichingen, basé à Châtellerault. Le procureur général de Dortmund, Ulrich Maass, ayant officiellement rouvert une enquête au sujet de cette tuerie, se fonde sur des documents de la *Gestapo* qui se trouvaient dans les archives de la ville de Tours et du département. Il indique avoir retrouvé les noms de trois sous-officiers *SS* allemands qui y ont joué un rôle : deux sont morts respectivement en 1952 et 1965, le sort du troisième demeure inconnu.

4. Sébastien Chevereau, *25 août 1944, Maillé… du crime à la mémoire*, *op. cit.*

17

Les massacres de Saint-Genis-Laval et de Bron

La Libération n'est pas uniquement marquée par des pages glorieuses, la joie de retrouver la liberté, la fin de la présence allemande. Les nazis, ulcérés par les actions courageuses de la Résistance et les succès militaires des Alliés, multiplient les crimes contre les civils, tout en cherchant à dissimuler de tels actes aux autorités françaises. Le sud-est de la France n'est pas épargné par les crimes de l'occupant, alors même que la Libération est proche.

Les exécutions sommaires se multiplient

À partir de novembre 1942, suite à l'invasion de la zone Sud par les Allemands, la prison du fort de Montluc, à Lyon, devient un centre de transit en direction des camps de concentration, où les personnes arrêtées survivent dans l'attente de leur sort et dans l'angoisse quotidienne. Les résistants sont emmenés à l'ancienne école de Santé militaire, avenue Berthelot, pour être interrogés et torturés par la *Gestapo*. Certains sont exécutés sur place. À partir de juin 1944, les exécutions sommaires de prisonniers venant de Montluc se multiplient dans le département.

C'est ainsi que le dimanche 20 août 1944, vers 7 h 30, quelques jours seulement avant la libération de la région par les troupes françaises et américaines qui ont débarqué en Provence le 15 août, 120 détenus (otages, Juifs et résistants) sont tirés de leurs cellules du fort et rassemblés dans les cours. Une vingtaine de nazis et une douzaine de miliciens choisis la veille participent à cette opération.

Attachés deux par deux avec de la ficelle, les prisonniers sont entassés dans deux cars. Vers 8 h 30, les deux véhicules, escortés par quelques voitures, traversent Saint-Genis-Laval. Après un bref arrêt pour s'informer du parcours à suivre, le convoi s'engage dans la montée de l'Observatoire, vers le fort de Côte-Lorette. Ce fort en partie désaffecté comprend, outre les bâtiments principaux, un pavillon qui sert de logement aux gardiens. La veille, des officiers de la *Gestapo* de Lyon sont venus reconnaître les lieux.

Un témoin assiste au massacre de Saint-Genis-Laval

Intrigué, un témoin monte dans un arbre, d'où il assiste au massacre :

> « Des Allemands sortent des véhicules et éloignent les personnes se trouvant à proximité du fort, tandis que des sentinelles font entrer les cars dans la cour du fort, puis les prisonniers sont entassés dans la maison des gardiens. Peu de temps après, des coups de feu éclatent, par salves intermittentes, mais presque régulières, durant près de 45 minutes. Je vois un homme, suivi de deux autres, sauter par une fenêtre du rez-de-chaussée et poursuivis par des nazis qui leur tirent dessus. Un s'échappe, mais les deux autres tombent sous les balles. Pris par la tête et les jambes, les deux victimes sont rejetées dans la maison des gardiens. Vers 10 heures, de la fumée s'élève de la maison des gardiens qui commence bientôt à flamber. Peu avant 11 heures, le maire, M. Girard, et le chef de la brigade de gendarmerie, M. Clavel, tentent de se rendre au fort, mais ils sont arrêtés par un officier allemand qui leur dit que la maison va sauter. Ils voient en effet des soldats placer des charges d'explosifs autour de la maison. Sur le chemin du retour, j'entends, deux cents mètres plus bas, la première explosion, qui sera suivie par beaucoup d'autres, tous les quarts d'heure jusqu'à 14 heures[1]. »

1. Commissariat de la République, *Mémorial de l'oppression, région Rhône-Alpes*, fascicule n° 1, éditions Giraud-Rivoire, 1945.

Le maire s'adresse alors au délégué de la Croix-Rouge, qui alerte les équipes d'urgence. Vers 16 heures, après le départ des derniers soldats allemands, les sauveteurs accèdent au fort, accompagnés du curé de la paroisse et de gendarmes français. Une vision d'horreur s'offre à leurs yeux : au milieu de décombres de toutes sortes, se mêlent des restes humains calcinés. Une forte odeur de chair grillée se dégage des cendres fumantes, sous lesquelles le feu couve.

Les premières équipes de la Croix-Rouge, assistées par les pompiers de Lyon, commencent, le lendemain, le travail de déblaiement. Tous les objets susceptibles de permettre l'identification des victimes sont scrupuleusement récupérés. Cette sinistre besogne s'achève le 22 août, en fin de journée. Les cadavres et les restes sont finalement placés dans 88 cercueils, dont cinq ne referment que des fragments osseux mêlés à des débris de terre et de maçonnerie.

Des funérailles solennelles sont organisées le mercredi 23 août, en présence du cardinal Gerlier, venu la veille constater les atrocités commises, et du maire, entouré par la population du village. Ce drame, exemple frappant d'une exécution massive, a fait 120 victimes, rendues méconnaissables par l'incendie et les exécutions. Seulement 68 hommes et 6 femmes peuvent être identifiés lors des mois qui suivent le massacre. Bon nombre appartenaient à des réseaux de Résistance de la région. Le colonel gestapiste Knapp est le principal organisateur de cette tuerie.

L'indignation du cardinal Gerlier

Dès le 22 août, le cardinal Gerlier exprime son indignation au colonel Knapp. À sa vive protestation, celui-ci répond que les fréquentes agressions dont sont victimes les soldats allemands conduisent à des représailles massives. Il est facile au prélat de répondre qu'il n'y a aucune commune mesure entre les actes individuels de résistants contre l'occupant et ce massacre ignoble commandé et perpétré par la *Gestapo*, dans des conditions atroces que rien ne peut excuser, n'hésitant pas à ajouter que « ceux qui en portent la responsabilité sont à jamais déshonorés aux yeux de l'humanité[2] ». Le cardinal exige ensuite la libération des 800 autres détenus du fort Montluc. Le colonel Knapp ne promet rien. La même démarche est effectuée

2. Archives du centre national Jean Moulin, Bordeaux.

auprès de l'officier allemand Boesche, commandant du fort. Enfin, un courrier de la Résistance destiné à la *Gestapo* fait savoir que, en cas de nouvelles exécutions, les prisonniers allemands aux mains des FFI serviront d'otages et pourront être exécutés.

Dans la soirée du 24 août, les Allemands quittent la prison du fort de Montluc, après en avoir remis les clefs à deux officiers supérieurs français incarcérés.

Entre avril et août 1944, plus de 600 prisonniers ont été exécutés par les nazis à Lyon et dans les communes avoisinantes, comme à Saint-Didier-de-Formans, Toussieu et Bron.

L'affaire du massacre de Bron

L'aéroport de Bron, devenu le plus moderne du monde durant les années 1930, est occupé par les Allemands à partir de novembre 1942. Bombardé par les aviations alliées le 30 avril et le 14 août 1944, l'aéroport est fortement endommagé, ainsi que 45 immeubles attenants. Les nazis amènent sur les lieux plus d'une centaine de prisonniers juifs pour réparer la piste rendue inutilisable. Entre le 17 et le 21 août 1944, quelques jours seulement avant la libération de la ville, 109 Juifs (103 hommes et 6 femmes) sont massacrés par les nazis et leurs corps enfouis à la va-vite dans les cratères transformés en charniers.

Le rapport du médecin légiste indique :

> « Les investigations conduites par les équipes d'urgence de la Croix-Rouge, sous l'impulsion de Lucien Bérard, aboutissent à la découverte de 109 cadavres, entassés pêle-mêle dans cinq fosses – ou plutôt cinq entonnoirs de bombe. Les corps ainsi entassés ont été recouverts d'une masse de terre et de blocs de maçonnerie, dont l'épaisseur dépasse un mètre pour l'un des charniers, n'est que de quelques centimètres pour certains autres, au point que sont visibles, à la surface du sol, des souliers et des vêtements [...]. Tous les cadavres exhumés portent les traces parfaitement visibles de blessures par coups de feu. Au niveau des fosses et à leur voisinage, ont d'ailleurs été trouvées des douilles de mitraillettes, de mitrailleuses, de fusils et de pistolets[3]. »

3. Commissariat de la République, *Mémorial de l'oppression*, *op. cit.*

De ce massacre, Marcel Clamaron, chef d'équipe dans la construction, apporte le témoignage suivant :

> « Le lundi 21 août 1944, à 8 h 30 environ, je me trouvais en compagnie de deux ouvriers sur l'aérodrome de Bron, à 50 mètres du bâtiment n° 68, allant chercher l'outillage nécessaire pour boucher les trous creusés par les bombes. J'ai vu des véhicules arriver sur le terrain d'aviation et se diriger, en marche arrière, vers le hangar 68. Quelques instants après, j'ai vu descendre des hommes des véhicules et, dès leur arrivée au sol, j'ai entendu des coups de feu. Craignant qu'une balle ne m'atteigne, je me suis couché et j'ai alors entendu des tirs de mitraillettes. Ayant relevé la tête, j'ai vu les hommes braquer leurs mitraillettes vers le trou de bombe situé à proximité du hangar 68, et dans lequel étaient jetées les victimes au fur et à mesure de leur descente des véhicules. De nombreuses rafales de mitraillettes ont été tirées.
>
> « Le même jour, à 13 heures, après un déjeuner pris avec mon employé, M. Calvet, au café Philippe, nous nous sommes approchés des lieux de l'exécution. Là, des flaques de sang, que l'on avait essayé de recouvrir de terre, étaient encore visibles. Près d'elles se trouvaient de nombreuses douilles de mitraillettes et de pistolets. Dans le trou de la bombe, on pouvait apercevoir l'épaule ou la cuisse d'un homme, dont le corps était incomplètement recouvert de terre. J'ai dit à mon camarade Calvet de renseigner, si possible, le maire de Bron sur les faits dont nous avions été témoins[4]. »

L'adjudant-chef allemand Braun est l'un des principaux organisateurs de ce massacre, sous la direction de la *Gestapo* de Lyon. La tuerie de Bron est un exemple d'assassinat collectif, systématique et sans jugement préalable. Parmi les victimes massacrées se trouvent de jeunes adolescents de 14, 16 et 17 ans.

4. *Ibid.*

18

La libération méconnue des Vosges et de l'Alsace

Le débarquement des Alliés en Normandie, la libération de Paris et la bataille des Ardennes demeurent les faits marquants de cette période dans la mémoire collective. Les combats héroïques des troupes françaises dans les Vosges et en Alsace sont souvent méconnus du grand public, abreuvé depuis des décennies de films américains qui font injustement l'impasse sur cette phase pourtant importante de la Libération.

Pierre Crokaert, un héros français de la Libération

Durant l'automne 1944, près de 140 000 FFI (armée secrète, organisation de la résistance armée, des francs-tireurs partisans) intègrent la Ire armée française du général de Lattre de Tassigny, qui va compter 400 000 soldats.

Ainsi, Pierre Crokaert, ancien résistant des Pyrénées, rejoint-il la 9e division d'infanterie coloniale (DIC) :

> « Nous avons remplacé les tirailleurs sénégalais qui ne supportaient pas le terrible hiver du front des Vosges, avec des températures pouvant tomber à – 20 °C sous la neige. J'étais coiffé du casque d'acier américain modèle 1941, qui m'a ensuite sauvé

la vie lors d'un affrontement en Forêt-Noire en Allemagne en avril 1945, lorsqu'un soldat allemand de la *Waffen-SS* m'a tiré dessus avec son fusil Mauser. La balle, déviée par mon casque, m'a arraché une partie d'une oreille et j'ai ensuite perdu connaissance, pour finalement me réveiller dans un hôpital militaire. Nos armes et nos uniformes étaient également américains. Par contre, d'autres unités françaises, en dehors de la 9e DIC, étaient coiffées de casques français ou britanniques. La campagne des Vosges et d'Alsace s'est déroulée dans les pires conditions climatiques et topographiques, contre un adversaire fanatisé. Mais nous étions portés par la fierté de lutter pour la France, avec un fort esprit de revanche après l'occupation allemande de notre territoire. Notre artillerie, puissante et bien équipée, portait de rudes coups à l'adversaire. Nos officiers et sous-officiers, rompus par plusieurs années de guerre, savaient nous commander avec efficacité. Les soldats et les officiers allemands respectaient notre courage et nous étions fiers de faire de nombreux prisonniers ennemis : véritable revanche de mai-juin 1940. Un jour, nous avons pu atteindre le Rhin, moment d'une grande émotion, où nous avons trempé nos fanions. C'est lui, le Rhin, tumultueux, immense et de l'autre côté l'Allemagne : nous y sommes... notre rêve le plus cher depuis que nous avons quitté la gare de Tarbes, le Sud-Ouest libéré, nous avons repoussé l'occupant chez lui. Une autre fois, l'artillerie allemande pilonnait nos positions depuis plusieurs heures. Nous étions dans des trous, attendant la fin de ce déluge d'obus. Puis, soudain, notre artillerie a répliqué avec une efficacité redoutable. Les canons allemands ont cessé de nous narguer. Nous avons pu relever la tête. De ma compagnie de 120 hommes, nous n'étions plus que 30 hommes valides à l'approche de la fin des combats. Je me souviens de la libération de Mulhouse : une immense joie nous attendait. Les habitants groupés sur les trottoirs applaudissaient à notre passage. Quelle profonde émotion et aussi quelle fierté[1]. »

J'ai eu la chance de connaître Pierre Crokaert, surnommé affectueusement « Pierrot » par ses proches. Beau-père de mon cher frère Gilles, j'aimais et j'admirais sa modestie et son courage, son humour, son sens de l'honneur, son patriotisme et sa droiture. Humaniste

1. Entretiens de l'auteur avec Pierre Crokaert en février 1984.

chrétien, il a su mettre en pratique sa foi religieuse au service des déshérités de son village de Pontacq dans le Béarn. Bon mari et bon père, ses enfants lui doivent beaucoup. J'ai passé de bon moment à ses côtés au ski, et j'ai pu plusieurs fois lui poser de nombreuses questions sur sa guerre. Il parlait toujours des autres sans se mettre en avant. Mais j'ai su par la suite, à travers mes recherches historiques, qu'il avait combattu avec un immense courage au sein de cette belle unité de l'armée française, la 9e division d'infanterie coloniale. Il nous a quittés, après une longue maladie, il y a déjà plusieurs années. Durant cette nouvelle et ultime épreuve, j'ai pu constater de nouveau son courage et sa modestie, admirer sa foi chrétienne portée par l'espérance, même dans les pires moments de la vie. Il incarnait une certaine idée de la France : celle de la grandeur. Une grandeur humble et courageuse, qui sait que l'amour est plus fort que la mort. Il incarne pour toujours l'esprit de la Ire armée française du général de Lattre de Tassigny.

La campagne des Vosges et d'Alsace

Sur le front de Belfort et des Vosges, la Ire armée française du général de Lattre tient un front de 120 kilomètres, formé de positions montagneuses, dont certains sommets dépassent mille mètres d'altitude, dans des conditions climatiques extrêmes, face à la XIXe armée allemande, constituée d'unités fanatisées. De Lattre tient à s'ouvrir l'accès à la plaine d'Alsace. Une première offensive française (25 septembre au 4 octobre 1944) frappe le nord des Vosges. C'est un demi-succès. Le temps est détestable, la résistance allemande acharnée et les pertes importantes. Cette manœuvre a cependant le mérite de fixer les réserves allemandes. La 3e division d'infanterie d'Afrique (DIA) – renforcée par le 1er régiment de chasseurs parachutistes (1er RCP), les commandos d'Afrique et le groupement de choc Gambiez – avance en direction de Gérardmer, de La Bresse et du col d'Oderen. La 338e division allemande d'infanterie (DI) oppose une résistance acharnée, grâce à un terrain favorable à la défense, avec d'interminables forêts de sapins et un terrain montagneux.

Le 5 octobre 1944, après avoir conquis au corps à corps les pentes sud de Longegoutte, les troupes françaises sont sur le point d'atteindre la crête. Mais le 6, la 338e DI allemande contre-attaque, isolant le 1er RCP et le 3e RTA. Pendant trente-six heures, les deux adversaires s'affrontent furieusement sans relâche, en pleine forêt. Attaques et contre-attaques se multiplient dans les deux camps. Le 8 octobre, les Français restent finalement maîtres du terrain, après la conquête définitive de la crête de Longegoutte.

Les combats se poursuivent dans les pires conditions climatiques, durant lesquelles la pluie, le brouillard et la neige alternent et se conjuguent. La 1re division blindée française, appuyée par le corps franc Pommiès et la brigade Alsace-Lorraine, libère Servance et Fresse. La 1re division française libre (DFL) s'empare de Ronchamp et de Frédéric-Fontaine.

Les Français déplorent de lourdes pertes : le 6e RTM (régiment de tirailleurs marocains) a perdu 700 hommes (tués ou blessés) et le 1er RCP 750 combattants. Ces opérations entament sérieusement les positions allemandes, sans toutefois permettre le franchissement de toutes les crêtes et la descente en Alsace. Elles se soldent par 4 000 tués et 2 000 prisonniers dans les rangs de l'ennemi.

Dans une lettre, datée du 19 octobre 1944, le général de Lattre écrit que « nous avons actuellement en face de nous plus de 55 000 combattants, appuyés par plus de 25 groupes d'artillerie largement approvisionnés et un nombre étonnant de canons automoteurs et de chars[2] ». Outre la 338e DI, l'ennemi aligne une division fraîchement arrivée de Norvège, la 269e DI, et la 189e DI aguerrie par la lutte contre les maquis dans le sud-ouest de la France.

Cette première opération facilite, le 14 novembre 1944, le déclenchement d'une seconde offensive au sud, par la trouée de Belfort, le long de la frontière suisse. Le général Béthouart, commandant du 1er corps d'armée, y engage la 5e DB, la 2e DIM, la 9e DIC et le groupement Molle (composé d'unités FFI). La 338e DI allemande est finalement enfoncée. Cette offensive est marquée par des affrontements d'une grande dureté, par des contre-attaques allemandes dans le secteur de Dannemarie, fin novembre. La victoire est cependant acquise. Le Rhin est atteint à Huningue. Belfort, Montbéliard et Mulhouse sont libérés. L'encerclement réalisé dans le secteur de Burnhaupt permet la mise hors de combat de la plus grande partie du 63e corps d'armée allemand du général Schalk, fort des 189e et 269e DI, de la 30e DI *Waffen-SS* et de la brigade blindée Feldhernhalle. La 1re DFL, qui s'empare de Giromagny le 22 novembre, favorise ce brillant succès, sans oublier l'intervention de la 1re DB française dans le secteur de Mulhouse.

2. Archives militaires françaises, Vincennes.

Cette bataille de la trouée de Belfort et de la Haute-Alsace, du 14 au 28 novembre 1944, coûte 6000 tués, blessés ou disparus à la Ire armée française, ainsi que 1700 évacués pour gelures graves, sans oublier 130 blindés (chars et automitrailleuses) détruits. Les pertes allemandes sont considérables : 10000 tués et 17000 prisonniers, 120 canons sont capturés et une centaine de blindés détruits.

De son côté, le général Leclerc et sa 2e DB participent, au sein de la IIIe armée américaine, à une offensive en direction de Phalsbourg et de Saverne à la mi-novembre 1944. Les groupements Rouvillois et Massu s'emparent de Saverne le 22. Divisée en cinq groupements tactiques, par des chemins forestiers difficiles mais mal surveillés par l'ennemi, la 2e DB fonce en direction en direction de Strasbourg, qu'elle parvient à atteindre le 23 novembre. La capitale de l'Alsace est entièrement libérée deux jours après. Dans son ordre du jour n° 73, le général Leclerc déclare aux soldats de sa division :

> « En cinq jours, vous avez traversé les Vosges, malgré les défenses ennemies et libéré Strasbourg. Le serment de Koufra est tenu ! Vous avez infligé à l'ennemi des pertes très sévères, fait plus de 9000 prisonniers, détruit un matériel innombrable et désorganisé le dispositif allemand. Enfin et surtout, vous avez chassé l'envahisseur de la capitale de l'Alsace, rendant ainsi à la France et à son armée son prestige d'hier[3]. »

La réduction de la poche de Colmar, en décembre 1944, ne peut aboutir complètement, malgré les assauts enragés du 1er RCP, de la 2e DB, de la 3e DIA, de la 4e DMM, de la 2e DIM, des 1re et 5e DB, sans oublier deux divisions américaines (36e et 3e DI). Thann, Orbey et Witternheim sont cependant libérés par les troupes françaises. Le 1er RCP déplore à lui seul 200 hommes hors de combat (tués ou blessés) sur 511 paras engagés ! Près de 6000 soldats allemands sont capturés.

Le 16 décembre 1944, la contre-offensive allemande dans les Ardennes menace une partie des positions alliées. Le général américain Eisenhower n'écarte pas la possibilité de faire évacuer Strasbourg. Le général de Gaulle s'y oppose avec fermeté et demande aux troupes françaises de défendre cette ville sans esprit de recul. Hitler et Himmler montent une vaste manœuvre en tenaille contre Strasbourg. Au nord, la Ire armée allemande (forte de trois divisions

3. *Ibid.*

blindées, d'une division parachutiste et de deux divisions d'infanterie) doit attaquer les positions américaines du 6e corps d'armée sur le front de Haguenau. Cette opération sera accompagnée d'une traversée du Rhin, au nord de Strasbourg, accomplie par la 553e division allemande de grenadiers, front tenu par la 3e DIA et une partie de la brigade Alsace-Lorraine. Au sud de Strasbourg, la 189e DI allemande et la brigade blindée Feldhernhalle, toutes deux reconstituées, doivent enfoncer les positions de la 1re DFL et d'une partie de la brigade Alsace-Lorraine.

Le 7 janvier 1945, cette double offensive, appelée *Norwind*, démarre avec force.

> « Le choc est violent, raconte le général de Lattre. Dans l'aube glaciale, sur la plaine couverte de neige que l'éclatement des obus poudre de cernes noirâtres, des ombres fantomatiques avancent, ombres démesurées des chars peints en blancs, ombres innombrables des fantassins revêtus de cagoules[4]. »

Attaques et contre-attaques se multiplient jusqu'au 25 janvier 1945. Les Français forment des poches de résistance dans les villages et tiennent avec succès. Les Américains reculent sur une seconde position. Les assauts allemands finissent par être contenus : la ville de Strasbourg est sauvée.

La conclusion de la campagne d'Alsace est proche. Cependant, la poche allemande de Colmar tient toujours. Du 20 janvier au 9 février 1945, la Ire armée française, la division Leclerc et deux DI américaine livrent de terribles combats pour sa réduction. Les troupes allemandes de la XIXe armée concentrent quatre divisions d'infanterie, trois divisions de grenadiers et la 2e division de montagne, arrivée spécialement de Finlande. Le 1er corps d'armée du général Béthouart (4e DMM, 2e DIM, 9e DIC) attaque au sud, tandis que la 10e DI du général Billotte fixe les réserves allemandes au centre. Au nord de la poche, la 2e DB, la 1re DFL, la 5e DB et deux DI américaines (3e et 28e DI) menacent directement Colmar. Il fait – 20 °C, le vent souffle fort et il y a un mètre de neige. La résistance allemande est acharnée. Les Français souffrent de la faiblesse du matériel, notamment dans le

4. Général de Lattre de Tassigny, *Histoire de la première armée française*, éditions Plon 1950. Lire également Claire Miot, *Histoire de la première armée française*, éditions Perrin 2021.

domaine des blindés. Le char Sherman est surclassé par les Tigre, les Panther et autres Jagdpanther, plus blindés et mieux armés.

L'Alsace partage, avec la Normandie, le triste privilège de la province français la plus touchée par les combats avec plus d'une vingtaine de villages entièrement détruits. La poche de Colmar est finalement réduite et la ville libérée le 2 février par la 5e DB française. Les Allemands se retirent de l'autre côté du Rhin par le pont de Chalampé. La conquête de la poche de Colmar coûte 13 400 tués ou blessés aux troupes françaises engagées, les Allemands déplorent 15 000 tués et 20 000 prisonniers. Lors de cette terrible bataille, la 9e division d'infanterie coloniale paie le plus lourd tribut des unités françaises, avec 400 tués et le double de blessés. Les deux divisions américaines comptent 542 tués.

Ainsi s'achève une des campagnes les plus dures menées par l'armée française, dans des conditions climatiques extrêmement difficiles et contre un adversaire fanatisé et valeureux. Vingt ans plus tard, le général de Langlade, un des meilleurs officiers de Leclerc, lui rendra ainsi hommage :

> « Enfin, l'armée allemande à l'agonie sut se battre avec furie, jusqu'à ce qu'elle tombe morte. Ceci est un hommage que l'on doit rendre à ce peuple composé de solides guerriers[5]. »

De son côté, le général américain Eisenhower, commandant en chef des forces alliées de l'Ouest, ne tarit pas d'éloges envers l'armée française :

> « Cette victoire, remportée en affrontant des conditions difficiles de temps et de terrain, est un exemple exceptionnel de travail d'équipe d'Alliés au combat. C'est un tribut à l'habileté, au courage et à la détermination de toutes les troupes françaises engagées. Je vous prie de transmettre au général de Lattre, commandant de la Ire armée française et à toutes les forces sous son commandement, mes félicitations pour ce haut fait[6]. »

5. Archives militaires françaises, Vincennes.
6. *Ibid.*

Les combattants racontent

La guerre de position dans les Vosges et en Alsace, au cours de l'hiver 1944-1945, rappelle les pires conditions du front russe. Les rapports du capitaine Gouzy et du médecin-capitaine de Tayrac, rattachés au corps franc Pommiès (49e RI), sont éclairants :

> « La neige recouvre le sol de deux mètres d'épaisseur... Il faut relever régulièrement les éléments placés au sommet. Nos soldats enlèvent mutuellement la glace qui se forme sur leurs vêtements insuffisants... 90 % des armes ne peuvent fonctionner, un bloc de glace se formant à la fenêtre d'éjection... Les hommes sont à la limite de la résistance. On constate chez eux un automatisme hébété. Il règne dans la troupe la psychose de l'insécurité au repos. Ils ne peuvent pas dormir et la fatigue va en s'accentuant. D'autre part, l'état des chaussures et des chaussettes provoque une macération des pieds qui rend la plupart des soldats inaptes à la marche. La température est tombée à – 20 °C. Les hommes relevés des emplacements de combat sont employés au ravitaillement de leurs camarades en première ligne, et il faut aussi aider ceux des transmissions à maintenir les liaisons entre les divers PC. Enfin, il n'est pas rare qu'il faille épauler les brancardiers pour aller chercher les blessés des engagements nocturnes[7]. »

Les combattants vivent dans la neige, luttent contre le froid, doivent maintenir les armes en état et repérer les patrouilles ennemies, ces grands fantômes blancs qui s'infiltrent silencieusement entre les postes avancés. Les hauteurs sont couvertes d'une neige gelée. Les soldats montent à tour de rôle, section après section, groupe après groupe, occuper les postes de combat, trois jours durant, cinq jours durant, suivant les périodes. Les guetteurs, les pieds dans la neige, en pleine nuit, luttent contre le sommeil. Les blocs de neige que les sapins laissent glisser au sol de temps en temps évoquent les pas des patrouilles allemandes : il est alors difficile de ne pas tirer.

Le soldat Henri Juppé, qui prend part à l'attaque du Petit-Drumont à 1 208 mètres d'altitude, dans la nuit du 28 au 29 novembre 1944, raconte :

---

7. *Ibid.*

« Les conditions atmosphériques et la topographie des lieux sont déplorables. Il neige ; le vent est furieux et glacial ; les pentes abruptes sont enneigées ou glacées ; la visibilité est presque nulle, car un épais rideau de neige empêche nos hommes d'y voir à plus de 35 mètres. Voilà les souffrances physiques qu'endurent ces hommes… lorsque, tout à coup, des hurlements inarticulés, des cris, se mêlant aux tirs de fusils-mitrailleurs, de mitrailleuses, de mitraillettes, s'élèvent un peu partout. C'est l'accrochage. Les Boches qui nous ont entendu progresser tirent sur les cibles qui se détachent merveilleusement sur la neige immaculée. Tout le monde est à terre pour la riposte. Un duel serré commence à quelques mètres les uns des autres[8]… »

8. *Ibid.*

Sources principales

Archives

Archives militaires britanniques, Londres.
Archives de la Fondation de la France libre, Paris.
Archives militaires allemandes, Fribourg-en-Brisgau.
Archives militaires françaises, Vincennes.
Archives du centre national Jean-Moulin, Bordeaux.
Archives du musée de la Résistance et de la déportation de l'Isère, Grenoble.
Archives de la Fondation de la Légion d'honneur, Paris.
Archives du musée de l'Ordre de la Libération. Paris.
Archives militaires britanniques du *SOE*, Londres.
Archives départementales de la Dordogne, Périgueux.
Archives nationales, Paris.
Archives du mémorial de Caen.
Archives militaires italiennes, Rome.
Archives militaires grecques, Athènes.
Archives municipales, Tulle.
Archives de Gérard Roche, fils de Maurice Roche.
Archives de Henri Salmide (Heinz Stahlschmidt).
National Archives, College Park.
Archives de l'US Air Force, Arlington.
Archives militaires soviétiques, Moscou.
Archives départementales d'Indre-et-Loire, Tours.
Archives de la Maison du Souvenir, Maillé.

Archives de la fédération royale nationale de la brigade Piron, Bruxelles.

Bibliographie

Éric Branca, *L'ami américain. Washington contre de Gaulle, 1940-1969*, éditions Perrin, 2017.
Stéphane Simonnet, *Dictionnaire de la France libre*, François Broche, Georges Caïtucoli et Jean-François Muracciole (dir.), Max Gallo, de l'Académie française, et Jean-Louis Crémieux-Brilhac (prés.), Jean-François Sirinelli (postf.), éditions Robert Laffont, 2010.
Général Koenig, *Bir Hakeim*, éditions Robert Laffont, 1971.
Lutz Koch, *Rommel*, éditions Plon, 1950.
Maréchal Rommel, *La guerre sans haine*, éditions Amiot-Dumont, 1952.
Charles de Gaulle, *Mémoires de guerre*, éditions Plon, 1954.
Böhmler, *Monte Cassino*, éditions Rupert Verlag, 1955.
John Ellis, *Cassino, une amère victoire, janvier-juin 1944*, éditions Albin Michel, 1987.
Peter Krause, *Bordeaux, les bombardements*, éditions CMD, 1999.
Eddy Florentin, *Quand les Alliés bombardaient la France*, éditions Perrin, 1997.
Jean-Claude Valla, *La France sous les bombes américaines, 1942-1945*, Librairie nationale, 2001.
Jean Lopez et Olivier Wieviorka (dir.*), Les mythes de la Seconde Guerre mondiale*, (vol. 2), éditions Perrin, coll. « Guerre et Histoire » , 2017.
Olivier Wieviorka, *Histoire du débarquement en Normandie*, éditions Le Seuil, 2007.
Robert J. Lilly, *La face cachée des GIs*, éditions Payot et Rivages, 2008.
Philippe Masson, *Histoire de l'armée allemande, 1939-1945*, éditions Perrin, 1994.
Pierre Milza, *Mussolini*, éditions Fayard, 1986.
Georges Bernard, *La Yougoslavie dans la guerre*, éditions Fayard, 1968.
Maurizio Serra, *Le mystère Mussolini*, éditions Perrin, 2021.
Jean Lopez, Nicolas Aubin, Vincent Bernard, Nicolas Guillerat, *Infographie de la Seconde Guerre mondiale*, éditions Perrin, 2018.

José Cubero, *La Résistance à Toulouse et dans la région R4*, éditions Sud-Ouest, 2005.
Henri Noguères, *Histoire de la Résistance en France*, t. V, éditions Robert Laffont, 1981.
Michel Jouhanneau, *L'organisation de la Résistance dans l'Indre*, éditions Francoville, 1945.
Michel Jouhanneau, *La fin des illusions. La capitulation de la colonne Elster*, éditions Herblay, 1984.
Pierre Montagnon, *La France dans la guerre de 39-45*, éditions Pygmalion, 2009.
Jacques Chaban-Delmas (av.-prop.) *in* Jeanne Bohec, *La plastiqueuse à bicyclette*, éditions du Felin, 1999.
Jean Overton Fuller, *Born for Sacrifice : The Story of Noor Inayat Khan*, éditions Pan Books, 1957.
Laurent Joffrin, *La princesse oubliée*, éditions Robert Laffont, 2002.
Pierre Deveaux, *Le bataillon de Chambaran*, éditions des Presses universitaires de Grenoble, 1987.
Yves Gras, *La 1re DFL, les Français libres au combat*, éditions Les Presses de la Cité, 2004.
Robert Gildea, *Comment sont-ils devenus résistants ?*, éditions Les Arènes, 2017.
Jean-Paul Lefebvre-Filleau, *Femmes de la Résistance, 1940-1945*, Odile de Vasselot (préf.), éditions du Rocher, 2020.
Bob Maloubier, *Agent secret de Churchill, 1942-1944*, éditions Tallandier, 2011.
Susan Ottaway, *Violette Szabo*, Pen-Sword Books, 2003.
Jacques Abtey, *La guerre secrète de Joséphine Baker*, éditions Siboney, 1948.
Joséphine Baker et Jo Bouillon (avec la collaboration de Jacqueline Cartier), *Joséphine*, éditions Robert Laffont, 1976.
Brian Bouillon-Baker et Gilles Trichard, *Joséphine Baker : le regard d'un fils*, éditions Patrick Robin, 2006.
Brian Bouillon-Baker, *Joséphine Baker, l'universelle*, éditions du Rocher, 2021.
Charles Onana, *Joséphine Baker contre Hitler*, éditions Duboiris, 2006.
Jacques Plessis, *Joséphine Baker*, éditions Gallimard, 2007.
Odile de Vasselot, Tombés du ciel. Histoire d'une ligne d'évasion, éditions du Félin, 2005.
Ahlrich Meyer, *L'occupation allemande en France*, éditions Privat, 2002.

Guy Penaud, Les crimes de la division Brehmer, mars-avril 1944, éditions La Lauze, 2004.
Philippe Lamarque, *6 juin 1944, le Débarquement, opération* Overlord, éditions CMD, 2001.
Général de Lattre de Tassigny, *Histoire de la première armée française*, éditions Plon, 1950.
Paul Gaujac, *La bataille de Provence, 1943-1944*, éditions Lavauzelle, 1994.
Philippe Masson, *Histoire de l'armée française de 1914 à nos jours*, éditions Perrin, 1999.
Erwan Langeo, *Mardi 22 août 1944, Bordeaux 1940-1944, l'Allemand qui a refusé de détruire Bordeaux*, éditions Erwan Langeo, 2019.
Jean-Louis Bourdelle, *Départs (souvenirs de l'année 1944),* éditions de La Rue Mémoire, 1945.
Pierre Trouillé, *Journal d'un préfet pendant l'Occupation*, éditions J'ai Lu, 1968.
Jean Espinasse, *Tulle, 9 juin 1944*, éditions La Table Ronde, 1994.
Georges Blond, *Les princes du ciel. Les grands exploits aériens de la Seconde Guerre mondiale*, éditions Fayard, 1963.
Tomas Polak et Christopher Shores, *Stalin's Falcons. The Aces of the Red Star: A Tribute to the Notable Fighter Pilots of the Soviet Air Forces*, 1918-1953, éditions Grub Street, 1999.
Hugh Morgan, *Soviet Aces of World War Two*, éditions Osprey Publishing, 1997.
Benjamin Massieu, *Les Français du jour J*, éditions Pierre de Taillac, 2019.
Philippe Masson, *Histoire de l'armée française de 1914 à nos jours*, éditions Perrin, 1999.
Sébastien Chevereau, *25 août 1944, Maillé… du crime à la mémoire*, éditions Anovi, 2012.
Claire Miot, *Histoire de la première armée française*, éditions Perrin, 2021.

Entretiens

Entretiens de l'auteur avec Simone Segouin en juin 2014.
Entretiens de l'auteur avec James Roberts en juin 2004.
Entretiens de l'auteur avec Henri Salmide (Heinz Stahlschmidt) en mai 1993 et consultation de ses archives personnelles.

Entretiens de l'auteur avec Jacques Chaban-Delmas en juillet 1998.
Entretiens de l'auteur avec Pierre Richard en février 1978.
Entretiens de l'auteur avec Pierre Crokaert en février 1984.

Journaux, magazines, fascicules, etc.

Lieutenant-colonel Rémy Porte, « Bir Hakeim face aux panzers de Rommel », *Les Dossiers de la Deuxième Guerre mondiale* n° 6 (octobre-novembre-décembre 2006).
« La colonne Elster », in *39/45 magazine*, n° 111, septembre 1995.
Alain-Marie Foy et Jean-Marie Dumont, *Hommage à Joséphine Baker*, Bulletin municipal du Vésinet n° 31, juin 1975.
Commissariat de la République, *Mémorial de l'oppression, région Rhône-Alpes*, fascicule n° 1, éditions Giraud-Rivoire, 1945.

Du même auteur

L'Italie en guerre, 1915-1918, éditions Ulysse, 1986.
Les guerres de Mussolini, éditions Jacques Grancher, 1988.
Connaître les châteaux du Périgord, éditions Sud-Ouest, 1989.
La Résistance dans le Sud-Ouest (préface de Jacques Chaban-Delmas, éditions Sud-Ouest, 1989.
L'épopée du corps franc Pommiès, éditions Jacques Grancher, 1990.
Le Sud-Ouest mystérieux, éditions Sud-Ouest, 1990.
L'affaire Grandclément, éditions Sud-Ouest, 1991.
Le livre d'or de la Résistance dans le Sud-Ouest, éditions Sud-Ouest, 1991.
Bordeaux pendant l'occupation, éditions Sud-Ouest, 1992.
Les contes populaires de toutes les Pyrénées, éditions Sud-Ouest, 1992.
Les grands crimes du Sud-Ouest, éditions Sud-Ouest, 1993.
Les FFI au combat, éditions Jacques Grancher, 1994.
Souvenirs de la guerre 1939-1945, éditions Sud-Ouest, 1995.
La montagne de lumière (roman), éditions Lucien Souny, 1995.
Gabriele D'Annunzio en France 1910-1915, éditions J/D, 1997.
Mussolini, éditions Chronique, 1997.
Rommel, éditions Chronique, 1998.
La poche du Médoc 1944-1945, éditions CMD, 1998.
Jacques Chaban-Delmas, éditions CMD, 1998.
Bordeaux et Arcachon à la Belle Époque, éditions CMD, 1998.
Bordeaux brûle-t-il? La libération de la Gironde, 1940-1945, éditions Les Dossiers d'Aquitaine, 1998.
Biarritz à la Belle Époque, éditions CMD, 1998.
Les corridas de Bayonne, éditions CMD, 1999.
Bordeaux, la base sous-marine 1940-1944, éditions CMD, 1999.

Bernadette Soubirous, éditions CMD, 1999.
Les échassiers des Landes, éditions CMD, 1999.
Périgord, l'aventure de la Préhistoire, éditions CMD, 1999.
Périgord, histoire de la truffe, éditions CMD, 1999.
Histoire de la France militaire et résistante, éditions du Rocher, 2000.
Aquitaine, histoire de la Résistance, éditions CMD, 2000.
Limousin, histoire de la Résistance, éditions CMD, 2001.
Orthon le farfadet et autres histoires mystérieuses de l'Aquitaine, éditions du Rocher, 2001.
Jean-Pierre Schnetzler, itinéraire d'un bouddhiste occidental, éditions Desclée de Brouwer, 2001.
L'affaire Bentzmann, 1939-1945, éditions les Chemins de la Mémoire, 2002.
La poche de Royan, 1939-1945, éditions les Chemins de la Mémoire, 2002.
Les combats victorieux de la Résistance dans la libération 1944-1945, éditions du Cherche Midi, 2002.
Les voies de la sérénité, les grandes religions et l'harmonie intérieure, éditions Philippe Lebaud, 2002.
Regards chrétiens sur le bouddhisme, de la diabolisation aux convergences, éditions Dervy, 2002.
Histoires mystérieuses du Sud-Ouest, éditions les Chemins de la Mémoire, 2002.
La bataille des cadets de Saumur, juin 1940, éditions les Chemins de la Mémoire, 2002.
La libération du Sud-Ouest, 1944-1945, éditions les Chemins de la Mémoire, 2003.
Le grand livre des fantômes, éditions Trajectoire, 2003.
Lama Namgyal, vie et enseignement d'un moine bouddhiste occidental, éditions les Presses de la Renaissance, 2003.
Arcachon : pages de son histoire, éditions les Chemins de la Mémoire, 2003.
Visite historique de Bayonne, éditions les Chemins de la Mémoire, 2003.
Visite historique de Biarritz, éditions les Chemins de la Mémoire, 2003.
Visite historique de Bordeaux, éditions les Chemins de la Mémoire, 2003.
Visite historique du bassin d'Arcachon, éditions les Chemins de la Mémoire, 2003.

Les plages du Débarquement, éditions les Chemins de la Mémoire, 2003.
La France, combattante de la victoire, 1944-1945, éditions les Chemins de la Mémoire, 2003.
La Poche de la Rochelle, 1944-1945, éditions les Chemins de la Mémoire, 2003.
Rommel (biographie). La fin d'un mythe, éditions du Cherche Midi, 2003.
Les Chercheurs d'Absolu, éditions du Félin, 2003.
Lama Guendune, un grand maître tibétain en France, éditions Oxus, 2003.
Les vies antérieures, des preuves pour la réincarnation, éditions du Félin, 2004.
Histoire de la presse en France, éditions de Vecchi, 2004.
Les voies spirituelles du bonheur (yoga, bouddhisme, oraison, soufisme), éditions inFolio, 2005.
Les Jésuites, éditions de Vecchi, 2005.
Comme des lions, Le sacrifice héroïque de l'armée française en mai-juin 1940, éditions Calmann-Lévy, 2005.
Les Templiers, éditions de Vecchi, 2005.
Les grandes affaires de la Résistance, éditions Lucien Souny, 2005.
La Réincarnation, histoires vraies, éditions Trajectoire, 2006.
Les Missionnaires, éditions de Vecchi, 2006.
C'est nous les Africains, l'épopée de l'armée française d'Afrique, 1940-1945, éditions Calmann-Lévy, 2006.
Histoires extraordinaires du bouddhisme tibétain, éditions inFolio, 2006.
Les grands ordres militaires et religieux, éditions Trajectoire, 2006.
Histoires extraordinaires de la Seconde Guerre mondiale, éditions Lucien Souny, 2006.
Jean Moulin, éditions inFolio, 2007.
La dérive intégriste, éditions Acropole, 2007.
La libération de la France, éditions Lucien Souny, 2007.
Lieux de pèlerinages et grandes processions, éditions Trajectoire, 2007.
Mers el-Kébir, juillet 1940, éditions Calmann-Lévy, 2007.
Lourdes la miraculeuse, éditions Trajectoire, 2008.
Les poches de l'Atlantique, 1944-1945, éditions Lucien Souny, 2008.
Les 35 plus grandes affaires criminelles, éditions Trajectoire, 2008.
La guerre italo-grecque 1940-1941, éditions Calmann-Lévy, 2008.
Les victoires militaires françaises de la Seconde Guerre mondiale, éditions Lucien Souny, 2009.

La bataille de Bir Hakeim, une résistance héroïque, éditions Calmann-Lévy, 2009.
Convergences chrétiennes et bouddhistes, éditions Oxus, 2009.
Les grandes figures de la Résistance, éditions Lucien Souny, 2009.
Les mystères des manuscrits de la mer Morte, éditions de Vecchi, 2009.
Les mystères des prophéties, éditions de Vecchi, 2009.
Spectres, esprits et apparitions, éditions de Vecchi, 2009.
Le bouddhisme vu par la science, éditions Oxus, 2010.
La bataille de France jour après jour, mai-juin 1940, éditions Le Cherche Midi, 2010.
Croyances et légendes populaires, éditions de Vecchi, 2010.
La bataille de Stonne, Ardennes 1940, éditions Perrin, 2010.
L'apport capital de la France dans la victoire des Alliés, 1914-1918 et 1939-1945, éditions Le Cherche Midi, 2011.
La bataille de Dunkerque 26 mai-4 juin 1940, éditions Tallandier, 2011.
39-45, Les soldats oubliés, ceux dont l'Histoire ne parle plus, éditions Jourdan, 2012.
L'armée française pour les Nuls, éditions First, 2012.
Koenig, l'homme de Bir Hakeim, éditions du Toucan, 2012.
La libération de la France jour après jour, 1944-1945, éditions Le Cherche Midi, 2012.
Histoire générale de la Résistance française, éditions Lucien Souny, 2012.
La Résistance, éditions Gründ, 2012.
La Gestapo *et les Français*, éditions Pygmalion, 2013.
Légendes et fadaises de la Seconde Guerre mondiale, éditions Jourdan, 2013.
Histoires extraordinaires de la Résistance française, éditions Le Cherche Midi, 2013..
La Résistance pour les Nuls, éditions First, 2013.
Fiers de notre histoire, éditions First, 2013.
Les crimes nazis lors de la libération de la France, 1944-1945, éditions Le Cherche Midi, 2014.
12 trains qui ont changé l'Histoire, éditions Pygmalion, 2014.
La bravoure méconnue des soldats italiens, 1914-1918 & 1939-1945, éditions Altipresse, 2014.
Gabriele D'Annunzio ou le roman de la Belle Époque, éditions Le Rocher, 2014.
Les opérations commandos de la Seconde Guerre mondiale, Nouveau Monde éditions, 2014. Nouvelle édition en poche, 2016.

Les grandes figures de la Résistance française, éditions Sud-Ouest, 2014.
Combats oubliés, résistants et soldats français dans les combats de la Libération 1944-1945, éditions du Toucan-L'Artilleur, 2014.
Éloge de l'armée française, éditions Pierre de Taillac, 2014.
La France s'est faite à coups d'épée. L'épopée des grandes batailles, d'Hastings à la Libération, éditions Armand Colin, 2015.
Histoires extraordinaires de la guerre aérienne, 1939-1945, éditions JPO, 2015.
Histoires incroyables et héroïques de la Résistance, éditions JPO, 2015.
Bordeaux sous l'Occupation, Geste éditions, 2015.
Alain Juppé sans masque, éditions First, 2016.
Histoires extraordinaires de la Seconde Guerre mondiale, éditions Le Cherche Midi, 2016.
Histoires incroyables de la guerre 1939-1945, Métive éditions, 2016.
Petite histoire du Pays basque, Geste éditions, 2016.
La poche du Médoc 1944-1945, Geste éditions, 2016.
La libération du Sud-Ouest, Geste éditions, 2016.
Les grandes affaires d'espionnage de la Ve République, éditions First, 2016.
Histoire du Pays basque, Geste éditions, 2016.
Le mythe du sauveur américain 1917-1918. Essai sur une imposture historique, éditions Pierre de Taillac, 2017.
Jean-Claude Hubert, souvenirs de guerre d'un résistant, contre-espion et commando 1939-1945, Geste éditions, 2017.
La Charente sous l'occupation, Geste éditions, 2017.
Le Pays basque sous l'occupation, Geste éditions, 2017.
Le Lot-et-Garonne sous l'occupation, Geste éditions, 2017.
Les Landes sous l'occupation, Geste éditions, 2017.
Les 100 000 collabos, le fichier interdit de la collaboration française, éditions Le Cherche Midi, 2017.
Ces chrétiens qui ont résisté à Hitler, éditions Artège, 2018.
SS *français, récits, lettres et témoignages inédits de la* SS *Charlemagne*, éditions Jourdang, 2018.
Nouvelles histoires extraordinaires de la Résistance. 16 récits inédits de héros qui ont sauvé la France, éditions Alisio-Leduc.s, 2018.
Les années interdites. Auteurs, journalistes et artistes dans la Collaboration, éditions de l'Archipel, 2018.
Les grandes affaires de la Libération, 1944-1945, éditions Alisio, 2019.
Les vérités cachées de la Seconde Guerre mondiale, éditions du Rocher, 2019.

Histoires extraordinaires de miracles et d'apparitions. Enquêtes et récits sur l'invisible dans les traditions chrétienne et bouddhiste, éditions Leduc.s, 2019.

Jésus l'universel, l'histoire d'un message spirituel, éditions Alisio, 2019.

L'imposture du sauveur américain 1917-1918 / 1941-1945, éditions Le Retour aux sources, 2020.

Albert Roche, premier soldat de France, éditions Le Retour aux sources, 2020.

Les victoires françaises de 1914 à nos jours, éditions Le Retour aux sources, 2020.

Les grandes batailles de la Première Guerre mondiale, éditions Le Retour aux sources, 2020.

Les grandes batailles de l'Histoire de France, d'Hastings à la Libération 1066-1945, éditions Le Retour aux sources, 2020.

Histoires de l'armée française des origines à nos jours, éditions Le Retour aux sources, 2020.

Histoires extraordinaires de la France mystérieuse, éditions Le Retour aux sources, 2020.

Histoires extraordinaires et mystérieuses de l'humanité, éditions Le Retour aux sources, 2020.

Les grandes affaires d'espionnage en France de 1958 à nos jours, éditions Le Retour aux sources, 2020.

Mai-juin 1940, les causes de la défaite, éditions Alisio, 2020.

Les vérités cachées de la défaite de 1940, éditions Le Rocher, 2020.

De Gaulle intime et méconnu, éditions Alisio, 2020.

Comme des lions, t. I. Mai-juin 1940, le sacrifice héroïque de l'armée française, éditions La Mécanique Générale, 2021.

Histoires extraordinaires des Justes, portrait de 30 héros parmi les nations, éditions Alisio, 2021.

Les vérités cachées de la France sous l'Occupation, éditions Le Rocher, 2021 ; Litos, 2023.

Comme des lions t. II. Ces Français qui ont vaincu Hitler et Mussolini dans les sables du désert, 1941-1943, éditions Ring, 2021.

Comme des lions, t. III. Ces Français qui ont gagné la guerre en 1944-1945, éditions Ring, 2021.

Histoires secrètes de la guerre d'Algérie, éditions Alisio, 2022.

Les forces de l'Axe, histoires et combats extraordinaires, éditions Memorabilia, 2022.

Les vérités cachées de la Résistance, éditions du Rocher, 2022.

Les grandes polémiques de la Seconde Guerre mondiale, éditions Alisio, 2022.

Du même auteur

L'espionnage de 1940 à nos jours, Alisio, 2022.
Les combattantes de la liberté, 1939-1945, Alisio, 2023.
Les vérités cachées de la Seconde Guerre mondiale, tome 2, éditions du Rocher, 2023.

Table

Achevé d'imprimer par Normandie Roto Impression s.a.s.,
en avril 2024
N° d'imprimeur : 2401554
Dépôt légal : avril 2024

Imprimé en France